urzem hätte man den Eindruck haben können, die uns hi-
allzu vertraute »Gotteslästerung« sei zu einem Relikt er-
ittlerweile ist uns »Gotteslästerung« buchstäblich »auf die
rückt, denn der Bekennerbrief, der auf den toten Körper
van Gogh aufgespießt war, ließ keinen Zweifel über das
kommen – Rache für gotteslästerliches Verhalten. Späte-
berüchtigte Karikaturenstreit hat unmißverständlich deut-
cht, daß die ungewollte Rückkehr dieses religiösen Kardi-
hens ein globalisierungsfähiges Phänomen darstellt.
enn das Vergehen der Gotteslästerung und seine theologi-
strafrechtliche Sanktionierung paneuropäische Praxis bis
Neuzeit geblieben sind, lassen sich die Veränderungen
sehen. Zunächst galt die Gotteslästerung dem Fall einer
hen Kränkung der »Ehre« Gottes. Aber seit dem 18. Jahr-
urde weniger Gott selbst als vielmehr die Religion, also
ation seiner Bekenner und Anhänger, als Adressat läster-
erungen betrachtet, weshalb ihr – der Religion – nun
ürftigkeit« attestiert wurde. Später erfolgte eine weitere
tion: Als Blasphemie konnten im Lauf des 20. Jahrhun-
ene Kränkungen und Beleidigungen weltanschaulicher
er Überzeugungen Einzelner aufgefaßt werden, die we-
uf Gott noch auf Religion als seine weltliche Organisa-
ezogen waren.

Wils, geboren 1957, Dr. theol., Professor für »Kulturtheo-
l, im besonderen Hinblick auf die Religion« an der Fa-
ligionswissenschaft der Radboud Universität Nijmegen
ungsschwerpunkte: Anthropologie und Ethik, Religi-
nd Kulturphilosophie.

Bis vor
storisch
starrt. M
Pelle« ge
des Theo
Motiv au
stens der
lich gema
nalverbre
Auch w
sche und
weit in di
nicht über
buchstäbli
hundert w
die Organi
licher Äuß
»Schutzbed
Transforma
derts auch
oder religiö
der direkt a
tionsform b

Jean-Pierre
rie der Mora
kultät für Re
(NL). Forsch
onstheorie u

VDWR

JEAN-PIERRE WILS
GOTTESLÄSTERUNG

VERLAG DER
WELTRELIGIONEN

Gefördert durch die
Udo Keller Stiftung Forum Humanum

Bibliographische Information der Deutschen Nationalbibliothek
Die Deutsche Nationalbibliothek verzeichnet diese Publikation
in der Deutschen Nationalbibliographie; detaillierte bibliographische
Daten sind im Internet abrufbar.
http://dnb.d-nb.de

Umschlag: Hermann Michels und Regina Göllner
Satz: Hümmer GmbH, Waldbüttelbrunn
Druck: Druckhaus Nomos, Sinzheim
Printed in Germany
Erste Auflage 2007
ISBN 978-3-458-71006-6

1 2 3 4 5 6 – 12 11 10 09 08 07

GOTTESLÄSTERUNG

»For you don't count the dead
When God's on your side«
Bob Dylan

INHALT

VORWORT

Die Gotteslästerung ist zu uns zurückgekehrt – in ihrer *buchstäblichen* Gestalt. Es sind kaum die gelegentlichen Debatten über Grenzüberschreitungen der Gegenwartskunst – hervorgerufen durch Kunstwerke, welche die religiösen Überzeugungen und Gefühle einzelner oder gar Gruppen bedrängen –, die uns hier interessieren. Es handelt sich in der vorliegenden Studie also nicht so sehr um die uneigentliche Verwendung des Vorwurfs der Gotteslästerung, sondern um dessen eigentlichen Gebrauch – um *Gottes* Lästerung. Religion spielt gegenwärtig in den politisch-kulturellen Verwerfungen und Konflikten unserer Welt eine prominente Rolle. Dabei geht es nicht bloß um den angeblichen Mißbrauch von Religion, sondern ebenso um ihren Gebrauch. Es ist nämlich unmöglich, zwischen religiösen und politischen Ideologien überall haarfein zu unterscheiden, um Religion solchermaßen zu exkulpieren. Die Rolle des Unschuldslammes steht den Religionen momentan schlecht. Gewiß – sie pazifizieren und beruhigen mancherorts die Gemüter. Aber ebenso radikalisieren und fanatisieren sie die Massen anderenorts. Der Vorwurf der Gotteslästerung kommt in diesem Zusammenhang oft als eine Art Allzweckwaffe zum Einsatz. Für den glühend Gläubigen ein ungeheuerliches Skandalon, stellt er für die meisten Bürger sogenannter *westlicher* Gesellschaften etwas zunächst Unverständliches, eine Irritation dar. Aber auch in diesen Gesellschaften gewinnt die Lästerung Gottes, die Blasphemie, eine paradoxe Popularität.

Unlängst hat noch Ernst Wolfgang Böckenförde in einem Vortrag bei der Münchener Siemensstiftung über den säkularisierten Staat zu einer Stärkung des Blasphemie-Verbots aufgerufen: Kultur, aber vor allem die Gesetzesloyalität sei der noch verbliebene Stützpfeiler eines Wir-Gefühls, das die Legitimitätsvermutung zugunsten des Staates erzeugen könne. Das Verbot der Gotteslästerung sollte offenbar die diversen religiösen Überzeugungen wenigstens in dem vereinheitlichenden Rahmen des Strafrechts, also auf dem Weg der Gesetzeskonformität zusammenführen. Paradox mutet dieser Vorschlag an, weil gleichzeitig das Schwinden eines religiösen Fundaments beklagt wird, aus dessen Quellen die vorstaatlichen Legitimationen des Staates hervorgehen. Dieser gutgemeinte Vorschlag unterschätzt aber das Konflikt- und Gewaltpotential, das der Blasphemie-Vorwurf in den Händen und Herzen jener entstehen läßt, die meinen, nicht nur die Ordnung der Polis und die Wertungen ihrer eigenen Kultur, sondern mit ihnen auch die Ehre Gottes schützen zu müssen. Dieser Essay warnt vor der Hoffnung, das Delikt der »Gotteslästerung« zu reaktivieren, sei gleichbedeutend mit einem Anwachsen inter-religiösen und inter-kulturellen Verstehens.

Vor einem Jahr haben meine Nimwegener Kollegen Bas von Stokkom (Kriminologie, Soziologie) und Henny Sackers (Strafrecht) zusammen mit mir für das niederländische Justizministerium eine Studie über »Gotteslästerung, diskriminierende Äußerungen wegen Religionszugehörigkeit und Haß« veröffentlicht. Die Kulturgeschichte der Gotteslästerung konnte in jener Studie allerdings nur einen verhältnismäßig geringen Raum einnehmen. Aber ohne die Vergangenheit der Blasphemie muß auch ihre Gegenwart schwer verständlich bleiben. Den genannten Universitätskollegen verdanke ich aus den zahlreichen Gesprächen, die wir geführt haben, wichtige Informationen und Kenntnisse. Es sind vor allem drei Studien zu nennen, die mir in den historischen Teilen der jetzigen Veröffentlichung unschätzbare Dienste geleistet haben: Die Strafrechtsuntersuchung von Siegfried Leutenbauer, *Das Delikt der Gotteslästerung in der Bayerischen Gesetzgebung* aus dem Jahr 1984, die weit über die genannte Region hinausgeht, die rechtshistorische und religionsphilosophische Studie von René Pahud de Mortanges mit dem Titel *Die Archetypik der Gotteslästerung als Beispiel für das Wirken archetypischer Vorstellungen im Rechtsdenken* aus dem Jahr 1987 und die großartige Abhandlung von Gerd Schwerhoff *Zungen wie Schwerter. Blasphemie in alteuropäischen Gesellschaften 1200-1650* aus dem Jahr 2005. Als Hüterin des Manuskripts sei meine Mitarbeiterin Andrea Spans genannt, und ihr sei herzlich gedankt. Das Buch möchte ich dem vormaligen Rektor meiner Universität, Professor Dr. Kees Blom, widmen, unter dessen väterlich-vernünftiger Führung an der »Radboud Universiteit Nijmegen« das Zusammengehörigkeitsgefühl einer akademischen Gemeinschaft wiedererstehen konnte, in der freundliche Interdisziplinarität mit Leichtigkeit möglich ist.

Jean-Pierre Wils, Nijmegen und Kranenburg
im Frühjahr 2007

1
DER ANACHRONISMUS LEBT

Bis vor kurzem hätte man den Eindruck haben können, die uns historisch allzu vertraute Gotteslästerung sei zu einem Relikt erstarrt, bestenfalls zu einem Gegenstand mentalitätsgeschichtlicher Rekonstruktion und kulturellen Staunens. Mit der Blasphemie wurde in den fortgeschrittenen säkularisierten Gesellschaften des Westens ein Vergehen verbunden, das einer aufklärungsfernen Zeit zu entstammen schien. Daß Gott sich beleidigen läßt und empfindlich auf lästerliches Reden und Tun reagiert, indem er passende Sanktionen und wohlverdiente Strafen verhängt, mutete als eine unerträglich anthropomorphe Vereinfachung seiner Natur oder als ein hoffnungslos gegen-kulturelles Modell radikaler, religiösen Hinterwelten entsprungener Disziplinierungstechniken an. Lediglich in den Marginalien des Strafrechts, vor allem anläßlich der Empörung über als ästhetische Fehlgriffe empfundene Grenzüberschreitungen, die manchmal wohldosiert in den Kunstmedien provoziert wird, fungiert sie als eine Art anachronistische Delikt-Semantik. Aber sogar die Gläubigen haben vielerorts endgültig vergessen, daß Gottes Charakter nicht nur für Liebeswallungen, sondern ebenso für maßlosen Zorn und radikale Vergeltungssucht empfänglich ist. Die Lästerung Gottes hatte einen Seltenheitscharakter bekommen. Sie war zu einer kulturellen Rarität geworden.

Mittlerweile haben wir die Grenzen dieser Auffassung kennenlernen müssen. Die Gotteslästerung ist uns buchstäblich »auf die Pelle« gerückt, denn der Bekennerbrief, der auf dem toten Körper des Theo van Gogh aufgespießt war, ließ keinen Zweifel über das Motiv aufkommen – eben Rache für gotteslästerliches Verhalten, für die Provokation des Höchsten, für die Ehrverletzung des Unnahbaren. Spätestens der berüchtigte Karikaturenstreit hat unmißverständlich deutlich gemacht, daß die ungewollte Rückkehr dieses einstigen religiösen Kardinalverbrechens ein globalisierungsfähiges Phänomen darstellt. Die Gotteslästerung ist inzwischen ein höchst unwillkommener Gast geworden, ein neuer Teil der Wirklichkeiten, in denen wir leben. Es hat den Anschein, daß sie zu einem Kampfmittel in den Händen entschieden aufklärungs*resistenter* Köpfe geworden ist, zu einer Beschwörungsformel, die Ressentiments gegen die Moderne solchermaßen zu kanalisieren vermag, daß diese zu teils buchstäblichen Explosionen im Verkehr zwischen den Kulturen führen.

Jedoch ist die wohlfeile Opposition zwischen Aufklärung und Gegenaufklärung vielleicht zu einfach. Nicht alles das, was sich nicht den aufgeklärten Gewohnheiten des Westens fügt, ist deshalb unmittelbar Teil einer verbiesterten Aufklärungsverweigerung. Eine solche Sichtweise verkennt darüber hinaus, daß die Säkularisierungsdiagnose topographisch nur eingeschränkte Gültigkeit besitzt. Der größte Teil der Welt verschließt sich nämlich der als Zumutung empfundenen Logik unaufhaltsamer und linearer Säkularisierung. Auch hier gilt, daß nicht überall dort, wo die Säkularisierung nicht hat Fuß fassen können, Zonen schlichter Irrationalität zu verzeichnen wären. Aber das Delikt der Gotteslästerung hat offenbar die in Europa initiierte Aufklärung auch *innereuropäisch* mit Leichtigkeit überlebt. In zahlreichen Kodierungen des Strafrechts hat es sich halten können, obzwar die Transformationen, die das Delikt aufklärungsbedingt gleichwohl erleben mußte, durchaus gravierend sind. Zum Verschwinden gebracht ist die Gotteslästerung demzufolge weder durch die Aufklärung noch durch die durchaus tiefschürfenden Säkularisierungsvorgänge, die als modernitätstypische Umschichtungen in den metaphysischen Gefilden der Gesellschaft bezeichnet werden können. Sogar in modernisierten Gesellschaften werden der radikale Religionsverlust und mit ihm das Verblassen des Blasphemievorwurfs nicht widerstandslos hingenommen.

Während das Vergehen der Gotteslästerung und seine theologische und strafrechtliche Sanktionierung paneuropäische Praxis bis weit in die Neuzeit geblieben sind, lassen sich die Veränderungen bei zunehmender Nähe zur Gegenwart allerdings kaum übersehen. Jahrhundertelang galt die Gotteslästerung dem Fall einer buchstäblichen Kränkung der »Ehre« Gottes. Die Beleidigung des Höchsten, aber auch die Abweichungen vom orthodoxen Glaubensbekenntnis standen im Mittelpunkt des Vergehens. Aber seit dem 18. Jahrhundert wurde immer weniger Gott selbst als vielmehr die Religion, also die organisatorische und institutionelle Verfaßtheit Seiner Bekenner und Anhänger, als Adressat lästerlicher Äußerungen betrachtet. Aus diesem Grund wurde ihr – der Religion – nun »Schutzbedürftigkeit« attestiert. Die Gründe für diesen »Religionsschutz« sind einfach zu nennen. Religion betrachtete man als Stütze privater und öffentlicher Moral, als Pfeiler gesellschaftlicher Ordnungen und kultureller Konnektivität, weshalb eine ihr geltende Attacke unmittelbar als Anschlag auf das grundlegende Stabilitätsbedürfnis eines politischen Kollektivs interpretiert wurde. Diese Stabilität wird vor allem durch Moral hergestellt und gewährleistet, weshalb der Angriff auf die Religion als Hüterin dieser Moral auch eine Schwächung der ethischen Grundlagen der Gesellschaft impliziert. Diese Argumentation ist uns auch heute keineswegs unbekannt. Später – und in ihren Auswirkungen bis in die Gegenwart manifest zu spüren – erfolgte eine weitere Transformation: Als Blasphemie konnten im Laufe des 20. Jahrhunderts auch jene Kränkungen und Beleidigungen weltanschaulicher oder religiöser Überzeugungen und Identitäten aufgefaßt werden, die weder direkt auf Gott noch auf die Religion als weltliche Organisationsform Seiner Anhänger bezogen waren. Nun ist es vielmehr eine kulturell geprägte und identitätssensible Subjektkonstruktion, die in das Zentrum rückt. Die Lästerung Gottes ist nun gleichsam metaphorisiert. Blasphemie wird als eine Handlungsweise aufgefaßt, welche die kulturelle Identität und das Überzeugungsprofil einer Gruppe bedroht. Schwierig ist die heutige Situation nicht zuletzt deshalb, weil alle drei Blasphemie-Formen durchaus gleichzeitig Gültigkeit beanspruchen können.

Wenn man auf diese Wandlungen zurückschaut, läßt sich ein dreifaches semantisches Feld mit jeweils sehr unterschiedlichen Kennzeichen feststellen, das als Kontext für die Gotteslästerung fungieren kann: das *metaphysische* Feld oder das morphologische Feld der *Theologie* mit ihrem Gottesbezug; das *institutionelle* Feld oder das morphologische Feld der *Soziologie* mit ihrem Moralbezug; das *identitätspraktische* Feld oder das morphologische Feld der *Psychologie*. Wie gesagt, sind diese idealtypisch vereinfachten Felder teils gleichzeitig wirksam, aber jedes für sich läßt den jeweiligen *Fokus* der Gotteslästerung deutlicher erkennen. Im ersten Feld wird die »Gotteslästerung expressis verbis« streng kodiert und präzise sanktioniert. Die theologische Beunruhigung, die sie auslöst, beruht zwar auf handfesten Interessen an der »stabilitas ordinis«, aber ihre metaphysische Verankerung ist authentisch. Hier wird nicht fingiert. Die Verfolgung der Blasphemie im zweiten Feld war jedoch *hauptsächlich* durch die mittels der Moral zu garantierende Stabilität der Gesellschaft motiviert. Das Interesse an einer Verfolgung erhält eine zunehmend soziologische Signatur: Der »Logos«, die innere Ratio einer jeden Gesellschaft, wird durch eine Moral gewährleistet, die Bindungsvermögen und Sanktionsgewalt allerdings nur dann besitzt, wenn sie (zumindest äußerlich) über ein Fundament in der Religion verfügt. Die Blasphemie ist nun nahezu ausschließlich relevant hinsichtlich der Institutionen geworden, die durch sie geschwächt bzw. durch ihre Verfolgung geschützt werden. Im dritten Feld – dem der kulturell imprägnierten und ins Psychologische gewendeten Identitätssicherung – verliert die Gotteslästerung erheblich an Präzision, und der Vorwurf wird sowohl psychologisch als auch in den unmittelbar politisch relevanten Auswirkungen der Kränkung in einem hohen Maße diffus. Diese Unschärfe macht ihn keineswegs bequemer, sondern eher gefährlicher. Plötzlich kann fast alles als blasphemisch empfunden werden. Jede Identitätskränkung kann zu einer Kränkung des Höchsten und Heiligsten anschwellen. Die Lästerung Gottes wird demnach zu einer Allzweckwaffe. Und während in der westlichen Moderne die

Schwächung der »Kultur der Ehre« zugunsten einer »Moral der Würde« gleichsam als deren Nebenprodukt die Empfindsamkeit für die Gotteskränkung abnehmen ließ, scheint die Rückkehr ehresensibler Kulturen in die Örtlichkeiten jener Moderne auch die Wahrscheinlichkeit gotteslästerlicher Delikte zunehmen zu lassen. In der Spur dieser Rückkehr zeigen aber auch die christlichen Kirchen eine zunehmende Kränkungsbereitschaft, und Lästerungsbereitschaft verschafft Aufmerksamkeit.

Überwunden also ist die »Gotteslästerung« keineswegs. In unserer eigenen Kultur schien sie sich lange Zeit eher in einem Zustand der Latenz befunden zu haben, in einem Schlaf, der allerdings leicht gestört werden kann. Dabei steht nicht nur die Beantwortung der Frage an, ob die genannte Kränkungsbereitschaft nicht auch das Resultat verweigerten Respekts und anhaltender politischer und religiöser Demütigung jener Gläubigen ist, die sich nicht auf die Fährte progressiver Säkularisierung locken lassen. Das ist sie gewiß auch. Der klassische Vorwurf der Gotteslästerung war allerdings nicht nur Ausdruck der bevorstehenden Rache für die beleidigte und gekränkte Ehre des Weltenschöpfers und Weltenrichters, sondern nahm auch jene Abweichler ins Visier, die sich der verordneten Orthodoxie verweigerten. Es ging also auch um »Wahrheit«. Die Sanktionierung der Wahrheit kann aber töten, tat es und tut es.

2
ÜBER KLISCHEE-RELIGION UND GEGEN-SÄKULARISIERUNG

Es mutet mittlerweile fast wie eine Selbstverständlichkeit an, wenn man auf die neuerliche Prominenz hinweist, mit der Religion sich in nahezu allen Gesellschaften der Welt manifestiert. Diese Prominenz hat vor allem mit der *politischen* Wiederkehr von Religion zu tun. Bereits verschwunden ist jedenfalls jene naive, in der Mitte des letzten Jahrhunderts populär gewordene Annahme, daß fortschreitende und unaufhaltsame Säkularisierung in nicht ferner Zukunft Religionen zu einer marginalisierten Existenz zwingen werde. Nicht umsonst geht die Rede um, »Desäkularisierung« oder »Gegen-Säkularisierung«[1] sei die erheblich adäquatere Art, die Lage der Dinge zu beschreiben. Daß die Sehnsucht nach Transzendenz die Massen ergreifen könnte und das Sakrale wie eine elektrisierende Substanz eine erneute Faszination auf ganze Gemeinschaften ausüben würde, widerspricht der vorausgesetzten, aber empiriearmen Annahme zunehmenden Relevanzverlustes religiöser Identitätsbildung. Diese Annahme entsprang wohl eher der Sehnsucht nach einer Weltkonstellation, in der ohne das schwer zähmbare und weitestgehend unkalkulierbare Element religiösen Selbstverständnisses über Politik und Moral verhandelt werden sollte. Hier war wohl der Wunsch Vater des Gedankens. Der erhebliche Funktionsverlust, den Religionen gleichwohl weltweit haben erleiden müssen (und immer noch erleiden), hat offenbar zu einer Konzentration ihrer Energien Anlaß gegeben und nicht zu deren genereller Erschöpfung geführt. Die Revitalisierung von Religion ist unübersehbar.

1 Berger, S. 3.

Ganz im Gegenteil – gleichsam im Wissen darum, »daß die [in allen funktionalistischen Deutungen implizierte] Relativierung des Absoluten gleichbedeutend ist mit dessen Verschwinden«[2], scheinen sich Religionen und mit ihnen ganze Kulturen gegen das Herunterdeklinieren ihrer sakralen Substanz auf Tätigkeiten zu sperren, die auch von anderen gesellschaftlichen Subsystemen übernommen werden können. Radikale Säkularisierung stellt im Weltmaßstab lediglich ein regionales Phänomen dar. Auch das Christentum, in dessen westlichen Wirkungsbereich und gewiß aus seinen eigenen Anlagen gespeist die Säkularisierung ihren kurzfristigen Siegeszug angetreten hat, kann nicht als eine »Religion, die von Religion wegführt«[3] verstanden werden. Es ist mittlerweile fest in die Bewegung der »Gegen-Säkularisierung« eingebunden.

Wer sich in westlichen Gefilden nicht auf den Abschied von Religion einstellen ließ, hatte sich meistens ein Bild von ihr zurechtgelegt, das auf konformitätsförmigen Prämissen beruhte – auf Konformität mit einer Gesellschaft liberal-politischen Zuschnitts, in der Religion niemandem wirklich wehtut. Diese solchermaßen *umformatierte* Religion bzw. das Bild, das man sich von Religion zurechtlegte, ging von drei Voraussetzungen aus, die sich mittlerweile allesamt als fraglich, weil simplifizierend erwiesen haben. Die erste Voraussetzung betrifft den prinzipiell *friedfertigen* Charakter religiös inspirierter Daseinsgestaltung. Obwohl ein einfacher Blick in die Geschichte für eine rasche Belehrung ausgereicht hätte, hielt sich hartnäckig das Gerücht, (wahre) Religion besäße einen pazifistischen Zuschnitt und erhöhe deshalb die Kohärenz eines sich zu ihr bekennenden Kollektivs nahezu zwangsläufig. Dazu paßte die kulturpessimistische, aber weitgehend empiriefreie Unterstellung, moderne Gesellschaften seien letztlich zusammenhaltloser und legitimationsbedürftiger als ihre Vorgänger. Gleichsam verführt von einer Soziologie, die Religion

2 Spaemann, S. 17.

3 Gauchet 1997, S. 101.

auf der Stufenleiter der Legitimationen, die Gesellschaften zu ihrer Stabilisierung benötigen, ganz oben ansiedelte, so daß sie sich als Letztgarantin auszeichnen könnte, vergaß man hinzuzufügen, daß radikaler Legitimations*entzug* ihr ebenso wenig fremd ist. Religionen können die Stabilität von Gesellschaften massiv angreifen. Auch die Legitimation von Gewalt ist ihr nicht unbekannt. Reichen ihre Ursprünge doch in die gewaltgesättigten Anfänge der Zivilisation zurück, in der – jenseits einer einfachen Moralisierung – *beides*, Bestand und Niedergang von Kollektiven, eng mit den Geschicken der Religion verbunden waren. Religion kann errichten und vernichten, so lautet die einfache Botschaft, die eine flüchtige Erkundung ihrer Geschichte und Gegenwart zu vermitteln vermag.

Eine zweite Voraussetzung, die sich unmittelbar an die soeben umrissene anschließt, betrifft die Unterstellung, Religion sei Morallieferant. Man braucht das geflügelte (aber im Grunde unsinnige) Wort Dostojewskis, ohne Gott sei alles erlaubt, nicht zu bemühen, um die naive Selbstverständlichkeit zu gewahren, mit der Moral an Religion gekoppelt wird und um die (unbegründete) Furcht nachempfinden zu können, ohne Religion sei Moral relativistisch, weil konventionell und ohne sicheres Fundament in der Sphäre letzter Prinzipien und unumstößlicher Wahrheiten. Gewiß haben Religionen über Jahrhunderte den Stil im Umgang mit ethischen Angelegenheiten geprägt und zur Ausbildung und Verfeinerung des sittlichen Bewußtseins in hohem Maße beigetragen. Aber man muß sich doch fragen, zu *welchem* Moralempfinden sie diesen Beitrag jeweils geleistet haben. Das Pendel bewegt sich zwischen höchster Humanität einerseits und jegliche menschliche Rücksichtnahme vergessenden Moralfanatismus andererseits. Religion kann sich weit vom ethischen ›Common sense‹ wegbewegen und angetrieben durch orthodoxe Heilsbesessenheit in jener Sphäre eines »moralischen Nihilismus« (Lothar Schröder) landen, in der all dasjenige nicht mehr gilt, was Menschen normalerweise als Sicherung elementarster Rücksichtnahme auf sich und andere benötigen. Die Mißachtung des Selbsterhaltungsimperativs gehört ebenso dazu wie die Opferung unschuldigen Lebens zur Ehre der Götter oder als Gehorsamsbeweis. Das prekäre und wechselhafte Verhältnis von Moral und Religion verbietet jedenfalls die Zuflucht zu Allgemeinheiten, die sich kaum mit den Realitäten decken.

Es ist im Grunde die Aufklärung bzw. es sind ihre gemäßigten Repräsentanten, denen wir Tribut zahlen, wenn wir fraglos unterstellen, daß im tiefsten Kern von Religion eine universelle, weil ›natürliche‹ Moral enthalten sei. Aber schon damals besaß diese These die defensive Funktion, angesichts der Gewaltkritik an Religion diese vor der Zumutung in Schutz zu nehmen, alles an ihr sei vernunftwidrig und deshalb eine Gefahr für das Zusammenleben. Aber auch wenn man in der Vielfalt ihrer Erscheinungen und trotz der Aberrationen in ihren Realitäten ein solch menschheitsübergreifendes Ethos in den verschiedenen Religionen freilegen könnte, bliebe jene Gewaltkritik immer noch gültig. Aber damals wie heute ist die optimistische Sicht der Religion als gleichsam natürlicher Hort der Moralproduktion eine halbierte. Es braucht nicht die Erinnerung an die im Jahr 1917 formulierte These von Rudolf Otto, daß die moralischen Prädikate auf große Teile der Manifestationen des Heiligen nicht angewandt werden können und »das Heilige minus seines sittlichen Elementes« allzu oft übersehen wird, um auf die Fraglichkeit der *selbstverständlichen* Allianz zwischen Moral und Religion das Augenmerk zu richten. Anders formuliert: Dieses Verhältnis hat den Charakter zufälliger Konvenienz, wobei es sowohl vom Gehalt des Religiösen als auch von der Substanz der jeweiligen Moral abhängt, wie eine solche Konvenienz aussieht. Nicht selten jedoch muß Moral auch *gegen* ihre religiösen Advokaten verteidigt werden.

Die dritte Voraussetzung, die uns auf eine naive Spur in religiösen Angelegenheiten zu setzen vermag, ist komplexer Natur. Sie bezieht sich auf die Annahme, Religionen seien im Kern *sinn*verbürgende Systeme, also Vorkehrungen, die Individuen ebenso wie Kollektive mit einer Deutung ihres Lebens, mit einer Letztinterpretation der Horizonte, in denen wir leben, ausstatten. Es wäre gewiß vermessen, dies grundsätzlich zu bezweifeln. Für ungezählte und unzählbare Menschen haben über Jahrhunderte Religionen Orientierung geboten und tun dies immer noch. Sie haben gleichsam Sinnproviant zur Verfügung gestellt, damit im alltäglichen wie im außeralltäglichen, im normalen Leben wie in den Lebenskrisen nicht die Haltlosigkeit triumphiert, die niederdrückt und zum existentiellen Aushungern führt. In Riten und Gebeten, in Doktrinen und Handlungscodes wurde gleichsam ein Schutzwall gegen die Vermutung aufgeboten, das Ganze des Lebens sei nicht zu bewältigen, weil es ohne ›Sinn‹ und ›Verstand‹ bleiben müsse. Als Pufferzone gegen eine aufgezwungene und deshalb gewaltsame ›Hermeneutik des Nichts‹ manifestierten sich Religionen als die gütigen Spender eines solchen Sinnes.

Aber die *Rede* von einem Existenzsinn ist jüngeren Datums. Das *Explizite* der Sinnfrage, also ihre bewußte Thematisierung und ihre Diskriminierung von anderen Aspekten des Lebens, setzt wohl erst in der Neuzeit ein und findet im Laufe der Moderne die scharf konturierte und allgemein kommunizierte Gestalt, die uns so vertraut und selbstverständlich vorkommt – Religion als Sinn-System. Max Weber wies darauf hin, daß die Sehnsucht nach Sinn anfänglich nur »von Intellektuellenschichten getragen« sei: »Der Intellektuelle sucht auf Wegen, deren Kasuistik ins Unendliche geht, seiner Lebensführung einen durchgehenden ›Sinn‹ zu verleihen, also ›Einheit‹ mit sich selbst, mit den Menschen, mit dem Kosmos.«[4] Diese Suche setzt aber den bereits erfolgten Zusammenbruch eines fraglos hingenommenen Ganzen voraus oder – und das wäre vielleicht die einfachste und deshalb plausibelste Erklärung – sie setzt einen Menschentypus voraus, der es sich leisten kann, Zeit in die nunmehr aus dem alltäglichen Lebenskampf herausgehobene Bedeutungsfrage zu investieren.

Die solchermaßen explizit gewordene Sinnfrage bildet die

4 Weber, S. 396.

Gegenseite des Sinnlosigkeitsverdachts und *beide* unterstellen bereits eine Zivilisationsstufe, in der die Gefahr an Leib und Leben nicht mehr mit allen Mitteln gebannt werden muß, sondern bereits in der kulturell sublimierten Form ihrer Thematisierung als ebenjene Suche nach Lebenssinn wiederkehren kann. Für den Zeitgenossen moderner und ausdifferenzierter Gesellschaften ist diese Suche ebenso bekanntes wie auch unbequemes Terrain. Sie bildet gleichsam den »Preis der Moderne« (Otfried Höffe), den wir entrichten müssen, ob wir wollen oder nicht. Aber über der Sinnfrage schwebt eine kontemplative Einstellung, eine reflexive Haltung, die zivilisationsgeschichtlich keineswegs als Gemeingut betrachtet werden darf. Die *Semantik* der Sinnfrage ist jedenfalls modern. Das bedeutet selbstverständlich keineswegs, daß nicht auch in anderen Jahrhunderten um Lebenssinn gerungen wurde. Dies zu bezweifeln wäre absurd. Aber die Kontexte lassen sich nur schwer vergleichen.

In modernen, funktional differenzierten Gesellschaften hat sich eine paradoxe Entwicklung vollzogen: Obwohl der Lebenssinn auf das Ganze geht, hat sich seine Reflexion als Teilbestand institutionalisiert, als ein eigensinniger Bereich, der – aufgehoben in den gewiß vielfältigen Expressionen der Religion, der Philosophie und der Kunst – relativ losgelöst von den Systemen des Alltags gleichsam als ›Kompartiment‹, als Spezialgebiet existentieller Sinnvergewisserung, vorhanden ist. Aufgrund dieser eigenwilligen Separierung der Sinnfrage von den Sorgen um das Überleben im Alltäglichen hat die Sinnsuche einen sublimierten und hochreflexiven Charakter bekommen. Und weil wir Religionen immer noch attestieren, eine Art Hausmacht in Angelegenheiten der Lebensdeutung zu sein, gehen wir mit großer Selbstverständlichkeit davon aus, Religionen *als solche* seien hochzivilisierte, auf stabilen, kulturell sublimierten Kontemplationsleistungen aufruhende Sinn-Systeme. Diese Wahrnehmung ist jedoch kurzsichtig. Sie löst *einen* Bereich, den der Lebensdeutung, aus den Funktionen von Religion heraus und vergißt die vielfachen politischen Aufgaben, die ebenfalls Gegenstand religiöser Interventionen waren und sind. Darüber hinaus kontrastiert die Sicht heftig mit den religiösen Wirklichkeiten, in denen wir leben und leben müssen. Weit entfernt von diesen gewiß wünschenswerten Sublimationen werden wir weltweit mit religiös motivierter Brutalität und politischem Terror konfrontiert, mit einem in der Transzendenz verankerten Haß auf exakt jene Gesellschaftstypen, die Sinn-Reflexionen in der avancierten Bedeutung des Wortes ermöglichen und ermutigen.

In dem Dreiecksverhältnis zwischen Sinnofferte, Moralgarant und pazifistischer Instanz läßt die solchermaßen gezügelte Religion nur ein Gottesbild zu, das eine »Gotteslästerung« völlig unwahrscheinlich erscheinen läßt. *Diese* Religion ist in nahezu jeder Hinsicht konstruktiv und affirmativ. Im Grunde hat der Deismus heimlich triumphiert, denn der Gott dieser Religion hat seltsam weltferne Züge. Er ist zu einer Hintergrundfigur geworden, die zu *passenden* Anlässen kurzfristig mobilisiert werden kann. Aber es geht auch bestens ohne ihn – eben bis auf Lebens- und Weltkrisen, in denen kurzfristig gern auf theologisches Repertoire Bezug genommen wird. Seine Attribute lassen die Ähnlichkeit mit menschlichen Gefühlsregungen und Eigenschaften jedoch weitestgehend vermissen. Was in den weichgespülten Religionsauffassungen manch westlicher Gesellschaft von der einst umfassend anthropomorphen Ähnlichkeit zwischen Gott und Mensch übrigbleibt, ist eine abstrakte bis schwülstige Liebesdoktrin, der zufolge Gott der über alles Maß Liebende sei, der kaum konträre Regungen in seiner Brust verspürt. Anfälligkeit für Ehrverletzungen ist ungefähr das letzte, was man ihm unterstellen mag.

3
GOTT IST NICHT GEMÜTLICH

Das Verhältnis zu ihren Göttern war für die Menschen kaum jemals so emotionsarm, wie es in dem Konstrukt jener Wohlfühlreligion der Fall ist. Aus einem anorektischen Gottesbild, das weder Leidenschaft noch Hingabe oder Maßlosigkeit kennt, sind auch all jene eifersüchtigen, zornigen, wütenden und gewaltsamen Ausbrüche getilgt, die religionsgeschichtlich zu den Verhaltensstandards im Kosmos der Götterfamilie gehören. Gott gleicht einem Hintergrundgeräusch, das sich im Grunde nie deutlich zu artikulieren vermag, während er doch in seinen zahlreichen historisch greifbaren Metamorphosen auch die Rache und die Zerstörungswut, die Passion und die Libido – passend und unpassend – an seine Bekenner und Leugner adressiert. Je anthropomorpher jedoch die Züge im Gottesbild sind, um so mehr können als Charakterzüge Gottes auch die Lästerungsanfälligkeit und mit ihr auch die Vergeltungssucht nicht geleugnet werden, die Menschen aus ihrer eigenen Welt allzu gut kennen. Transzendenz oder Überweltlichkeit schließt dann Kränkung nicht aus, so lange jedenfalls, wie das psychische Innenleben Gottes, sein leidenschaftliches Gemüt, nicht zur Sterilität gezwungen ist und es deshalb menschenverwandte Regungen noch zu erkennen gibt. Kaum jemals war die Transzendenz emotional so entleert und so radikal auf wohlwollende Abstraktionen umgemünzt, wie dies in der soeben gekennzeichneten ›westlichen‹ Religion der Fall ist. Wie ein Schock und wie ein allerschlichtester, aber folgenreicher Anachronismus muß deshalb die Rückkehr der Gotteslästerung wirken, die einst zu den Plausibilitäten regulärer Religionspraktiken gehörte, heute – in Kulturen der westlichen Moderne – jedoch als fremder Gast höchst unwillkommen ist. Gott kehrt zurück als ungemütlicher, gar als vergeltungsbereiter Ausländer.

Der wohl bedeutendste Charakterzug Gottes, der unserer kulturellen Amnesie anheimgefallen ist, betrifft nämlich seine Zornbereitschaft. Im Alten Testament betritt JHWH die Bühne als Sturmgott, dessen Motiv, dem Volk Israel zum Exodus aus dem Land des Pharaos zu verhelfen, in seinem »Zorn« (Ex 15,7 f.) beheimatet ist. »Zorneswildheit«[1] wird ihm attestiert, die überaus oft rationale Gründe gänzlich vermissen läßt. Die Propheten können als das gewaltigste Sprachrohr des göttlichen Zorns und des Vernichtungswillens seines Protagonisten betrachtet werden. Dieser scheut nicht den Krieg als Mittel der ultimativen Disziplinierung seines auserwählten Volkes. Schwärzeste Gewaltpädagogik zeichnet seinen durch Zorn eingegebenen Maßnahmenkatalog aus. Sein Kriegwüten kennt kaum Grenzen, es hält an, bis die Leichen »auf den Gassen wie Abfall« (Jes 5,25) liegen. Sobald das Volk sich von seiner hochethischen Treue zu JHWH, wie sie im Exodus errungen war, abwendet, bekommt es diesen Bruch am eigenen Leib bitter zu spüren: Jeremia warnt vor der Vernichtung Jerusalems durch die Babylonier, interpretiert aber die Grausamkeiten, die mit dieser Niederlage Israels einhergehen – Zerstörung, Deportation, Verwüstung – als Gottes *eigene* Vergeltung gegen Sein Volk. Er zerstört es, wie es im berühmten Töpfergleichnis (Jer 18,1-12) heißt, wie der Töpfer die mißratenen Tongefäße nach Belieben zerschmettern kann: »Geradeso wie der Ton in der Hand des Töpfers, so seid ihr in meiner Hand, Haus Israel. Das eine Mal spreche ich über ein Volk und über ein Königreich aus, daß ich es ausrotten und niederreißen und zugrunde richten werde.« (6 f.) Im Buch Deuteronomium, das auf die Regierungszeit des Königs Joschija (Ende des 7. Jahrhunderts) zurückgeht und in dem eine Reform von Staats- und Kultwesen angestrebt wird, steht zwischen Gott und dem Einzelnen eine Vertragsfiktion im Vordergrund, die dem Rechtsinstitut des Vasallenvertrages entnommen ist, wie es aus der assyrischen Hegemonialverwaltung bekannt ist. Wer die neuen Bestimmungen

1 Miggelbrink, S. 14.

nicht einhält, wird mit dem Fluch des überaus zum Zorn bereiten Gottes rechnen müssen.

Auch in den Psalmen ist der Vernichtungswille Gottes allgegenwärtig: »Könige wird er zertreten am Tag seines Zorns. Unter den Heiden hält er Gerichtstage, Tote liegen zuhauf, weithin auf Erden zerschlägt er die Häupter« (Ps 110,5 f.). In den Büchern Josua und Richter begegnen wir einer unverhohlen brutalen Kriegstheologie der Landnahme Kanaans mit, als grausiger Apotheose, der Opferung der Tochter Jiftachs im Buch Richter (Ri 11): Jiftach hatte Gott versprochen, Ihm nach einer siegreichen Heimkehr aus der Schlacht gegen die Ammoniter das erste, was ihm aus seiner Haustür entgegenkommen würde, als Brandopfer darzutun. Seine Tochter und einziges Kind kam aus der Tür. Das Opfer wurde – nach zweimonatiger Frist, damit sie ihre »Jungfrauschaft in den Bergen beweinen« konnte – vollzogen. Das Zornmotiv unterliegt aber in der gesamten Bibel diversen Transformationen und Sublimationen. Die priesterliche Sühnetheologie mit ihrer Theologisierung des Rechts bringt bereits eine Verinnerlichung der Rechts- und Moralansprüche JHWHs mit sich, die dessen Verhältnis zu seinen Untergebenen von allzu schroffen und mitleidlosen Zornausbrüchen freihält. Man ist offensichtlich bemüht, JHWH selbst als direktes Subjekt dieser Eruptionen unsichtbar werden zu lassen. In den Makkabäerbüchern wird sein Name deshalb vermieden, wenn vom Zorn die Rede ist: Der »große Zorn« oder der »lodernde Zorn« (1 Makk 2,50) tut sein Werk, so als ob eine subjektlose und emotionslose Quelle waltet, die Gerechtigkeit vollzieht, ohne sich identifizieren zu lassen. Trotzdem läßt sich nicht leugnen, daß die Zorn- und Rachebereitschaft Gottes, die für die Einzelnen längst nicht immer nachvollziehbar sind, weil Anlaß und Strafmaß häufig völlig disproportional bleiben, »einen rätselhaften Überschuß an Negativität im Handeln Gottes«[2] aufdecken.

Auch im Neuen Testament kann von einer ausschließlich

2 Gross, S. 69.

auf Liebesimperative und Sanftmutsinitiativen fixierten Jesusgestalt keine Rede sein. Die eschatologischen Gerichtspredigten, die eine Entscheidung angesichts der bevorstehenden Apokalypse verlangen, geizen nicht mit Gewaltandrohungen. Das Reich Gottes kommt inmitten eines großen Leidens: »Wenn ihr aber den Greuel der Verwüstung da stehen seht 〈…〉, dann fliehe in die Berge, wer in Judäa ist. 〈…〉 Wehe aber den Schwangeren und Stillenden in jenen Tagen. Betet auch, damit es nicht in den Winter falle, denn jene Tage werden ein Drangsal sein, wie noch kein gewesen ist seit dem Anfang der Schöpfung.« (Mk 13,14 ff.) Auch Paulus läßt den Zorn Gottes wüten: Er kommt »vom Himmel herab 〈…〉 wider alle Gottlosigkeit und Ungerechtigkeit der Menschen, die die Wahrheit durch Ungerechtigkeit niederhalten« (Röm 1, 18). Und erst recht die Apokalypse hält sich, was Gewalt und Vernichtung betrifft, nicht zurück. Der Zorn Gottes wird hier als thymós bezeichnet, so daß die Subjektivität dieses Ausbruchs nun wieder offen zutage tritt. Die goldenen »Zornschalen« fließen über vom Zorn Gottes (Offb 15,7). Sie enthalten die sieben Plagen und werden aus einem mit Rauch gefüllten Tempel durch sieben Engel getragen – einem Tempel, der von der »Herrlichkeit« und der »Macht« Gottes gefüllt ist. (Offb 15,8)

In seiner verdienstvollen Rekonstruktion des Zornmotivs Gottes hat Ralf Miggelbrink eine theologisch spitzfindige Hermeneutik entwickelt, um dem Zornmotiv seine Spitze zu nehmen. Der Zorn wird von seinem göttlichen Urheber losgelöst und erscheint als eine anonyme Macht. Plötzlich mutiert er zu einem »schicksalhaften Verhängnis«,[3] wodurch der *Gottes*zorn subjekt- und zuschreibungslos wird. Rätselhaft lautet die Lösung, die nun angeboten wird: »Alles Wirken des Zorns gründet in einer göttlichen Auslieferung, in einem Raumgeben Gottes. So bleibt der Zorn Zorn Gottes, obwohl eine emotionale Erregung Gottes ebenso wenig erkennbar ist wie eine direkte göttliche Verursachung.«[4] Solchermaßen

3 Miggelbrink, S. 98.
4 Ebenda, S. 100.

wird die Rede von einem »Zorn Gottes« aber semantisch ausgezehrt. Weshalb sollte jemand zürnen, der keinerlei Emotion verspürt und sich entschieden von einer Urheberschaft für alle Zornfolgen distanziert? Das Erbe ist gewiß unangenehm, denn die Wut und die Rache, der Tötungswillen und die Grausamkeit, die allesamt mit dem Zorn Gottes verbunden werden können, lassen sich schwer in die gängigen Gottesbilder, die quotenbewußt und unverhohlen nach Sympathiewerten schielen, integrieren. Wer aber das Zornmotiv zu einer blassen Metapher für anonyme Schicksale verkommen läßt, kann letztlich nicht mehr verstehen, weshalb die Rache Gottes als Reaktion auf Seine Lästerung und Ehrverletzung jahrhundertelang ein allzu reales Angstpotential am Leben erhalten hat.

Gewiß hat es auch in der Theologiegeschichte nicht an Versuchen gefehlt, den Zorn Gottes in seiner Reichweite und seinen Konsequenzen abzuschwächen. Man mag bei Laktanz, dem frühchristlichen Apologeten des Gotteszorns, bereits Ansätze zu einer Funktionalisierung und Pädagogisierung des Zornmotivs feststellen. »Religion, Würde und Ehre«, so meint dieser Autor, »gründen sich auf Furcht; Furcht aber kann nicht bestehen, wo niemand zürnt«.[5] Religion wird hier – lange vor den funktionalistischen Deutungsversuchen, die wir vor allem seit der Aufklärung kennen – zu einer Erhaltungsinstanz der gesellschaftlichen Ordnung, denn »ohne Religion sinkt das menschliche Leben zu einem Gemisch aus Torheit, Verbrechen und Unmenschlichkeit herab«.[6] Ohne den Zorn Gottes kollabiert jedoch die Religion, denn zum Drohen ist dann nichts mehr da. Aber auch solch eine im Grunde nüchterne Diagnostik bestätigt die Authentizität, mit der Gottes als *real* angenommener Zorn mit all seinen furchterregenden Folgen Teil des Bekenntnisses, vor allem aber Bestandteil des religiösen Erlebnisses gewesen ist. Selbstverständlich kennt auch Laktanz das psychologisch-emotivi-

5 Ebenda, S. 82 f.
6 Ebenda.

stische Argument, daß ein liebender Gott ein gelegentlich zürnender sein *müsse*, da der Liebesaffekt ohne Zornfähigkeit, ohne thymotische Motivlage ganz blaß bliebe. »Wer liebt«, schreibt Navid Kermani, »der erzürnt spät, aber um so heftiger.«[7] Gott sind keine menschlichen Gefühlsverhältnisse fremd, könnte man offenbar schlußfolgern.

In diesem Zusammenhang würde der Hinweis auf Seneca als Kontrahent einer solchen Zornapologie allerdings wenig nutzen. Gewiß wird der Zorn bei dem Stoiker zu einer widervernünftigen Leidenschaft stilisiert, aber dies geschieht nur, damit die Vernunft ihre Gewaltgeschäfte um so ungestörter ausüben kann. Der Zorn hindert die Vernunft daran, ihr Geschäft mit der erforderlichen Kälte und Rücksichtslosigkeit zu vollbringen: »Mißgeburten löschen wir aus, Kinder auch, wenn sie schwächlich und mißgestaltet geboren worden sind, ertränken wir; und nicht Zorn, sondern Vernunft ist es, vom Gesunden Untaugliches zu sondern.«[8] Indem sie dieses und andere staatsdienliche Säuberungen unternimmt, waltet und schaltet sie »ohne mit den Zähnen zu knirschen noch den Kopf zu werfen«.[9] Nur so kann sie – die Vernunft – ihre Würde wahren.

Der Zorn und mit ihm die Gemütszustände der Rache, der Strafe und der Vergeltung gehören jedenfalls zu jenen Leidenschaften, die den Göttern, solange sie noch zu realen Interaktionen mit den Menschen für fähig gehalten wurden, fraglos zugeschrieben wurden. Zu deren Potenz zählt die Möglichkeit, Negativismus auf seiten der Menschen mit ebensolchem heimzuzahlen. Götter, die nur Wohlwollen im Sinn haben, lahmen, weil sie über keinerlei thymotische Fähigkeiten verfügen und deshalb kraft- und tatenlos zuschauen müssen. Der »thymós« ist »das, was die Regungen verursacht«,[10] vor allem aber die *kraftvollen* Erregungen. Im Alt-Griechi-

7 Kermani, S. 25.
8 Seneca, *De ira*, I 16, 2.
9 Ebenda, I 19, 2.
10 Snell, S. 19.

schen existierte ein Wortpaar, das den gerade genannten Bereich von Rache, Strafe und Vergeltung spannungsgeladen abdeckte – das Paar »poinē« und »timoría«. Während »poinē« eine horizontale Dimension – die Dimension ausgleichender und rationaler Strafzumessung – umfaßte, bezog sich »timoría« auf eine vertikale Achse. Hier wurde eine Rangordnung gewahrt, also eine unhintergehbare Differenz, die dem Höhergestellten die aggressive Wahrung und Verteidigung seiner Position mittels tiefemotionaler Reaktionsmuster erlaubte. Nicht Reziprozität und Maßgerechtigkeit standen hier im Vordergrund, sondern rächende und vergeltende Aufrechterhaltung einer Ordnung, die für unser Empfinden maßlose und leidenschaftliche Handlungen ausdrücklich toleriert. Bei »timoría« – schreibt Walter Burkert – geht es um »Wahrung der Ehre. Vorausgesetzt ist damit, daß eine Person auf ›Ehre‹ Anspruch erhebt und eine ›Entehrung‹, eine Beleidigung stattgefunden hat. Es bedarf dann der Satisfaktion, um den Status zu wahren.«[11] Aber genauso wie zwischen Beleidiger und Beleidigtem ein Gefälle vorhanden ist, das nicht erklärt werden muß, ist es ebensowenig nötig, daß es zwischen Beleidigung und Satisfaktion ein irgendwie rational nachvollziehbares Verhältnis der Proportionalität gibt. Auch in der griechischen Antike glänzen die Götter durch die Unverhältnismäßigkeit, die zwischen der Übertretung und der Vergeltung herrscht. Die Ehre des jeweiligen Gottes konnte nur restituiert werden, indem jene Nicht-Berücksichtigung der Verhältnismäßigkeit, also die brutale und disproportionale Vergeltung zumindest nicht prinzipiell ausgeschlossen wurde. Ehre, die auf Ungleichheit beruht, verlangt ebenso Ungleiches, mit dem eine Beleidigung vergolten wird.[12]

Weit in die Religionsgeschichte geht die Erfahrung der Anwesenheit des Göttlichen in Manifestationen des Heiligen zurück, die eine unmittelbare Nähe zwischen Anbetung und Gewalt, zwischen Verehrung und Massakrierung erkennen

11 Burkert 1994, S. 17.
12 Vgl. Griffiths.

lassen. »Es ist die Gewalt, die Herz und Seele des Heiligen ausmacht.«[13] Ebenso wie in den griechischen Tragödien muß man auch in der Bibel davon ausgehen, daß der Gewaltexzeß der göttlichen Instanz, die sich dem Zorn hingibt, »in einem außertextuellen Ereignis wurzelt«, also irgendwie mit real Erfahrenem zusammenhängt.[14] Auch wenn der Verweis auf historische Ereignisse im einzelnen nicht rekonstruierbar ist, gibt es keinen Anlaß, in den mythischen wie auch in den biblischen Narrativen keinerlei Erinnerung an reale Gewalt und Grausamkeit zu vermuten. Solche Erzählungen und Anrufungen der Gottheit sind weder rein ästhetische Hervorbringungen, die nur einen häßlichen Schein erzeugen, noch vernachlässigungswürdige oder fiktionale Nebenprodukte einer ansonsten fleckenlosen Positivgeschichte Gottes mit seiner Schöpfung. Die Zornestheologie ist ebenso Teil eines Legitimationen beschaffenden Verfahrens, das Realgewalt zu sanktionieren hatte, wie auch Ausdruck der Bewältigungsstrategien angesichts erlittener Brutalität.

Erneut sei darauf hingewiesen, daß die Vernachlässigung des Zornmotivs und der aus ihm abgeleiteten Affekte der Rache, der Vergeltungssucht und der Bestrafungsbereitschaft, Gott und die Götter, so wie sie einst Gegenstand von Verehrung und Anbetung, von Strategien der Besänftigung und der Umstimmung auf wohlwollendes Verhalten waren, im Grunde depotenzieren. In einem Reinigungsverfahren, das nur noch modernitätskompatible und wellness-verträgliche Eigenschaften der Transzendenz zuläßt, kommt uns jegliches Verstehen der Lästerungs- und Vergeltungsdramen abhanden, die sich die längste Zeit über in der Religions- und Zivilisationsgeschichte zwischen dem Menschen und seinen Göttern abgespielt haben. Man mag Peter Sloterdijk darin zustimmen, daß »es für heutige Zeitgenossen ausgeschlossen [sei], den Zorn des Einen Gottes so zu würdigen, wie er von den Exegeten des triumphierenden Monotheismus auf dem Höhepunkt sei-

13 Girard 1992, S. 51.
14 Girard 2005, S. 39.

ner Selbstgewißheit doziert worden war«.[15] Aber einen Bruchteil eines solchen Verstehens sollten wir uns aneignen, weil wir ansonsten die Genese wie auch die Gefahr jener heraufziehenden Weltkonflikte um die Gotteslästerung nicht werden nachvollziehen können, die uns nahezu täglich ebenso medial wie auch realpolitisch bedrängen.

Diese Konflikte haben häufig, obzwar nicht immer, eine monotheistische Signatur. Die Lästerung und die Beleidigung der göttlichen Ehre existiert(e) gewiß in polytheistischen Religionskulturen, und auch auf der Stufe des Animismus waren die Bewohner der transzendenten Räumlichkeiten bereits höchst anfällig für vom Menschen verursachte Störungen ihres Gemüts und der ihnen gebührenden Verehrung. Aber mit den monotheistischen Religionen kommt ein weiterer Zug zur Geltung – die Systematisierung der Gotteslästerung im Fokus der nicht nur kultisch und handlungspraktisch angemessenen, sondern auch *orthodox* austarierten Verehrung. In den historischen Abhandlungen zur Gotteslästerung wird immer wieder – auf der Höhe der normativen Texte aus Jurisprudenz und Theologie – zwischen Lästerung und Häresie scharf unterschieden, genau so, wie auch jene Texte dies zu tun versuchen. Aber diese Trennung war schon immer zu dünn, um wirklich Bestand haben zu können. Vor allem dort, wo die »Mosaische Unterscheidung«, also die Unterscheidung »wahrer« von »falscher« Religion Gültigkeit gewonnen hatte, konnte die Verehrung des Einen sich nicht länger der Scharfkantigkeit einer sich bildenden Orthodoxie, die einen Schweif von Häresien mit sich führte, enthalten.

Nun sind sämtliche Monotheismen – die drei abrahamitischen Religionen – auf dieser »Mosaischen Unterscheidung« aufgebaut. Sie führt zu einer spezifisch monotheistischen Intoleranz, die mit der Weigerung dieser Religionen zusammenhängt, sich in die Semantik der anderen Religionen übersetzen zu lassen. Sie praktizieren eine hermeneutische Blockade, denn anders als das Pantheon, das für Polytheismen typisch

15 Sloterdijk, S. 114.

ist, bleibt der Aufenthaltsraum des Einen strikt für diesen reserviert, weshalb er sich weigert, Gestalt und Namen eines anderen Gottes anzunehmen. Der monotheistische Gott ist unübersetzbar. Aber dies alles führte zu einer ebenso auffälligen und systematischen Memorisierung der Gewaltanlässe, die dieser Gott benötigte, um sich die Konkurrenz vom Leibe zu halten. »Es muß doch etwas zu bedeuten haben«, sagt Jan Assmann, »daß der Monotheismus in den biblischen Texten die Geschichte seiner Durchsetzung in allen Registern der Gewaltsamkeit erzählt.«[16] Die ausgesprochene Eifersucht, die sich dieser Gott erlaubt, läßt sich als die affektive Verdichtung seines Anspruchs auf Exklusivität deuten, die zu ihrer Durchsetzung Zorn und Vernichtungswillen benötigt. Die verdichtete Ehre dieses Gottes, die ein gewaltiges Kränkungspotential entstehen läßt, beruht auf der thymotischen Bereitschaft, Rache- und Vergeltungsaktionen zu verüben, die auf die Vernichtung der Ungläubigen und Fremden zielen. Die Gewaltbereitschaft des Höchsten ergriff natürlich auch von seinen Schutzbefohlenen Besitz. »Mit der monotheistischen Wahrheit kam zwar nicht ›der‹ Haß, aber eine neue Art von Haß in die Welt, der ikono- bzw. theoklastische Haß der Monotheisten auf die zu Götzen erklärten alten Götter und der antimonotheistische Haß der durch die Mosaische Unterscheidung ausgegrenzten, zu Heiden erklärten Anderen.«[17] Hinzuzufügen wäre allerdings der Haß auf die Abweichler in den eigenen Reihen, der anti-häretische Haß auf die Heterodoxen.

Ob der Triumph des Monotheismus das Ergebnis einer Fortschrittsgeschichte im Bewußtsein der Transzendenz gewesen ist oder lediglich das Resultat einer teils gewaltsamen Verdrängung konkurrierender Götterwelten, sei dahingestellt. Aber zu ihm gehört wesentlich, den anderen Religionen eine Art »Gottesdummheit«[18] zum Vorwurf zu machen. Gottes-

16 Assmann 2003, S. 36.
17 Ebenda, S. 95.
18 Assmann 2006, S. 200.

dummheit bedeutet das letztlich selbstverschuldete Zurückbleiben hinter den Möglichkeiten der Vergeistigung und der Ethisierung, die im Monotheismus angelegt sind. Verstockung und Unwillen zur Bekehrung und zum Glauben liegen dieser Verstandesweigerung – aus der Sicht der siegreichen Religion – zugrunde. Die Regensburger Papstrede zeigte in ihrer der vatikanischen Selbstzensur noch nicht anheimgefallenen Spontanfassung den Atem dieses Dummheitsvorwurfs, diesmal allerdings als Kampfmittel im innermonotheistischen Wettbewerb. Der Monotheismus muß jedenfalls als die zentrierteste Form eines Gottesentwurfs betrachtet werden, den die Religionsgeschichte gekannt hat. Entsprechend kompakt sind auch die thymotischen Energien, die der Einzige in sich vereint. Anders als die Vielgötter hat Er keine numinose Konkurrenz zu befürchten, nachdem er sich in einem ersten Schritt *über* die anderen Götter gestellt und diese in einem zweiten Schritt als bloße Scheinfiguren einer haltlosen und verwirrten Idolatrie hinter sich gelassen hat. Von Anfang an hat sich JHWH – in Anlehnung an archaische Kultpraktiken – mittels einer blutig-heiligen Schrift, im Kainszeichen, für alle sichtbar als der Einzige präsentiert, der ebenso beschützend wie eifersüchtig-vernichtend mit seinem Volk umzugehen gedenkt.[19]

Eine auf den ersten Blick probate Antwort auf die Erinnerung an den Zorn und die Vernichtungswut Gottes würde wahrscheinlich lauten, daß diese Stufe anthropomorphisierender Religion hinter uns liegt. Obzwar grausige Reminiszenzen sich erhalten haben, sei die Auferstehung eines thymotischen Gottesbildes ein Anachronismus. Dagegen könnte und sollte man einwenden, daß auf der Scheitelhöhe normativer Dogmatik eine solche Thymos-Entleerung weder wünschenswert noch zulässig sei. Die von jedem Gläubigen im Bekenntnis abverlangte Anerkennung des Jüngsten Gerichts läßt sich jedenfalls schwer aufrechterhalten, wenn Zorn, Vergeltung und Strafbereitschaft aus Gottes Bild getilgt werden. Es ist

19 Vgl. Türcke 2005; Burkert 1998.

dann auch kein Zufall, daß gerade in der Wellness-Version des Christentums, die heute eine große Anziehungskraft ausübt, die Aussicht auf das große Richten auf wenig Gegenliebe stößt. Entsprechend blaß und mit einseitig positiven Eigenschaften behaftet ist deshalb das Gottesbild. Der Zusammenprall zwischen einer halbierten Gottesvorstellung und der lästigen Erinnerung an Seine prallen, thymotischen Charaktereigenschaften läßt sich jedenfalls mittels Kategorien linearen Fortschreitens von überholten zu zeitgemäßen Formen von Religion kaum beschreiben. Bestenfalls handelt es sich um das Nebeneinander zweier Erscheinungsweisen von Religion schlechthin: um ›sanfte Religion‹ und – erneut in Anlehnung an Rudolf Otto – um ›tiefe Religion‹. Unter ›sanfter Religion‹ sei jener Typus weichen Transzendenzbezugs verstanden, den wir vorhin auch als ›westliche Religion‹ mit ihren drei Hauptkennzeichen ›Moral‹, ›Sinn‹ und ›Kohärenzstiftung‹ bezeichnet haben. Unter ›tiefer Religion‹ sei eine *nicht* auf Moralprovision, affirmative Sinngewährung und Gewaltvermeidung reduzierte Form religiösen Glaubens und religiöser Praxis verstanden. Wahlweise läßt sich auch von ›domestizierter‹ und – dieses Mal unter Abänderung von Maurice Merleau-Pontys Begriff der ›wilden Wahrnehmung‹ – von ›wilder‹ Religion sprechen, wobei die Grenzen jeweils fließend sind und keine Evaluierung der jeweiligen Phänomene bedeuten.

4
GOTTES LÄSTERUNG UND DIE FLEISCHWERDUNG DES WORTES

Die Rückkehr der ›Gotteslästerung‹ verbinden wir vornehmlich mit Auseinandersetzungen *muslimischen* Ursprungs. Die Publikation von Salman Rushdies *The Satanic Verses* im Jahr 1990 und der anschließende Aufruf des Ayatollah Kohmeini, den Autor zu töten, konfrontierten uns ganz und gar unliebsam mit einer Ehre-Empfindlichkeit religiöser Herkunft, in der die Debattierkultur des Westens mit ihrem Imperativ, die reflexive Auseinandersetzung sei der Ort einer möglichen, jedenfalls erwünschten Pazifikation scharfer Meinungsdifferenzen, an ihre Grenzen geführt wurde. Der Mord an dem niederländischen Filmemacher und ›agent provocateur‹ Theo van Gogh, der nach der Ausstrahlung seines islamkritischen Films *Submission* erfolgte, traumatisierte die Öffentlichkeit nicht zuletzt deshalb, weil in dem auf seiner Brust aufgespießten Bekennerschreiben ausdrücklich von Gotteslästerung als Motiv für die Tötung die Rede war. In den unmittelbar nach dem Mord wild um sich greifenden Rachefeldzügen brannten Moscheen und Kirchen – inmitten des angeblich am weitesten säkularisierten Landes in Europa. Lebhaft stehen uns noch die weltweiten Reaktionen radikaler Muslime auf die Publikation von Mohammed-Karikaturen in der dänischen Zeitung ›Jyllands-Posten‹ vor Augen. Auf diese Karikaturen, die bereits im September 2005 erstmals veröffentlicht wurden, wurde durch den Imam Ahmed Abu Laban im Mittleren Osten aufmerksam gemacht. Die fanatisierten Massen von Ägypten bis Nigeria, vom Libanon bis Afghanistan, schokkierten die Öffentlichkeiten in den Staaten des Westens. Eine mißratene Papstrede, die sich, historisch unbelehrt und blind auf dem eigenen Auge, im akademischen Schutzbunker vor

Aufruhr sicher wähnte, führte ein Jahr später ebenfalls zu heftigsten Reaktionen in der islamischen Welt. Formen der Selbstzensur fanden im gleichen Zeitraum Einzug in die bundesrepublikanische Gesellschaft, nachdem Mozarts *Idomeneo* in der Berliner Staatsoper kurzfristig abgesetzt worden war, weil man islamistische Gewalt als Konsequenz der szenischen Enthauptung dreier Religionsstifter – Buddha, Jesus und Mohammed – befürchtete.

In diesem Zusammenhang nützt es allerdings kaum, wenn immer wieder auf die verbreitete ›Islamophobie‹ hingewiesen wird, die in den westlichen Staaten offenbar grassiere. Die Assoziation des Islam mit »Schreckens Männer(n)« (H. M. Enzensberger) sei, so lautet die Ermahnung, eine Perhorreszierung, die den Islam in einem einseitigen und deshalb falschen Licht erscheinen lasse. Oft folgt dann der Zusatz, es sei diesem Abscheu zuzuschreiben, daß man kaum mehr die Bereitschaft aufbringe, die ›verständlichen‹ Beweggründe zu prüfen, die zu solchen Gewaltreaktionen Anlaß geben. Aber diese Strategie der Selbstbezichtigung, in der allzu leicht eine Umkehrung der Opfer-Täter-Relation vollzogen wird, verschließt die Augen vor den durchaus *realen* Wertungs- und Kulturkonflikten, die den Streitigkeiten zugrundeliegen. Damit ist nicht behauptet, daß es sich bei den erwähnten Konflikten nicht *tatsächlich* um eine islamistische Pervertierung des Islam handeln könnte. Politologische und geschichtswissenschaftliche Erklärungsmuster, weshalb der Islamismus im Laufe des 20. Jahrhunderts das Gesicht der Prophetenreligion hat prägen können, und welche Anteile der Westen an diesem Vorgang hat, verfügen über eine große Überzeugungskraft. Daß aber die fanatisierten (und manipulierten) Kollektive, die mit dem Gotteslästerungsvorwurf wutschnaubend um sich werfen, Mischexplosive politischer und religiöser Herkunft mit sich führen, dürfte ebenfalls ein hohes Maß an Nachvollziehbarkeit besitzen. Das Religionsprädikat muß hier deshalb angewandt werden, weil Religion eben an vorderster Front im Spiel ist. Ob wir es mit ›wahrer‹ oder ›falscher‹ Religion, mit Religions*gebrauch* oder Religions*mißbrauch* zu tun haben, ist eine politisch nicht entscheidbare und auch nicht zu entscheidende Frage. Das, was auf dem Felde der Politik zählt, sind die Grund- und Schutzrechte, die im diffusen Angriff auf die liberale Demokratie Gegenstand fundamentalistischer Kritik geworden sind.

Ein ebenso verbreitetes, in Intellektuellenkreisen üblich gewordenes Reaktionsmuster betrifft den Stellenwert der europäischen Aufklärung. Dem religiösen Fundamentalismus wird mit großem Leichtsinn ein als ebenso problematisch empfundenes, ›westliches‹ Paradigma entgegengesetzt – der sogenannte ›Aufklärungsfundamentalismus‹. Auch wenn dieser nicht als unmittelbares Motiv für die Gegenbewegung des religiösen Fanatismus gedeutet wird, rückt er doch in den Bereich jener angeblich nachvollziehbaren Gründe, weshalb fundamentalisierende Religionen auch ihr Gutes hätten – uns nämlich über unsere eigenen Verfehlungen aufzuklären.

Aber der Vorwurf der Gotteslästerung schallt uns nicht nur aus islamischen Gefilden entgegen.[1] Die Jesus-Karikaturen des österreichischen Zeichners Manfred Deix in der Zeitschrift ›Profil‹, der Achternbusch-Film *Das Gespenst* oder Werner Schroeters Film *Das Liebeskonzil* riefen in christlichen Kreisen harsche Reaktionen hervor und beschäftigten die Gerichte nachhaltig. Der Zeichentrick-Papst erfuhr im Jahr 2006 scharfe und emotionsgesättigte Ablehnung. Im Sommer des gleichen Jahres wiederum erregte Madonna, die sich während ihrer Konzerte mit einer Dornenkrone auf dem Haupt symbolisch ans Kreuz schlagen ließ, erneut die Gemüter. Kirchenvertreter diagnostizierten schnell und »eindeutig Gotteslästerung«, obzwar sie das Konzert mit an Sicherheit grenzender Wahrscheinlichkeit nirgends gehört, geschweige denn gesehen hatten. Daß man sich nach der Wehrhaftigkeit anderer Religionen sehnt, die eine solche Provokation nicht tatenlos hinnehmen würden, wird aus einem Kommentar von Manfred Becker-Huberti, dem Sprecher des Erzbistums Köln, zum bevorstehenden Konzert Madonnas in Düsseldorf un-

1 Vgl. C. und P. Reinsdorf.

mißverständlich deutlich: »Im Islam würde so etwas nicht funktionieren.« Im Umfeld der Debatten über die Mohammed-Karikaturen konnte man bereits eine Trittbrettfahrer-Mentalität auf christlicher Seite feststellen: Just zum Zeitpunkt jener Debatte ereiferten sich auch die polnischen Bischöfe über Jesus-Darstellungen in einer Satirezeitschrift. Und während nach der Papstwahl der dümmliche Slogan aus der Bildzeitung »Wir sind Papst« mit geradezu klammheimlicher Freude in Kirchenkreisen zitiert wurde, rief das Ansinnen von Münchener Karnevalisten, jene Behauptung nun in Papstkleidern zu realisieren, in den Stuben des dortigen Ordinariats wütende Reaktionen, gespickt mit der Gotteslästerungssemantik, hervor. Bischöfe und Kirchenvertreter wittern offenbar zunehmend ihre Chance, mit der Freiheit der Kunst ins Gericht zu gehen. Als Terence McNallys Theaterstück *Corpus Christi* im Jahr 2000 in Heilbronn aufgeführt werden sollte, gab es nicht nur geharnischte Proteste von vierzig Abgeordneten der CDU/CSU-Fraktion im Bundestag, sondern wurde mit unverhohlener Gewalt gedroht: Intendant und Bürgermeister erhielten Morddrohungen, gar ein Raketenangriff auf das Gebäude wurde angekündigt. Bereits die Broadway-Premiere zwei Jahre zuvor hatte nur unter massivem Polizeischutz stattfinden können.

Solche Reaktionen bleiben zutiefst befremdlich, solange wir uns nicht die Mühe machen, die subjektiven Empfindsamkeiten, die für die Empörten gewiß ein hohes Maß an Authentizität besitzen, zu rekonstruieren. Eine solche Rekonstruktion bedeutet keinesfalls, diese Triebfedern bereits gutzuheißen. Aber ohne eine solche hermeneutische Leistung, die den Standpunkt des Anderen auszuleuchten versucht, sinken die Chancen minimaler Verständigung rapide. Die Heftigkeit der Reaktionen und die Blindwütigkeit der Empörung, die auf deren gewiß vorhandene politische Instrumentalisierung nicht vollständig zurückgeführt werden dürfen, hängen selbstverständlich mit der Wertigkeit dessen, was (angeblich) verletzt oder beleidigt worden ist, zuinnerst zusammen. Offenbar zielt die Gotteslästerung in der Wahrnehmung der

Betroffenen auf den Grundstock ihrer Identitätspräsentation. Sie attackiert den Kern ihres Selbstbildes und versucht, aus ihrer Sicht die gesellschaftlich-kulturelle Ordnung aus ihren Angeln zu heben. Sie entehrt und beleidigt Gott oder die Götter und entblößt somit auch ihre Bekenner und Anhänger. Zwischen der Lästerung Gottes und der Schändung der Identität seiner Untergebenen existiert ein spiegelbildliches Verhältnis, ein Verhältnis der ›Reflexion‹. Die imaginierte Entehrung Gottes wird *realisiert* in den Verletzungen und in der Verunstaltung der religiös-kulturellen Identität der Gläubigen. Über den eventuellen Ideologiecharakter solcher Identitätskonstruktionen ist damit noch nichts ausgesagt und ebensowenig über die Folgen der vermutlichen Inkompatibilität solcher Weisen des Selbstverständnisses mit den unter dem Einfluß der Moderne an vielen Orten flexibilisierten und vervielfältigten Selbstbildern. Wenn wir jedoch auf den (distanzierten) Nachvollzug der Beweggründe, die zur radikalisierten Empörung Anlaß geben, verzichten, verzichten wir gleichzeitig auf die letzte Chance, die Ursprünge der Gewalt einzudämmen.

Der niederländische Rechtsphilosoph Gijs van Oenen (2006) bietet in diesem Zusammenhang eine Lesart der Konflikte an, die bedenkenswert erscheint. Van Oenen geht davon aus, daß Kulturen und somit auch alle Religionen ein sogenanntes »Ursprungstrauma« zum Ausdruck bringen. Dieses Trauma betrifft die fundamentalste Bedrohung, die einem Kollektiv und seinen Insassen widerfahren kann – die gänzliche Auflösung der Ordnung. Dieses Trauma – ob real verursacht oder imaginiert – wird erinnert und vergegenwärtigt in den Texten, Ritualen und kanonischen Handlungsanweisungen, die einem solchen Kollektiv buchstäblich *heilig* sind. Weil Gewalt einst das Fundament des Zusammenlebens ›in toto‹ bedroht hat, wird das Wissen um die Bewältigung dieser Erfahrung, also ihre Vergegenwärtigung in den *heiligen* Expressionen und Materialien der Erinnerung, mit solcher Inbrunst und Kompromißlosigkeit gehütet. Van Oenen spricht in diesem Kontext von einer »fundierenden Gewalt«, die in allen Kulturen und Religionen »Narben« hinterläßt, quasifleischliche Inskriptionen, die – wie etwa im Koran – die Texte, die von dieser Stiftung berichten, nahezu unberührbar machen. Wer den Text antastet – sei es durch Verunglimpfung, durch das Übertreten der Regeln seiner Auslegung oder sogar durch Interpretation überhaupt – macht sich eines Tabubruchs schuldig: Er rührt eben an jenes Tabu, das die Ordnung, die allezeit erneut in die Brüche gehen kann, installiert und nachhaltig hütet. Um ein uns bekanntes Beispiel zu geben: Auschwitz ist das Ursprungstrauma des modernen Judentums. Die Erinnerung an diesen Ort und die Zeugnisse, die von ihm berichten, stehen unter einem besonderen Schutz. Sowohl der buchstäbliche Raum des Geschehens als auch die Riten des Gedenkens sind von einem Tabu umgeben, von einer Unberührbarkeit, die weit über das hinausgeht, was man ›normalen‹ Zeugnissen der Kultur zukommen läßt.

Diese These van Oenens ist nicht neu. Von Sigmund Freud bis Walter Benjamin, von René Girard bis Giorgio Agamben reichen die Variationen dieses Themas. Aber etwas von jenem Ursprungsgedenken wird selbst noch darin deutlich, daß manche Kulturen, die sich nicht länger auf eine kanonische Vergangenheit beziehen, sondern vor allem auf die Zukunft und auf den Wandel, der zu ihr führt, das Trauma nicht mehr oder nur in geringem Maße noch kennen, geschweige denn schätzen können. Wird dieses Ursprungsgedenken schwächer, weil die Normativität der Anfänge nicht mehr überzeugt und bindet, löst sich auch die Atmosphäre des Tabubruchs auf, die einst beispielsweise auf der variablen Hermeneutik, auf der kontroversen Auslegung und Interpretation der heiligen Texte lastete. Die Rituale der Erinnerung werden in einer solchen Kultur ebenfalls variationsanfälliger bis hin zu ihrer gänzlichen Vernachlässigung. Die mit einer gründlichen Verbotssemantik umgebenen Handlungen können infolgedessen zum Gegenstand eines Zweifels werden, der einst, angesichts dessen, was »in illo tempore« (Mircea Eliade) geschehen war, völlig undenkbar war und zu unmittelbaren Sanktionen geführt hätte. Das, was hier mit Glaubenseifer und Unnachsichtigkeit, mittels ausgeklügelter Strafandrohungen gehütet wird, ist die nahezu fleischliche Inskription jener »Ursprungsverletzung«. Diese hat sich so tief in das Gedächtnis eingegraben und hat so sichtbare Spuren in den Erzählungen, Riten und Praktiken hinterlassen, die allesamt von der exzessiven Gewalt des Anfangs berichten, daß nicht jeder einfach an ihnen rühren und rütteln darf. Das Tabu garantiert, indem es die Memoria wachhält, die elementaren Markierungen jener Ordnung, die aus dem mühsamen und opferreichen Sieg über die Ursprungsgewalt hervorgegangen ist. Die Lästerung Gottes betrifft demnach nicht nur diese oder jene unorthodoxe Auffassung bezüglich seines Wesens und nicht nur die auch auf Konventionen beruhenden Handlungen und Worte, die seine Kränkung hervorrufen, sondern mit ihnen die unhintergehbare und bitternötige Instanz, die über die Ordnung wacht und diese erhält.

Die Rede von der »fleischlichen Inskription« führt uns jedoch keineswegs in eine ferne, gleichsam unvordenkliche Vergangenheit zurück. Ihr diagnostisches Potential hat ebensowenig lediglich spekulative Bedeutung. Man könnte nämlich noch einen Schritt weitergehen und die *Materialität* oder die Sinnlichkeit des Traumas und seines Tabus, auf die van Oenen aufmerksam macht, für eine umfassendere kulturphilosophische Betrachtung nutzen. Über die *Fremdheit* der Gotteslästerung ließen sich auf diesem Wege vermutlich weitere wichtige Erkenntnisse gewinnen. Es ist Hans Ulrich Gumbrecht, der den Unterschied zwischen einer »Präsenzkultur« und einer »Sinnkultur« eingeführt hat. Die beiden Kategorien dienen gleichsam als typologische Muster, als eine Art idealtypische Rekonstruktion zweier unterschiedlicher Basismodelle, auf denen Kulturen beruhen können. Eine auf »Präsenz« fokussierte Kultur unterhält Gumbrecht zufolge vor allem ein *räumliches* Verhältnis zur Welt. Diese Dominanz der Räumlichkeit über die Zeitlichkeit führt zu einer spezifischen »Produktion«, zu einem bestimmten Verhältnis von präsenten Gegenständen und dem menschlichen Körper. In der Präsenzkultur situieren sich Menschen in materialisierten oder – besser –

in somatisierten Relationen zu den sie umgebenden Dingen der Welt. Ihr Weltverhältnis *ist* somatisiert. In einer solchen Welt fällt es schwer bzw. liegt es fern, zwischen der Bedeutung der Dinge und ihrer Materialität überhaupt zu unterscheiden. Der menschliche Körper bildet gewissermaßen den Schnittpunkt zwischen sämtlichen materialisierten, sinnlichen Strukturen, welche die Welt durchziehen. Die Bedeutung der Dinge ist hier nicht unabhängig von diesem somatischen Zentrum, von der eigenen Leiblichkeit, zu haben.

In einer auf »Sinn« ausgerichteten Kultur liegen die Dinge allerdings anders. Sobald die »Bedeutung« der Dinge von ihrer Materialität und somit auch von deren sinnlicher Unmittelbarkeit getrennt werden, entsteht eine latent sich verselbständigende mentale Schicht, die sich zwischen der Materialität der Dinge und deren Wirkung auf den Körper ablagert. Diese Trennung hat eine Verschiebung der Aufmerksamkeit zur Folge. Man mißt »dem Sinn der Phänomene einen höheren Wert bei als ihrer materiellen Präsenz«.[2] Im Zuge einer solchen Umschichtung der Aufmerksamkeit verlieren die Dinge zunehmend an Selbstverständlichkeit, sie verstehen sich nicht mehr von alleine. Die Beziehung des Menschen zu ihnen (und zu sich selbst) muß dann Gegenstand einer (unablässigen) Interpretation werden. Nun siedelt Gumbrecht diese Veränderung nicht bereits in der Frühzeit der griechischen Philosophie, sondern in der Neuzeit an. Erst hier können wir eine solch signifikante Umstellung gewahren, die den archäologischen Tiefenbereich unserer Kultur folgenreich modifiziert hat. »Ganz schematisch gesprochen, können wir nun diese neue, frühneuzeitliche Auffassung, in deren Rahmen die abendländische Kultur mit ihrer im Laufe mehrerer Jahrhunderte entwickelten Neubestimmung des Verhältnisses zwischen Menschheit und Welt beginnt, als Schnittpunkt zweier Achsen beschreiben. Einerseits gibt es eine horizontale Achse, die das Subjekt als exzentrischen, körperlosen Beobachter und die Welt als Ansammlung rein materieller Gegenstände

2 Gumbrecht, S. 11.

(einschließlich des menschlichen Körpers) einander gegenüberstellt. Sodann entsteht die vertikale Achse für den Akt der Weltinterpretation, durch den das Subjekt die Oberfläche der Welt durchdringt, um Wissen und Wahrheit als ihre zugrundeliegenden Bedeutungen herauszuholen. Diese Weltsicht möchte ich das ›hermeneutische Feld‹ nennen.«[3]

In der Tat wird in der nachreformatorischen Zeit und mit einem ersten Höhepunkt in der Philosophie Descartes' eine spezifische Subjektkonstitution vorangetrieben, die dieses Subjekt in eine epistemologische Frontstellung zur Welt bringt. Die Gewißheitsprüfung unserer Erkenntnis verlangt zunächst eine Distanzbildung zu den Dingen und – wie man bei Descartes mustergültig lernen kann – auch eine solche zu unserem eigenen Körper. Die sinnliche Wahrnehmung ist mit dem Makel der Unzulänglichkeit behaftet und mit ihr verlieren auch die Objekte in ihrer materiellen, opaken Anwesenheit die Qualität einer vertrauenswürdigen Unmittelbarkeit. Aus der Zentralperspektive eines Denkens, das *zunächst* nur sich selbst traut, und zum Zweck der Herstellung der dafür erforderlichen Selbstnähe, die nicht einmal den Interventionen Gottes Erfolg beschieden sein läßt, wird die Welt auf Distanz gehalten. Dieses Denken schirmt sich nun folgenreich von der Skepsis hervorrufenden Nähe zu den sinnlichen Dingen ab. Diese Distanzaufnahme des Subjekts macht aus diesem das, was Gumbrecht mit dem Begriff des »körperlosen Beobachters« ausdrückt. Die Egologie trennt sich demnach erfolgreich von der Somatologie. Die Bedeutung der Dinge wird dann eigens zu einem Problem, denn sichtbar und erfahrbar, gleichsam ausgestreut auf der Oberfläche der Erscheinungen und zum Greifen nahe ist sie nicht mehr. Die Welt läßt sich nicht länger symbolisch entschlüsseln, so als würde unter der sinnlichen Hülle der Phänomene deren Wahrheit als gehüteter Kern lediglich auf das Auge des Betrachters warten.

Aus dem *Betrachter* mit seiner latent kontemplativen Ein-

3 Ebenda.

stellung zur Welt wird nun der *Beobachter*, dessen Weltverhältnis – wie wir seit Bacon spätestens wissen – *invasiv* genannt werden darf. Mit dem schlanken, aber scharfen und analytischen Schwert der Gewißheitsforderung, das einige wenige, privilegierte Bereiche des Denkens wie etwa das Selbstbewußtsein entdeckt, rückt man den Dingen zwar nicht mehr auf den Leib, sondern zergliedert sie in Zonen des Erkenntniswürdigen, deren Inhalte einer neuen Anordnung unterworfen werden. Was unter der Ägide dieses zunächst inkriminierenden Blickes die kritische Prüfung übersteht, kann zumindest vorläufige Geltung beanspruchen. Die hermeneutische Einstellung, die hier etabliert wird, traut der Oberfläche oder dem Schein der Dinge so, wie diese uns sinnlich-somatisch affektieren, nicht länger und begibt sich nach dem Sinn oder der Bedeutung ›hinter‹ der sinnenreichen Präsenz der Phänomene auf die Suche. Wir können uns heute kaum noch vorstellen, daß sogar das Wort ›Bedeutsamkeit‹ erst um 1800 als frischer Neologismus die Bühne der Philosophie betritt. Dieser Vorgang hat zweifelsohne damit zu tun, daß das Gespür für die Selbstverständlichkeit einer sinn- und sinnengesättigten Welt im Laufe der frühen Moderne nicht länger aufrechterhalten werden konnte, weil die unmittelbare Evidenz, daß die Dinge ihre Bedeutung *präsentieren* bzw. diese uns ›in Präsenz halten‹, verschwunden war. »Die Welt«, sagt Günther Scholz, »hat ihre Eindeutigkeit verloren.«[4] Es wird infolgedessen zur Aufgabe des Menschen, die Bedeutung der Dinge zu erfinden, indem diese epistemologisch gewichtet und hermeneutisch rekonstruiert wird. Die Welt wird nun mit dem Seismographen der »Bedeutsamkeit« abgetastet, denn die Bedeutung existiert nicht mehr im Modus ihrer simplen Vorgängigkeit zu unseren Erkenntnisbemühungen.

Gumbrecht hat diesen Übergang von der »Präsenz-« zur »Sinnkultur« an der Differenz zwischen der katholischen und der reformatorischen Abendmahlsauffassung exemplifiziert: Die

4 Scholz, S. 267.

»Transsubstantiation«, also die Verwandlung von Wein in das Blut Christi und von Brot in dessen Leib, wird katholisch als eine realsymbolische Handlung aufgefaßt: Das Brot und der Wein *sind* nach der Wandlung Leib und Blut Christi. Auf protestantischer Seite, vor allem unter dem Einfluß Calvins, *bedeuten* Brot und Wein den Leib und das Blut des Erlösers. Wie man hinzufügen muß, hat sich hier nicht nur eine Verschiebung von der *leiblichen* Präsenz zum nur noch *repräsentierenden, aber nicht real-symbolisierenden* Zeichen vollzogen, sondern es hat sich die Zurückdrängung des Raums zugunsten der Zeit ereignet. Die leibliche Präsenz Christi unterstellt gleichsam a priori eine räumliche Nähe, denn Körper ohne Raum sind bekanntlich keine. Wenn aber die Zeichen von Brot und Wein den Leib und das Blut Christi *bedeuten*, sind diese eben nicht mehr präsent, sondern werden über den *Zeitenabstand* hinweg repräsentiert und erinnert. Diese Repräsentation als Erinnerungsarbeit setzt den garstigen Graben der unwiderruflichen historischen Distanz geradezu voraus. Eine ganze Reihe signifikanter Unterschiede zwischen beiden Kulturtypen hat Gumbrecht tentativ ausgearbeitet. Die für unsere Thematik wichtigsten Kennzeichen seien hier im Hinblick auf die »Präsenzkultur« genannt:

»In einer Präsenzkultur haben die Dinge der Welt nicht nur materielles Sein, sondern auch einen inhärenten Sinn (nicht bloß einen durch Interpretation vermittelten Sinn), und die Menschen halten ihren Körper für einen integralen Teil ihres Daseins. 〈...〉 Für eine Präsenzkultur ist legitimes Wissen im typischen Fall offenbartes Wissen. Es ist ein Wissen, das von Gott (bzw. von den Göttern) offenbart wird oder durch verschiedene Arten von Ereignissen, die man als ›Selbstentbergung der Welt‹ beschreiben könnte. 〈...〉 Sofern der Körper in einer Präsenzkultur der wichtigste Gegenstand des Selbstbezugs ist, muß der Raum, also jene Dimension, die sich im Umkreis der Körper konstituiert, der ureigentliche Bereich sein, in dem das Verhältnis zwischen verschiedenen Menschen und das Verhältnis zwischen den Menschen und den Dingen dieser Welt ausgehandelt werden. 〈...〉 Wenn nun der Raum die maßgebliche Dimension ist, durch die in einer Präsenzkultur das Verhältnis zwischen Menschen, d.h. zwischen menschlichen Körpern konstituiert wird, dann kann dieses Verhältnis ständig in Gewalt umschlagen (was tendenziell tatsächlich geschieht), d. h. Körper okkupieren und blokkieren Raum und behindern andere Körper. Je mehr das Selbstbild einer bestimmten Kultur der Typologie der Sinnkultur entspricht, desto stärker wird sie versuchen, die Gewalt als letztes Machtpotential zu verbergen und sogar auszuschließen.«[5]

Im Hinblick auf die Kultur des Mittelalters müßte man in der Tat davon ausgehen, daß Menschen ihre Welt als ein sensitives, über die Materialität der Dinge unmittelbar zugängliches und symbolträchtiges Universum erfahren haben. In allen Sphären dieses Kosmos – von seinen Mikro- bis zu seinen Makrodimensionen – lassen sich sinnvolle, in die körperliche Verfaßtheit der Dinge eingelassene Verhältnisse identifizieren. Im Hinblick auf die Ehrverletzung Gottes – die Blasphemie – läßt sich dieser Sichtweise Wichtiges entnehmen. Wenn die »Ehre« den zwischenmenschlichen Verkehr in hohem Maße kodiert, kann erwartungsgemäß kein Zweifel darüber aufkommen, daß sie als Moralsubstanz auch die Beziehung zum Höchsten prägt. Und so wie die Ehre sich in sichtbaren Insignien und sinnlichen Praktiken ausdrückt, die Körperverhältnisse kontrolliert und deren Verstümmelung oder gar Tötung bei Übertretungen in Kauf nimmt, muß auch das Verhältnis zur göttlichen Ehre weitgehende Affinitäten zum innerweltlichen Modell enthalten. Wer bei einem Körperteil Gottes flucht oder schwört, attackiert Gott, *als ob* dieser tatsächlich jenes Körperteil besäße. Die Grenzziehung zwischen dem Indikativ und dem Konjunktiv, zwischen der sinnlosen Aussage, Gott *habe* Körperteile, und der weniger sinnlosen Aussage, Gott könne man sich so vorstellen, *als ob* er Körperteile hätte, ist äußerst vage.

Während die Zeitgenossen der Moderne eine solche Über-

5 Gumbrecht, S. 101 ff.

tragung als bloße Projektion, als eine unerlaubte Transmission anthropologischer Inhalte auf die Transzendenz entlarven möchten, sind im Raum einer Präsenzkultur solche Übertragungen ›von unten nach oben‹ sehr viel weniger problematisch. Die Anwesenheit Gottes ist *real.* Man braucht sie nicht zu imaginieren, sondern lediglich vorzustellen. Trotz seiner radikalen Transzendenz teilt er mit uns die gleiche sinnliche Umgebung. Und trotz der ausgefeilten Kunst der theologischen Distinktion, die solch (aus ihrer Sicht) kruden Analogien Einhalt gebieten möchte, läßt sich die alltägliche und außeralltägliche Wahrnehmung, im letzteren Fall also die Wahrnehmung Gottes, in einem im Grunde magisch aufgefaßten Universum kaum disziplinieren. Gleichsam am eigenen Leib wird die Anwesenheit Gottes erfahren. Die Beleidigung des Höchsten ist deshalb unmittelbar *leibrelevant.* Dem Verdacht der Projektion steht ohnehin ein mächtiges Korrektiv gegenüber – das Korrektiv der Selbstoffenbarung Gottes. Gott eine verletzbare Ehre zuzuschreiben wird deshalb keineswegs als eine *bloße* Zuschreibung oder Projektion gewertet. Mehr noch – sie kann und darf nicht einmal so gewertet werden, denn jene Überzeugung, Gott könne beleidigt werden, entstammt letztlich der Offenbarung des Höchsten persönlich.

Das, was wir über Gott nach Approbation durch seine orthodoxen Hüter aussagen dürfen und müssen, ist im Grunde durch seine Selbstoffenbarung legitimiert. Diejenigen, welche die Ehre Gottes schützen, sie gegen Schmähung und Häresie verteidigen, wissen Gott – bedingt durch dessen »Selbstentbergung« – auf ihrer Seite. Sobald eine Institution sich das Privileg, Beschützerin dieser Offenbarung und Explikationsorgan von deren Folgelasten zu sein, angeeignet hat, sind Zweifel an diesem Privileg gleich Zweifel an Gott. Die Frage, ob wir Gott nicht bloß Ehre zuschreiben, weil wir unsere eigenen Interaktionen auf der Basis dieses Kodex strukturieren und sie dann bereitwillig auf Ihn projizieren, kann hier kaum formuliert werden, denn wir *kennen* Gott als Ehre-empfindliches Wesen, weil er sich uns als ein solches Wesen tatsächlich mitgeteilt hat.

Bereits hier sollte auf ein Grundmerkmal der Gotteslästerung in der europäischen Geschichte aufmerksam gemacht werden, dessen Dramatik und Grausamkeit nur auf diesem Hintergrund wirklich verstanden werden können. Wer Gott lästert, tut dies mit seiner Zunge. Aus diesem Grund sind es die »peccata linguae«, die Zungensünden, die das bevorzugte Terrain der Lästerung darstellen. In diesem Zusammenhang sollte auf eine gängige Verharmlosung dieser »peccata linguae« hingewiesen werden. Die Zungensünden sind zwar Sprachsünden, aber die Schwere dieses Vergehens kann nur angemessen gewürdigt werden, wenn man sich von einer modernen Sprachauffassung verabschiedet. Sprache ist kein bloßes Medium der Kommunikation. Sie bezieht sich nicht bloß auf eine Referenz, die uns mit Informationen theoretischer oder handlungspraktischer Natur ausstattet. Ihre Zeichen resultieren nicht nur aus einem Prozeß arbiträrer Festlegungen oder Konventionen, der die Bedeutung der Dinge in den Verkettungen der Zeichen generiert und modifiziert. Worte haben vielmehr eine magische Qualität. Wir benutzen die Sprache zwar, aber diese geht weit über ihren Nutzwert hinaus. Sie ist »Medium der Mitteilung«[6] oder *Vollzugsorgan* ihres semantischen Gehalts. Wenn Gottes Wesen gelästert oder verkannt wird, geht nicht nur die Mitteilung in die Irre, sondern wird im Zuge der »Sprachmagie« (W. Menninghaus) der Adressat *getroffen.* Er – in diesem Falle Gott – bleibt nicht unberührt, Seine Gefühle werden verletzt, und göttliche Sanktionen werden auf solchem Wege nahezu provoziert.[7]

Selbstverständlich kennt das Mittelalter eine ausgefeilte Sprachtheologie, die der Begegnung mit modernen Sprachtheorien nicht überall aus dem Wege gehen mußte. Aber so, wie Symbole wirkmächtige Zeichen sind, die das vergegenwärtigen, was sie zeigen, ist auch die Sprache insgesamt durch einen Grundton gekennzeichnet, der eine gewisse *Materialität* der Bedeutung, eine Atmosphäre der sinnlichen Präsenz sei-

6 Benjamin, S. 144.

7 Vgl. Schmidt, S. 102.

nes semantischen Gehaltes anklingen läßt. Mittels der Sprache schreiben wir uns in das Universum der Dinge ein und diese »In-schrift« (J. Derrida) kann unmöglich als bloßes Hilfsmittel für einen logozentrischen Kern, der auch ohne sie gültig wäre, verstanden werden. Diese Inschrift katapultiert uns in das dichte Netz materieller, realer Verweisungen, die auf die Präsentation, auf die Präsenz ihres jeweiligen Gehaltes bezogen sind. Die performative Wirkung der Sprache geht hier nicht ins Leere, sondern trifft auf ein empfangsbereites Feld, in unserem Fall auf eine Gottheit, welche die Wirkung sprachlicher Attacken gleichsam am eigenen (transzendenten) Leib erfährt. Gerade in einer Religion, in der das Wort Fleisch geworden ist, kann die Gottheit nicht solchermaßen entrückt sein, daß sie für die Menschensprache indifferent bleiben könnte. Erst recht kann keine Neutralität für den Wortmißbrauch von einer Instanz erwartet werden, die durch Worte das Universum geschaffen hat. Sprachempfindlichkeit kennzeichnet den Urheber einer Welt, die Seinem Wort entsprungen ist. »Sprache erreicht Gott, weil sie von Gott ausgegangen ist«, schrieb Gershom Scholem und damit ist nicht bloß die mystisch-kabbalistische Tradition erfaßt, sondern auch der theologische Sprachrealismus, der sich beharrlich weigert, eine bloße Rede über Gott, aber nicht eine solche *im Angesichte* Gottes selbst zu sein.

Auf diesem Hintergrund wird verständlich, daß die Angst, die durch die Gotteslästerung ausgelöst wird, keineswegs ein lebensweltliches Nebenprodukt orthodox-religiöser Überzeugungen darstellt, sondern in deren heißem Kern beheimatet ist. Gottes Sprechen ist bis zu einem gewissen Grade auf eine fein gesponnene Hermeneutik *nicht* angewiesen, weil sein Sinn Bestandteil einer (symbolvermittelten) Realsprache ist, in der Gott selbst vernehmbar wird. Aber auch umgekehrt gilt, daß sich der Sinn des Menschenwortes sinnenträchtig und wirkmächtig in das Gemüt Gottes einschreibt. Es entfaltet dort eine Wirksamkeit, die für die Diesseitigen katastrophale Konsequenzen haben kann, weshalb deren Wortgebrauch um so mehr der Kontrolle bedarf.

Die Selbstmitteilung Gottes – seine Offenbarung – wird also keineswegs als ein entfernter Urtext gedeutet, der uns nur über Interpretationsversuche zugänglich ist. Die Selbstexplikation Gottes ist letztinstanzlich nicht einmal auf unsere Auslegung angewiesen. ›Letztinstanzlich‹ meint, daß trotz allen zeitlichen Abstands zum Ereignis der Offenbarung keine unüberwindbare historische Kluft vorhanden ist, die uns zu unablässigen Verstehensleistungen nötigt: Der Raum, in dem die Menschen körperlich agieren und der auch den Raum ihrer Interaktion mit dem Höchsten darstellt, erweist sich gleichsam als die Örtlichkeit einer sensitiven Nähe zum Göttlichen. In einer solchermaßen räumlich verfaßten Nähe zur göttlichen Präsenz ist der Körper Gegenstand der Inskription dieser Beziehung. Am Leib wird das Verhältnis zu Gott, wie Gumbrecht sich zu Recht ausdrückt, »ausgehandelt«. Dies mag in der Tat (mit-)erklären, weshalb die Grenze zwischen Orthodoxie und körperlicher Gewalt, zwischen der Apologie der Ehre Gottes und den fleischlichen Sanktionen angesichts der Blasphemie so beunruhigend durchlässig war. In einem Universum, das von der einen und einzigen Stimme des Höchsten durchtönt wird, in dem monotono-theistischen Raum der unentrinnbaren Präsenz des Einen stellen die Körper keine Grenze des Eingriffs, sondern vielmehr Flächen der Exerzierung Seiner Ansprüche dar. »Das Eindringen in Dinge und Körper«[8] zugunsten der Ehrverteidigung Gottes wird deshalb kaum als moralisch gravierende Grenzüberschreitung gewertet. Es erweist sich als *konsequentes* Handeln.

Daß im Zeitalter der Aufklärung die Gotteslästerung dieses metaphysische Profil (langsam) verliert und der Ehrenschutz Gottes zu einem *Religionsschutz* wird, hat zumindest *auch* mit einer Umstellung von Raum- auf Zeitkategorien zu tun. Die Verzeitlichung der europäischen Welt – die Entdeckung der Historizität als eine genuine Erfahrung der Ferne zu den Ursprüngen – bringt auch die Transzendenz auf Abstand. Die Theologie der Geschichte wird schrittweise die

8 Gumbrecht, S. 107.

Topographie der Schöpfung ablösen, der Raum tritt seine Vormachtstellung an die Zeit ab. Wenn man so will, nimmt der Druck auf den Körper nun tendenziell ab. Die Folter gilt im Zuge dieser Entwicklung als ›crimen‹ und nicht länger als ›instrumentum veritatis‹. Dies bedeutet keineswegs, daß infolgedessen die Gewalt, die auf die Körper ausgeübt wird, gänzlich zum Erliegen kommt. Das Gegenteil ist vielmehr der Fall. Aber ihre Demonstration, ihre öffentliche Zurschaustellung wird nun zunehmend als unangemessen empfunden. Wie man bei Michel Foucault lernen kann, zieht sich die Leibesstrafe in den Innenraum von Anstalten zurück, die sie dem Blick der Öffentlichkeit entziehen. Man schämt sich ihrer. Körpersanktionen werden im Laufe der Moderne – jedenfalls in normativer Hinsicht – immer fragwürdiger.

Aber auch das Strafmaß wird temporalisiert. Nicht das Ausmaß der Invasion in den Körper des Missetäters, sondern die Zeit der Verwahrung soll jetzt der Schwere des Delikts entsprechen. Ob die Straftat leicht oder schwer gewesen ist, die (mögliche) körperliche Unversehrtheit des Täters bzw. das Verbot, die Strafe an dessen Leib zu exerzieren, gilt als Norm in Gesellschaften, die sich der Folter und der Todesstrafe entledigt haben. Das Leiden, das im solchermaßen reformierten Strafwesen dem Gefangenen zugemutet wird, ereignet sich nicht *primär* an seinem Körper und ist – trotz der Tristesse des Gefängnisses – nicht rauminduziert, sondern *zeitinduziert.* Es ist ein Leiden an der Ausbannung aus der normalen Lebenszeit und an der Arbeit am abstrakten Zeitmaß der Gefängniszeit. Während unter der Raumdominanz einer Präsenzkultur die Strafe externalisiert ist, weil sie am Körper vollzogen wird, findet nun eine Internalisierung des Leidens statt. Der Gefangene muß die Zeit seiner Verbannung aus der Welt, sein temporäres Exil, vor allem *aushalten* und psychisch einigermaßen unbeschadet überstehen. Nicht mehr der Raum und somit an erster Stelle der Körper bilden das primäre Vollzugsobjekt der Strafe, sondern die Identität des Subjekts ist Fokus der Vergeltung.

Aber noch lange über das Mittelalter hinaus wird sich die

Metaphysik der Präsenz Geltung verschaffen. Die »konnektive Struktur«[9] der Gesellschaft, diejenige Technik, die sie zusammenhält, hat weiterhin eine dominierend räumliche Verfaßtheit. Der Exitus und der Reditus der Heilsgeschichte, ihr Anfang nach dem Sündenfall und ihre Rückkehr in den Ursprung am Ende der Zeiten, können nur auf den ersten Blick mit dem neuzeitlichen Geschichtsbewußtsein und seiner linearen Ausrichtung verwechselt werden. Die Anordnung der Codes und der Vorschriften, die Einbettung der Handlungsweisen und die Situierung der Abweichungen sind *körperzentriert*, weil sie sich gleichsam topographisch im monotheistisch geordneten Universum verorten müssen. Die ›Ehre‹ ist hier gleichsam ein Kürzel, das auf eine bindende Substanz hinweist, die wie ein Fluidum die gesellschaftlichen und religiösen Vollzüge durchzieht und zusammenhält. Sie kann auch als eine Resonanz betrachtet werden, die alle Sphären dieses Universums durchtönt.

Die Disharmonie, welche die Gotteslästerung verursacht, trifft somit *alle*, weshalb ihre theologische und strafrechtliche Bekämpfung keine bloße Nebentätigkeit der Beauftragten ist. Auch wenn man immer wieder bemüht war, die Häresie strikt außerhalb der Blasphemie zu positionieren, konnte dieser Versuch letztlich nicht gelingen, denn die Richtigkeit des Bekenntnisses bringt eine Wahrheit zum Ausdruck, die Substanz und Struktur des Kosmos betrifft und deren anhaltende Leugnung am Ende den Bestand der Dinge gefährdet. Daß eine solche Sichtweise in einer Institution kulminiert, die sich als die sichtbare Repräsentantin dieser Ordnung, als Garantin ihres Erhalts und Vollstreckerin aller notwendigen Ordnungsleistungen versteht, kann kaum überraschen. Die katholische Kirche konnte sich als eine solche Instanz etablieren: Die Vollständigkeit und Alternativlosigkeit ihrer Lehre, der Wille, mit allen Mitteln der theologischen Investierung und der inquisitorischen Überprüfung die Reinerhaltung dieser Doktrin zu überwachen und das Raum füllende, bis heute weitgehend

---

9 Assmann 1999, S. 16.

erhaltene pharaonische Ritual der Präsentation der institutionellen Spitze sind Ausdruck dieses Triumphes.

»Die Kirche ist zum ersten Mal mit dem Anspruch alles bindender und zugleich kanonischer, d. h. auf Wahrheit gegründeter, undisputabler Autorität aufgetreten und hat durch die Verpflichtung auf ihren Kanon eine monozentrische Kultur hervorgebracht. Kennzeichnend für eine solche Kultur ist ihre Gesamtorientierung, die Macht einer die verschiedenen Codes kultureller kommunikativer Praxis überformenden und bindenden Einheitsformel, die keinen Raum läßt für selbständiges Denken und autonome Diskurse.«[10] In einer solchen Umgebung ist in der Tat kein »Raum« für Anderes vorhanden, weil dieser Raum *buchstäblich* bereits besetzt ist. Wer Gott lästert, riskiert deshalb Risse in dem Gefüge, *buchstäbliche* Risse. Die Angst vor einer Reaktion des Höchsten, die weit über die Person des Täters hinaus das ganze Territorium, in dem die Lästerung stattgefunden hat, in Mitleidenschaft zieht, läßt sich überall in den juridischen Bestimmungen – direkt oder indirekt – spüren. Die Furcht, die von der Blasphemie ausgelöst wird, betrifft nicht eine Bestrafung, die sich abstrakt, weil auf das Jenseits der Gesellschaft bezogen, ankündigt, sondern eine drohende Sanktion, die sich konkret und in zeitlicher Nähe, also präsenzindexiert und allzu sinnlich vollziehen kann. Sofern uns also die Gotteslästerung in die tiefe Vergangenheit bzw. in die Vorphase der Moderne gerückt zu sein scheint – sie ist weder vergangen, noch gehört sie zu den erledigten Kuriositäten transzendenzumwitterter Zeiten. Die in ihr sichtbar werdende Problematik, wie der Bestand einer Gesellschaft *letztlich* legitimiert werden kann, mag in den auf Prozeduren und demokratischen Verfahren aufruhenden Gesellschaften des Westens, die ihre Garantien selbst hervorzubringen scheinen, als anachronistisch gelten. Diese Einschätzung beruht aber auf Kurzsichtigkeit und Ignoranz.

10 Ebenda, S. 116.

5
KULTUREN DER EHRE UND KULTUREN DER WÜRDE – ÜBER KULTURELLE ÄHNLICHKEIT UND VERSCHIEDENHEIT

»Verletzte Ehre wird als körperlich-seelische Wunde beschrieben.«

Martin Dinges

Die Lästerung Gottes ist an eine Grundvoraussetzung gebunden, die in den abstrakten und teils depersonalisierten Gottesvorstellungen der Gegenwart nicht länger sichtbar ist – an die Vorstellung, Gott oder die jeweiligen Götter besäßen eine *Ehre*, die gekränkt und beleidigt werden könne, so daß sie gehütet und verteidigt werden müsse. Natürlich hat dieses Vergessen mit dem Sachverhalt zu tun, daß die Prominenz, mit der die Ehre in zurückliegenden Jahrhunderten auch das Herzstück abendländischer Moraldoktrin und faktischen Sozialverhaltens war, aus den diesbezüglichen Kodierungen im Laufe der Modernisierung zu großen Teilen ausgewandert ist. Die gängige und nicht ganz unzutreffende Lesart bezüglich dieses Wandels geht davon aus, daß Kulturen, die ihre Ordnungsbedürfnisse im wesentlichen über die Zuschreibung (und Aberkennung) von Ehre befriedigten, dies aufgrund der Prämisse prinzipiell *asymmetrischer* Positionierungen ihrer Mitglieder bewerkstelligten, während die westliche Moderne ein Ordnungsprinzip generiert habe, das von der *normativen* Symmetrie bzw. von der geforderten Gleichwertigkeit oder gleichen Würde der Personen ausgehe. Anders ausgedrückt: Ehreempfindliche Kulturen sanktionieren letzten Endes gesellschaftliche *Ungleichheit*, würde-orientierte Kulturen gehen von der grundlegenden *Gleichheit* ihrer Mitglieder aus, von einer Egalität, die sich als normativer Horizont aller moralischen und juridischen Entscheidungsfindungsprozesse erweist.

Diese kulturelle Zweiteilung ist bequem, weil sie eine eindeutige Zuordnung erlaubt. Und sie ist auch nicht ganz falsch – auf der Scheitelhöhe des Normativen. Aber mit Blick auf die Genese der Würde-Moral kann man schnell feststellen, daß diese sich erst mühsam aus der Umklammerung der Ehre-Moral hat lösen können. Sie war anfangs vielmehr kaum von letzterer zu unterscheiden. Noch weit über das Hochmittelalter hinaus ist die Würde des Menschen fraglos mit seiner gesellschaftlichen Stellung, also mit seiner Positionierung im hierarchischen Gefüge der Gemeinschaft verknüpft worden. Entscheidend für die Würde-Zuteilung war die *exponierte* Rolle, die jemand ausübte, so daß ihm Dignität zugesprochen werden konnte. Im übrigen wurde die ›dignitas humanae‹ lange Zeit an ein herausragendes Speziesmerkmal gekoppelt, an die Verstandesbegabung des Menschen, die ihn von anderen Spezies und gegebenenfalls auch von Mitgliedern der eigenen Gattung deutlich unterschied. Evolutionär gesehen ist die Regung, Differenzen zu setzen und sich damit von der Umwelt abheben zu können, ohnehin tief verwurzelt. Das Überleben benötigte Markierungen, mit denen Umgebungen auf Abstand gehalten werden konnten, die als Bedrohung empfunden wurden. Dies konnte aber nur gelingen, wenn sich die erklommene Stufe der Höherbegabung mit wirksamen nach außen gerichteten Drohmechanismen und mit Empfindungen der Eigenwertigkeit als deren Motiv auszustatten vermochte. Mit der Formel des ›aufrechten Gangs‹ verbindet sich deshalb bis heute nicht nur eine physiologische Eigentümlichkeit, sondern ebenso das stolze Bewußtsein einer Moral exponierter Selbstschätzung. Letztere mündet gattungsintern in die Jahrhunderte währende Moral der Ehre.

Gewiß haben die Ehre-Codices enorme kulturspezifische Transformationen erfahren und sind auch innerhalb der gleichen Kultur Gegenstand von immer neuen Justierungen gewesen. Das, was sie aber verbindet, ist das Gefühl für Unterschiede, die nicht mittels Ausgleichsstrategien, sondern vielmehr durch teils aggressive Techniken der Distanzwahrung aufrechterhalten werden müssen.[1] Die Ehre sollte – auf der Ebene der psychologischen Selbstschätzung – als Ergebnis gelungener Differenzsetzung und Differenzwahrung verstanden werden. Auf der Seite der Unterlegenen muß sie im Medium einer Sublimation der eigentlichen Motive anerkannt werden. Das, was in ihren Augen als gegeben gilt bzw. als standesgemäßer Ausdruck einer gleichsam angeborenen Qualität akzeptiert wird, ist in Wahrheit das Resultat eines bereits evolutionär vorgeprägten Prozesses des Unterscheidens, der sich in gesellschaftlichen Kämpfen um Anerkennung weiter ausgeprägt hat. Dies gelingt allerdings nur, wenn die thymotischen Energien bei gegebenem Anlaß entfesselt werden dürfen. Im Bewußtsein gelungener Durchsetzung und Aufrechterhaltung der Rangunterschiede entsteht das Gefühl für Ehre und – lange Zeit als Äquivalent – das Gefühl für Würde.

»Die Lossagung des warmblütigen Organismus vom Primat des Milieus findet ihr mentales Gegenstück in den thymotischen Regungen der Einzelnen wie der Gruppen. Als moralischer Warmblüter ist der Mensch auf die Aufrechterhaltung eines gewissen internen Selbstachtungsniveaus angewiesen – auch dies setzt eine Tendenz zur Loslösung des Organismus vom Vorrang des Milieus in Gang. Wo sich die stolzen Regungen geltend machen, entsteht auf der psychischen Ebene ein Innen-Außen-Gefälle, in dem der Selbstpol naturgemäß den höheren Tonus aufweist. Wer die untechnischen Ausdrucksweisen bevorzugt, kann dieselbe Vorstellung durch die These wiedergeben, die Menschen besäßen einen angeborenen Sinn für Würde und Gerechtigkeit.«[2]

Diese evolutionäre Vorprägung ist bis heute Bestandteil der Kernmoral verschiedener Kulturen geblieben, in denen sie als Gefühl für Standesehre und Geschlechterehre eine teils schroffe und rücksichtlose Wahrung der unterschiedlichen Wertigkeit ihrer Bewohner an den Tag legt. Aber noch im subjektiven Bewußtsein der Selbstschätzung, das sich nur als Fol-

1 Vgl. Burkhart 2006; Weller 2006; Görich 2001.

2 Sloterdijk, S. 38.

ge gelungener sozialer Wertschätzung einstellen kann, überlebt der vitale Impuls, dem anderen nicht gleich-gültig zu sein, nicht als *bloß* Gleicher gelten zu müssen. Anerkennung wird hier als gelungene Selbstbehauptung im Medium der Selbstwertigkeit realisiert. Solange dieser Impuls dominierte und sich noch keine separate »Moral der Menschen-Würde« ausgebildet hatte, lagen Ehre und Würde nahe beieinander. Die Mißachtung der Schätzung, die einem gebührt, weil sie erfolgreich errungen worden ist, führt zu Verlusten, die sowohl in der Ehre- als auch in der Würdesemantik ausgedrückt werden können. Entwürdigung und Beleidigung sind deshalb weitgehend deckungsgleich. Sie stellen Formen der Erniedrigung dar, des Niederringens auf eine Stufe im Gemeinschaftsgefüge, die als Ort eines Totalverlustes an Selbstschätzung erfahren wird. Dort nicht ankommen zu wollen, jedenfalls dort nicht bleiben zu müssen, kann zu einer Frage von Leben und Tod werden.

Der moderne Diskurs der *Menschen*würde signalisiert dagegen bereits in der Erweiterung des Würdeprädikats auf *alle* Menschen einen prinzipiellen Egalitarismus. Auch hier können selbstverständlich Stufungen und Einschränkungen vorgenommen werden. Gradualismus hinsichtlich der Schutzrechte, die von der Menschenwürde ausgehen, kann nicht von vornherein als ein Widerspruch zum Grundkonzept gewertet werden.[3] Dennoch sind die Unterschiede zum Ehrediskurs nicht zu übersehen. Denn während die Moral der Menschenwürde von der prinzipiellen Gleichheit aller ausgeht, um dann zu eventuellen, fallbezogenen Einschränkungen zu kommen, nimmt die Moral der Ehre ihren Ausgangspunkt bei der prinzipiellen Inegalität eines jeden, die zu lediglich standes- oder gruppenbezogenen Formen der Gleichheit erweitert werden kann. Darüber hinaus existieren aber noch weitere Unterschiede.

Seitdem wir bei zunehmender Modernisierung zwischen einer Moral(kultur) der Ehre und einer Moral(kultur) der Wür-

3 Birnbacher 2004.

de trennen können, läßt sich auch der jeweils verschiedene Habitus identifizieren, der von diesen Kulturen in Anspruch genommen wird. Im Falle des Ehre-Diskurses überwiegt – der thymotischen Verwurzelung wegen – eine affektiv-emotionale Komponente. Nicht zufällig sprechen wir von einem »Ehrgefühl«, das verletzt und beleidigt werden kann. Die Wertungen und Schätzungen, die der Ehre zugrunde liegen, sind Ausdruck der affektiven Aneignung sozial errungener und vorläufig zementierter Grenzziehungen auf der *vertikalen* Leiter des gesellschaftlichen Ordnungsgefüges. Es gibt keine Gesellschaft und keine Kultur, die sich von diesen Markierungen ganz und gar befreien könnten. Die Verteidigung kultureller Andersheit kann auf eine solche Ressource letztlich nicht verzichten. Völlig zu Recht macht Peter Sloterdijk auf die Unhintergehbarkeit dieses evolutionären und traditionsreichen Reservoirs der Selbstdefinition aufmerksam. »Zum Betrieb moralisch anspruchsvoller Systeme, alias Kulturen, gehört die Selbststimulierung der Akteure durch die Hebung thymotischer Ressourcen wie Stolz, Ehrgeiz, Geltungswille, Indignationsbereitschaft und Rechtsempfinden.«[4]

Der moderne Würde-Diskurs ist im Vergleich zum Ehre-Diskurs in jeder Hinsicht *abstrakter*. Dies hängt zunächst mit seinem Universalismus zusammen. Dem Partikularismus der Ehre-Moral, die ein knappes Gut zu verwalten hat, das sich anläßlich seiner Gleichverteilung unmittelbar auflösen würde, stellt die Würde-Moral einen *allgemeinen* Gesichtspunkt entgegen, der *kulturell und gesellschaftlich* Gültigkeit erlangen soll. *Diese* Moral würde geradezu zugrunde gehen, falls sich ihre universalistische Tendenz zugunsten eines Neo-Partikularismus der Würdezuschreibung zurückentwickeln würde. Der Widerstand, der sich im Würde-Paradigma entgegen der Tendenz seiner fallbezogenen Einschränkung oft fast reflexartig artikuliert, hängt mit dem Wissen zusammen, daß die Moral der Menschenwürde nicht allzu viele Ausnahmen tolerieren kann. Sie könnte sonst angesichts des eigenen Anspruchs

4 Sloterdijk, S. 38.

schnell kollabieren. Aber jene Abstraktheit hängt noch mit einem weiteren Kennzeichen zusammen. Ehre-Unterschiede verfügen über ein hohes Maß an *Sichtbarkeit.* Dies ist teilweise wörtlich aufzufassen. Rangunterschiede und Wertungsdifferenzen können in zahlreichen kulturellen Codierungen wahrgenommen werden: in Kleidungs- und Eßgewohnheiten, in Sexualpraktiken und ästhetischen Ausdrucksgewohnheiten. Der Würde-Moral sind solche Merkmale als Markierungen von Unterschiedenheit letztlich gleichgültig. Sie sind in *dieser* Hinsicht moralisch geradezu irrelevant. Die Menschenwürde als moralischer Titel ist nämlich *unsichtbar.* Sie *kann* dem Menschen als moralisch essentielles Prädikat und als Schutztitel nicht genommen werden, denn nirgends kann sie sichtbar gemacht werden. Aber diese Unsichtbarkeit hat zur Folge, daß ihre Beschreibung und ihre Verteidigung einen hohen kognitiven Aufwand mit sich führen. Wer die »Menschenwürde« mobilisiert, findet sich schnell in einem schwierigen Moralgespräch über Grund- und Schutzrechte wieder. Auch bei ihr geht es selbstverständlich um Achtung, aber diese hat eine ausgesprochen *kognitive* Signatur.[5] Ihr fehlt – seit Kant – die sinnliche Evidenz, die von der Ehre-Moral mühelos in Anspruch genommen werden kann.

Mit dem genannten Universalismus hängt noch ein weiteres Merkmal zusammen – das hohe Sollenspotential bzw. die normative oder kontrafaktische Qualität der Würde-Moral. Während Ehre Ausdruck *errungener* Ungleichstellung ist, wird im Würde-Paradigma die grundsätzliche Gleichheit aller hinsichtlich elementarer Schutzrechte *gefordert.* Die Würde-Moral setzt ihre mögliche Verletzung bzw. die Abwesenheit ihrer vollen Geltung und damit die Notwendigkeit eines moral-appellativen Imperativs geradezu voraus, während die Ehre-Moral von der thymotisch angeleiteten Verteidigungswürdigkeit des gesellschaftlichen und kulturellen Status quo ausgeht, von dem gültigen Status der Verhältnisse. Würde-Moral hat eine offensive Ausrichtung. Sie begibt sich auf die

5 Honneth, S. 148 ff.

Suche nach Verhältnissen, die kritik- und umgestaltungsbedürftig sind. Die Ehre-Moral jedoch hat eine überwiegend defensive Ausrichtung. Sie ist strukturkonservativ und im Einzelfall sogar reaktionär. Ihr liegt weniger an der Umgestaltung der Dinge als an deren Erhaltung.

Es lassen sich auf diesem Wege unterschiedliche Empfindlichkeiten unterscheiden, die dann fast zwangsläufig zu gegenseitigen Mißverständnissen oder Verstehensbarrieren führen müssen. Der moderne Diskurs des Egalitarismus ist in dieser Perspektive nicht oder nur sehr begrenzt mit einer moralischen Kodierung kompatibel, die mit der scharfen Markierung wohldosierter sozialer Kompetenzen und Rollen inegalitärer Natur operiert. Aber die ›Schnittigkeit‹ dieser Differenz sollte uns nicht verführen, die historischen und auch gegenwärtigen ›Mischformen‹ beider Paradigmen zu übersehen. Auch in Würde-Kulturen existieren Domänen, in denen die Ehre eine wichtige, ihnen Struktur und Halt verleihende Rolle spielt. Und dort, wo die Zuweisung (und Aberkennung) von Ehre im Zentrum aller Interaktionen steht, sind egalitäre, also würde-orientierte Verhaltensnormen nicht ganz abwesend. Obwohl also die Unterscheidung zwischen ›Ehre‹ und ›Würde‹ nicht bloß heuristischer Art ist und tatsächlich in verschiedenen Kulturkreisen eine jeweils höchst unterschiedliche Ausgestaltung erfährt, liegen die Dinge in den wirklichen Verhältnissen oftmals diesseits einfacher Zuordnungen und Unterteilungen. Jedenfalls kommt es einer Simplifizierung gleich, wenn Ehre sogenannten ›traditionalen‹ und Würde ›modernen‹ Gesellschaften ohne weitere Differenzierungen zugeschrieben wird.

Aber gehen wir zunächst etwas genauer auf das ›Ehre-Konzept und seine Realitäten ein.[6] Wie nicht anders zu erwarten, haben wir es mit einem komplexen und vielschichtigen Phänomen tun. Aus der Perspektive einer historischen Anthropologie hat Martin Dinges die überreiche Bedeutungsschichtung dieses Konzepts rekonstruiert. Die ›Ehre‹ betrifft

6 Vgl. van Dülmen 1992.

zunächst zwei fundamentale Objektbereiche – die Geschlechterverhältnisse und die öffentliche Ordnung. Wie wir gesehen haben, kann die Wichtigkeit der Wahrung der öffentlichen Ordnung auch bei der Gotteslästerung kaum überschätzt werden: Auch wenn Gott der unmittelbare Adressat der Lästerung ist, sind ihre Folgen hauptsächlich in dieser Ordnung zu spüren – in deren Zerrüttung und Zerschlagung durch die göttlichen Strafen, die die Blasphemie zur Folge hatte. Vielleicht sollte man die zwei Objektbereiche, die Dinges nennt, anhand einer Binnendifferenzierung präzisieren: Die Ehre betrifft einen Mikro-, einen Meso- und einen Makrobereich. Sie kennzeichnet die Stellung individueller Personen, kleinerer Kollektive oder Gruppen und ist auf den Erhalt der gesellschaftlichen Ordnung als ganze ausgerichtet. Mittels dieser Dreiteilung wird deutlich, weshalb ehre-orientierte Kulturen in einem nicht geringen Maße *störungsanfällig* sind bzw. wo die für sie spezifische Gefahr der *Destabilisierung* liegt. Es überrascht nämlich kaum, daß »Normdifferenzen« und »Normkonkurrenzen« zwischen diesen drei Reichweiten bestehen. Ehrekonflikte, die auf der Mikro-Ebene ausgetragen werden, können die Stabilität von Gruppen (Familien) zerstören (und umgekehrt). Der Kampf um die Ehre von Repräsentanten der öffentlichen Ordnung kann ganze Kleingruppen und mit ihnen zahllose Individuen in den Untergang führen.

Dies alles hängt natürlich damit zusammen, daß die ›Ehre‹ – um es in dieser Weise auszudrücken – gewissermaßen eine ›flottierende‹ Sozialsubstanz darstellt. »Diffusität« wird ihr nicht selten attestiert.[7] Ihre Funktion als gesellschaftlicher ›Kitt‹ wird dadurch gefährdet, daß dieser immer wieder zu ›Verflüssigungen‹ neigt. Er löst sich im Spannungsfeld neuer Lebensverhältnisse auf. Ehre-Empfindlichkeiten (und mit ihnen auch die passenden Kodierungen und Repressionen) wechseln nämlich von Ort zu Ort, von Zeit zu Zeit. Sie sind nur bis zu einem gewissen Grad kommunizierbar. Ihnen haf-

7 Dinges 1995, S. 31.

tet ein hohes Maß an Unhinterfragbarkeit an. Sie beruhen auf einem Gültigkeitsdekret oder Geltungsdiktat, das in bestimmten Situationen zu heftigen und gewaltsamen Verwerfungen führen kann. Ehre-Streitigkeiten besitzen allzu oft einen *agonalen* Charakter – sie enden in Tod und Zerstörung, in Dauerkonflikten, die die Grenze einer oder gar mehrerer Generationen mühelos überspringen können.

Ein kurzer etymologischer Hinweis vermag uns gleich auf die Spur unserer Thematik zu bringen. »Die althochdeutsche Wortwurzel ›era‹ aus der Gefolgschaftssphäre«, so Martin Dinges, »enthält die Ehrerbietung gegenüber Gott. Diese sakrale Dimension ebenso wie die biblische der Gottesebenbildlichkeit spielt im Spätmittelalter und Früher Neuzeit bei Gotteslästerung und den Sünden des Sprechens noch eine Rolle. Die sakralen Anklänge des Ehrkonzepts sollten als älteste Begriffsschicht – insbesondere für den interkulturellen Vergleich – festgehalten werden.«[8] Die hier genannte »Gefolgschaftssphäre« wird diesem Konzept noch lange, weit über die kulturgeschichtlich überaus wichtige Reichweite der Sakralität hinaus anhängen. Das, was aber beide – die »Gefolgschaftssphäre« und den Bereich des Sakralen – verbindet, ist das Strukturmerkmal der *Subordination*. Unterwerfung und Respektierung eines Lebensgefüges, das in allen Einzelheiten hierarchischer Natur ist, kennzeichnet eine Gesellschaft, die auf ›honor‹ basiert ist. Ehre hat, so Niklas Luhmann[9], mit der »symbolisch generalisierten Interaktionsfähigkeit in der Oberschicht« zu tun, sie gilt der »Aufrechterhaltung alles dessen, was traditionsgemäß der Distanzierung von niedriger rangierenden Schichten diente«.[10] Selbstverständlich gewährt eine solche Gesellschaft auch Schutz. Die Ehre markiert einen Bereich, in dem für den Betreffenden eine Art ›Unberührbarkeit‹ vorhanden ist. Die Ehre ist ebenso wie die Würde *unantastbar*. Aber diese Unantastbarkeit gilt nur *in-*

8 Ebenda, S. 32.

9 1980, S. 96.

10 Elias, S. 145.

nerhalb der von der Ehre abgesteckten Grenzen. Wer ehrlos geworden ist, ist antastbar im wortwörtlichen Sinne. Das gleiche gilt um so mehr für denjenigen, der die Ehre des anderen verletzt hat. Schutzverluste werden dann ebenso wie die Vergeltung für erlittenen Ehreverlust zu einer Sache von Leben und – oftmals – Tod.

Die sakrale Abstammung des Wortes macht schlagartig deutlich, weshalb Asymmetrie in einem gewissen Sinne das Lebenselement einer auf ›Ehre‹ errichteten Gesellschaft darstellt. Religiöse Weltinterpretationen gehen nahezu immer von einer konstitutiven Differenz aus, von einer ›auf der Grenze‹ sich befindenden Differenz zwischen dem Sakralen und dem Profanen, zwischen Transzendenz und Immanenz. Die Beziehung zwischen dem Menschen und seiner jeweiligen Gottheit läuft dann auch nahezu zwangsläufig auf eine ultimative Unterwerfung hinaus, auch wenn Kommunikationen und Austauschversuche auf vielen Ebenen stattfinden. Religionen sind – im wahrsten Sinne des Wortes – Institutionen der Differenzsetzung und der Unterwerfung. Das auf Egalität ausgerichtete Würde-Konzept *kann* aus diesen strukturellen Gründen nicht ursprünglich (und nicht originär religiös) sein – es hat die Asymmetrie, die den Ehre-Vorstellungen inhäriert, bereits hinter sich gelassen. Innerhalb der Markierungen, die von einer *honorablen* Gesellschaft gesetzt werden, gibt es eine erhebliche Toleranz hinsichtlich der Wertungsunterschiede bzw. eine radikale Ehre-Differenz, die die genannte Subordination als Strukturprinzip hervorruft. Die Großmetaphysiken der Weltdeutung, allen voran die Religionen, sind prall gefüllt mit Versuchen, eine *Vertikalisierung* kosmischer und gesellschaftlicher Verhältnisse zu entwerfen. Die Ordo-Metaphysik mit ihren subtilen Zahl- und Maßangaben verlangte eine Durchstrukturierung aller Lebenssphären im Spiegeleffekt einer hierarchischen Kosmologie, die auf gefügten Unterschieden aufgebaut war. Sobald die Götter, die in diesem Gewebe walteten, anthropomorphe Züge erhielten, konnte es nicht ausbleiben, daß die ›Ehre‹ eine ihrer exponiertesten Eigenschaften wurde. Der Glanz, den die Ehre ihrem

Inhaber verleiht, reflektiert noch etwas vom Licht, das in den gemessenen Relationen des Kosmos vorhanden ist.

Aber Ehre ist ein knappes Gut. Sie läßt sich nicht beliebig austeilen. Universalisierbar ist sie – im Gegensatz zum neuzeitlichen Würde-Konzept – schon gar nicht. Abstammungslinien, welche die Ehre gleichsam transportieren, halten sie in kontrollierbarer Reichweite. Diese Abstammungsverhältnisse sind ihrerseits als *natürliche* Subordinationsverhältnisse aufzufassen. Wie bereits angedeutet, spielt die Geschlechterdifferenz dabei eine herausragende Rolle. Die Unterschiede lassen sich in Fleisch und Blut nachweisen und müssen auf der Geschlechterebene dann auch kontinuiert werden. Der »Anspruch auf Vorrang«[11] ist demnach bereits biologisch vorgezeichnet und wird in allen Gefilden der jeweiligen Sozietät – in den Familien, den Zünften, den Ständen und den politischen Institutionen – nachgebildet. Ehre hat mit Positionierungen im hierarchischen Korpus der Gemeinschaft zu tun, mit Nähe und Ferne zum Machtzentrum, mit der »positiven oder negativen Privilegierung in der sozialen Schätzung«.[12] Die Ehrenstellung wird in äußeren Zeichen erkennbar, in Attributen, die für alle sichtbar die Rolle des mit ihnen Ausstaffierten definieren. So vermeidet man Mißverständnisse, vor allem aber ständige Diskussionen über das Weshalb und Warum der gesellschaftlichen Position. Hier handelt es sich nicht um ein »Geben und Verlangen von Gründen« (Robert Brandom), sondern um das »Zeigen und Sehen lassen von Insignien«.

Natürlich wäre es verfehlt, hieraus zu schließen, daß nur Äußerlichkeiten die Ehre zu exponieren vermochten und ihr Glanz verleihen konnten. Ehrenhaftigkeit hat selbstverständlich auch mit einer moralischen Anspruchshaltung, mit ›normativen Erwartungen‹ zu tun, denen der Einzelne gehorchen soll. Erweisen muß dieser, daß er der Ehre *würdig* ist, die man ihm zuschreibt. *Diese* Würde hat zunächst aber noch

11 Dinges, S. 33.
12 Weber, S. 534.

herzlich wenig mit dem Dignitätsdiskurs gemein, der uns seit der frühen Moderne – seit Kant – so geläufig geworden ist. Würde war vormodern eben an Rollenverteilungen und gesellschaftliche Funktionen – sprich an jene Asymmetrie – gekoppelt, die im modernen Würdebegriff zumindest *prinzipiell* ausgeschlossen wird. Daß die persönliche Sittsamkeit so wirksam in den Vordergrund zu rücken vermochte, daß sie die Ehre verinnerlichen und nahezu gänzlich moralisieren konnte, gab erst in der Aufklärung Anlaß zu einer sukzessiven Auflösung des alten Ehre-Kodex bzw. zu einer Ehre-Kritik. Lange Zeit aber hatte der Moralitätsanspruch im Kontext der Ehremoral – aus heutiger Sicht – eher ein funktionales Profil: Die unterschiedlich dosierten normativen Erwartungen sollten die Rollen- und Positionsunterschiede hervorheben helfen, die auch in relativer Unabhängigkeit von jenen bereits Geltungskraft besaßen. Moral, geschweige denn die verinnerlichte und letztlich auf das persönliche Gewissen fixierte Moralität, ist letztlich *nicht* entscheidend, auch wenn letztere in der christlichen Unterweisung – wie beispielsweise im Fürstenspiegel – immer eine wichtige Komponente privater Ehrenhaftigkeit gewesen ist.

Dennoch – trotz der überwiegenden *Öffentlichkeit*, in der die Ehrenverhältnisse für jedermann sichtbar und taxierbar praktiziert werden, haftet dem Konzept bzw. der Praxis eine gewisse Doppelbödigkeit an. Damit ist nicht die tendenzielle Spannung zwischen dem Außen, der Sichtbarkeit der Ehreattribute, und dem Innen, der moralischen Glaubwürdigkeit der Person, gemeint. An dieser Stelle könnte man den Triumph des Scheins über das Sein vermuten und sich zu einer moralisierenden Kritik herausgefordert fühlen, welche die latente *Suggestion* von individueller Ehrenhaftigkeit zugunsten der Wahrung äußerlicher Macht an den Pranger stellt. Aber eine solche Kritik ist zu sehr auf eine »Horizontverschmelzung« (Hans-Georg Gadamer) geeicht, die gravierende Mentalitätsunterschiede schnell meint vernachlässigen zu können. Nicht dieses gewiß vorhandene Problem ist hier gemeint, sondern eine ganz andere Spannung.

Die Äußerlichkeit der Ehre-Verhältnisse – ihre sichtbare Repräsentanz – hat zunächst einen gewaltigen Vorteil. Sie erlaubt nämlich eine relativ einfache Kontrolle. Vor allem Kulturen mit hervorgehobenen Hierarchien und Subordinationsansprüchen sind auf eine ständige Kontrolle jenes Mechanismus angewiesen, der die Vertikalität der komplexen Relationen aufrechterhält. Die inneren Vorbehalte, die Einzelne gegenüber ihrer Position in diesem Gefüge haben können, bleiben so lange verhältnismäßig irrelevant, wie diese gleichsam mit den Attributen der Ehre überdeckt werden. Wer sich sexuell falsch verhält oder dessen Ehre durch andersartige Grenzüberschreitungen angetastet wird oder ihrer verlustig geht und ›sein Gesicht verliert‹, empfindet ›Scham‹, erfährt ›Schande‹ und wird als Täter bestraft und als Opfer gegebenenfalls zur Wiederherstellung seiner Ehre Vergeltung üben. Sämtliche Verhaltensweisen, die hier zum Einsatz kommen, sind aber in aller Regel genau kodiert. ›In aller Regel‹, denn das System der Kontrolle durch ›Ehre‹ kann man mit Regeln und Codices nicht überdeterminieren. Es stößt manchmal an eine Grenze – an die Grenze des Ehre-Konzepts selbst.

Eine auf Ehre taxierte Gesellschaft ist – allem vordergründigen Anschein zum Trotz – nicht unbeweglich. Die Veränderungen, denen auch diese Gesellschaften unterworfen sind, nötigen sie zu fortdauernden Anpassungsleistungen. Mögen diese auch nicht das Tempo modernisierender Kulturen besitzen, müssen sie zu gegebenen Anlässen Binnendifferenzierungen vollziehen. Nehmen die Zünfte an Zahl zu, müssen deren Ehrencodices präzisiert werden. Die ökonomischen Erfordernisse können die Patrone, die auf tradierte Geschlechter- und Ständerollen eingestellt sind, zu einschneidenden Konjunkturen und somit zu Umschichtungen in den Ehre-Dosierungen veranlassen. Und überhaupt lassen sich die sakralen Ursprünge, die Abstammungsverhältnisse, die Standes- und Berufsanforderungen, die ökonomisch bedingten Ehrenstellungen und das komplexe Gefüge der Ehre-Insignien, die *allesamt* in der Ehre-Konzeption ein Unterkommen finden müssen, auf Dauer nicht ohne folgenreiche Spannungen harmonisieren. Martin Dinges meint in diesem Zusammenhang, daß die Ehresemantik, gerade *weil* sie solch zum Teil widersprüchliche Realitäten in sich vereinen müsse, in einem hohen Maße anpassungsfähig sei. Sie könne in unterschiedlichen historischen Lagen und für verschiedenste Verhältnisse immer wieder flexibilisiert werden. »Paradoxe Codierung«[13] nennt er diese Fähigkeit. Man könnte die Lage aber auch anders einschätzen.

Binnendifferenzierungen, also die weiter fortschreitende Präzisierung und Ausfaltung der internen Ehre-Verhältnisse, lassen sich nicht endlos weitervollziehen. Solange der kulturelle Raum, in dem dies alles stattfindet, seine Homogenität noch einigermaßen wahren kann, ist ein solches Ausdifferenzierungspotential durchaus bis zu einem gewissen Grade strapazierfähig.

Aber sobald interkulturelle Irritationen hinzukommen, ist die Fähigkeit zu dieser Art der »Komplexitätsreduktion« (Niklas Luhmann) irgendwann erschöpft. Unschwer läßt sich an den islamischen Populationen in den Ländern der Europäischen Union studieren, daß solche Situationen oftmals zu *Verhärtungen*, zu problematischer Revitalisierung älterer Schichten des Ehre-Kodex Anlaß geben. Weshalb es zu solchen Verhärtungen kommt und wie der Ehren-Kodex selbst zwischen Anpassung und Abgrenzung laviert, kann man mustergültig in einem philosophischen Kommentar studieren, der sich dem Thema in einem völlig anderen Rahmen widmet. Gemeint ist der Ehre-Exkurs in Hegels ›Vorlesungen über Ästhetik‹.

Obwohl Hegel dort seine Erläuterungen über die Ehre ausdrücklich auf ihre »romantische« Konzeption konzentriert, läßt sich seinen Kommentaren Wichtiges im Hinblick auf den Mechanismus der Ehre-Funktion entnehmen. Vor allem der von uns bereits behandelten ›Öffentlichkeit‹ oder Sichtbarkeit der Ehre wird bei ihm eine interessante Wendung gegeben. Bei Hegel steht das eigentümliche Selbstverhältnis des

13 Dinges, S. 35.

Ehre-Subjekts im Vordergrund. Auch hier gilt, daß die Ehre zunächst etwas Äußerliches hat. Wenn Ehre Macht- und Positionsunterschiede *sichtbar* machen soll, impliziert diese Markierungsaufgabe, daß der Träger dieser Ehre, ihr Subjekt, bei Ehrverletzungen nicht unbedingt *persönlich* getroffen sein muß. Jedenfalls wird die persönliche Verletzung – die Intimitätsentehrung des Subjekts oder die psychische Identitätskränkung des einzelnen – nicht als primäre Quelle der Revanche und Wiedergutmachung gesehen. Statusverletzungen können quasi-symbolischen Ursprungs sein und mittels ritueller Restauration rückgängig gemacht werden. Der Grund einer Ehrverletzung muß in einer sinnlichen, also wahrnehmbaren, Geste, Äußerung oder Handlung liegen und ebenso sichtbar muß auch die Satisfaktion ausfallen. Die Ehre steht oder fällt mit der Sichtbarkeit ihrer Expression und mit der genauso sichtbaren, genau kodierten und peniblen Anerkennung der ihr zugrunde liegenden Asymmetrie. Die Wiedergutmachung muß diesem Kriterium der Visibilität ebenso genügen.

Die im modernen Verständnis *individuelle* Personen- oder Menschenwürde dagegen wird, wie wir bereits gesehen haben, als ein unverlierbarer oder ›unantastbarer‹ moralischer Status betrachtet, dessen normative Geltung weder von äußerlichen Merkmalen abhängt, noch durch sichtbare Interventionen abhanden kommen kann. Im Vergleich zu dieser Personenwürde ist die Ehre *imago-abhängig*. Ihr Subjekt siedelt seine Ehre deshalb im Bereich des Imaginären an. Man könnte dies als ein weiteres Paradoxon betrachten: Obwohl die Ehre eine Art äußerliche Kommunikation etabliert, die weitgehend konventionsabhängig ist, verleiht sie dem Subjekt – in dessen eigener Perzeption und in der Wahrnehmung Dritter – einen nahezu imaginären Status. Sein und Schein brauchen im Grunde nicht gänzlich übereinzustimmen. Für die Person selbst läßt sich die Ehre jedenfalls gradualistisch kaum abstufen. Es gibt die Ehre ganz oder gar nicht. Diese Qualität enthält aber im wesentlichen imaginäre, den Realitäten der Person enthobene Züge. »Der Maßstab der Ehre geht also nicht auf das, was das Subjekt wirklich ist, sondern auf das, was in dieser Vorstellung ist.«[14] Der »Schein der Ehre«, heißt es an gleicher Stelle zutreffend, »wird das eigentliche Dasein des Subjekts«.

Die Konventionalität der Ehrezuschreibung, die Maßstäbe ihrer Verletzung und die ritualisierten Formen ihrer Wiederherstellung könnten den Eindruck erwecken, das Ganze sei ein Spiel, das die Betroffenen als solches durchschauen könnten. Aber nichts ist weniger der Fall als das. ›Ehre‹ betrifft die Totalität der Person. Diese Totalisierung ereignet sich jedoch in der Sphäre der Imagination, die gleichsam als Kompensation für die Konventionalität ihrer sichtbaren Attribute das Subjekt daran hindert, sich *angemessen*, also realistisch, wahrzunehmen. Maßlosigkeit – sowohl bei ihrer Dosierung als auch bei der Sanktionierung ihrer Verletzung – haftet dem Ehrekodex ursprünglich an.

Im Hinblick auf die Antike geht Hegel noch davon aus, daß es dort zwar Vergleichbares, also auch Verletzungen der Ehre gegeben habe, aber mit einem signifikanten Unterschied: Wenn Agamemnon dem Achill einen Teil der Beute, seiner »Ehrenbelohnung«, vorenthält, dringt »die Verletzung nicht in die letzte Spitze der Persönlichkeit als solcher«.[15] Die Ehre-Kulturen, die wir aus der ferneren und jüngsten Vergangenheit, teilweise auch noch aus der Gegenwart kennen, haben dagegen die »Persönlichkeit« bereits entdeckt den Innenbereich psychischer Zustände und wertender Selbstzuschreibung, die Selbstzurechnung von Widerfahrnissen und Handlungen, die der ältesten Antike zunächst noch fremd waren. Der Persönlichkeitsstruktur des Ehre-Trägers haftet aus unserer Sicht dennoch der Makel einer gewissen *Fassadenhaftigkeit* an. Wir wissen aus den Sühnepraktiken, daß ihre Ritualität die Beteiligten bis zu einem gewissen Grade davon abhielt, die Verletzung auch wirklich zu internalisieren bzw. – auf seiten des Missetäters – sein Vergehen als Gegenstand intimer Gewissenserforschung zu betrachten. Die teils erheb-

14 Hegel, *Vorlesungen über Ästhetik* II, S. 177.
15 Ebenda, S. 176.

lich ausgefeilte Wahrung der Form war entscheidend – nicht der psychologische Nachvollzug.

Wie bereits angedeutet, hatte dies alles eine gewisse Beliebigkeit zur Folge. Dem Ehrekodex wird nicht zu Unrecht ein gerütteltes Maß an Willkür zugeschrieben. Je komplexer die gesellschaftlichen Verhältnisse, die *honoriert* werden müssen, sich entwickeln, desto unübersichtlicher werden die Regeln und Bräuche, mittels derer die Funktionsfähigkeit der menschlichen Interaktionen aufrechterhalten werden sollten. Oder wie Hegel es formuliert:

»Die Ehre kann 〈...〉 den mannigfaltigsten *Inhalt* haben.«[16] Obzwar die Ideologie der Ehre auf den ersten Blick starre Kodierungen und unflexible Verhaltensnormen bereithält, sorgen die Gefügigkeit ihrer Gehalte zum Zwecke immer neu erfundener Honorierungen und die imaginären Bestandteile der Selbsteinschätzung ihrer Subjekte für eine nicht unerhebliche Gefahr – für die Gefahr der Radikalisierung und der Haltlosigkeit im strikten Sinne des Wortes. Es fällt schwer, die Ehre zu taxieren und die Anlässe ihrer Verletzung zu begrenzen. Erneut ist Hegel ein umsichtiger Phänomenologe, der uns über diese Gefahr zu belehren weiß.

»Indem nun die Ehre nicht nur ein Scheinen *in mir* selber ist, sondern auch in der Vorstellung und Anerkennung der *anderen* sein muß, welche wiederum ihrerseits die gleiche Anerkennung ihrer Ehre fordern dürfen, so ist die Ehre das schlechthin *Verletzliche.* Denn wieweit ich und in bezug worauf ich die Forderung ausdehnen will, beruht rein in meiner Willkür. Der kleinste Verstoß kann mir in dieser Rücksicht schon von Bedeutung sein.« Und Hegel fügt hinzu: »So ist 〈...〉 des Streitens und Haderns kein Ende. Auch bei der Verletzung kommt es deshalb, wie bei der Ehre überhaupt, nicht auf den Inhalt an, in welchem ich mich verletzt fühlen muß; denn das, was negiert wird, betrifft die Persönlichkeit, die solch einen Inhalt zu dem ihrigen gemacht hat und nun *sich,*

16 Ebenda, S. 178.

als diesen ideellen unendlichen Punkt, angegriffen erachtet.«[17]

Wiederum ist es die Äußerlichkeit – hier als »Schein« apostrophiert –, die gewissermaßen das Herzstück des Besitzes, des Verleihens, der Verletzung, der Satisfaktion und der Restauration der Ehre darstellt. Ehre-Kommunikation ist deshalb *Schein*-Kommunikation, obwohl dies keinesfalls nur als *scheinbare* Kommunikation verstanden werden darf. *Dieser* Schein kann realer als die Wirklichkeit sein. Daß der Schein der Ehre eine reziproke Struktur haben sollte, die »Anerkennung der anderen«, darf nicht mit der Horizontalität moderner Anerkennungsverhältnisse verwechselt werden, die Hegel an anderer Stelle – in der Dialektik der Anerkennung zwischen Herr und Knecht – so unnachahmlich beschrieben hat. *Diese* Dialektik ist auf Egalisierung aus – auf das wechselseitige Hervorbringen der moralischen und rechtlichen Person, also auf strikte *Gegenseitigkeit.* Ein Wechsel der anfangs noch asymmetrischen Standpunkte zwecks Hervorbringung von Gleichheit ist aber in der Kommunikation der Ehre ausdrücklich nicht vorgesehen. Im Gegenteil – sie findet zur Festigung von Unterschieden und nur unter ihresgleichen statt, also unter der Voraussetzung der Unterschiedlichkeit den meisten anderen gegenüber, kann hier sinnvollerweise von Anerkennung die Rede sein. Anerkennung ist elitär eingeschränkt. Ansonsten beruht sie auf dem unbedingten Respekt, den die anderen mir als ihnen Ungleichem schuldig sind.

Gefährlich ist diese Kommunikation nicht zuletzt deshalb, weil sie in der für sie typischen Mixtur von Äußerlichkeit und Imagination darauf angelegt ist, die Rücksichten und Rücksichtslosigkeiten, die in ihr impliziert sind, immer weiter hochzuschaukeln. Subjektive Willkür, die allenfalls gruppenspezifisch abgeschwächt wird, dringt im Laufe der Zeit in die Kodierungen ein, so daß aus der Ehre-Verletzung eine um sich greifende und ausufernde *Verletzlichkeit* wird, eine Art

17 Ebenda, S. 180.

Mimosenhaftigkeit im sozialen Verkehr. Die kleinste Verfehlung kann fürchterliche Konsequenzen haben. Denn es ist, wie wir nun von Hegel erfahren haben, die Persönlichkeit in ihrer Totalität, die hier angegriffen wird. Entsprechend rigide und unverhältnismäßig können die Sanktionen ausfallen. Nicht zuletzt in dieser latenten Neigung, zu agonalen Folgen Anlaß zu geben, liegt die tödliche Gefahr einer ausschließlich über die Ehre ausgehandelten Integration der Gesellschaft. Daß die Standesehre, wie Georg Simmel[18] meinte, zu den »Mitteln der sozialen Selbsterhaltung« gehöre, als Hilfsmittel der Herstellung einer »zweckmäßigen Lebensform kleinerer Kreise«, ist zweifelsohne richtig. Aber die Agonie, in die sie diese »Kreise« auch stürzen kann, darf nicht unterschätzt werden. Ehre-Verhältnisse mit ihren moralischen und aus heutiger Sicht unmoralischen, mit ihren ordnenden und agonalen Strukturen prägten jedenfalls über lange Zeit das Zusammenleben. Sie bestimmten ebenso lange das Leben der Menschen mit ihren Göttern.

18 Ebenda, S. 403.

6
DIE METAPHYSIK DER BLASPHEMIE ODER DAS MORPHOLOGISCHE FELD DER THEOLOGIE

Das diffizile Gefüge der Ehre-Kodierung hat allerdings mit einem gewaltigen Komplexitätsschub zu kämpfen, sobald es auf die Beziehung zu den Göttern bzw. zu Gott als exklusivem Singular angewandt wird. Daß Ehre-Verhältnisse auch auf die Götter übertragen werden, die Legitimationen letztinstanzlicher Art zur Verfügung stellen, vermag nicht zu überraschen. Deren tief anthropomorphe Gestalt, mehr noch allerdings ihre anthropo-analogen Verhaltensweisen laden geradezu dazu ein, die Ordnungsprinzipien, die der Operation mit Ehrezuweisungen entnommen werden, auch auf die transhumanen Garanten dieser Ordnung auszudehnen. Der Ehrebesitz wird generell mit nicht nachlassender Eifersucht überwacht, und sein Mangel drängt mit ebensolchem Eifer auf Ausgleich und Zuteilung. Daß just die Götter, deren Geschicke nicht zuletzt mit ihrem Vermögen, glühende Eifersucht zu zeigen, verwoben sind, Abstinenzler in honorablen Angelegenheiten wären, ist zutiefst unwahrscheinlich. Die zahlreichen Analogien zwischen der Menschen- und der Vielgötterwelt lassen einfache Projektionen zu, denn die eine Welt muß nicht vor dem Treiben der anderen mittels Sublimationen und Idealisierungen in Schutz genommen werden. Unehrenhaftes ereignet sich *auch* im Lebenswandel jener Instanzen, die ansonsten ihre schützende und strafende Hand wahlweise über den Menschen halten.

In der Welt der Götter kann sogar von teilweisen Reduplikationen die Rede sein. Obwohl ihr letztlich die komplette Ähnlichkeit mit der Menschenwelt erspart bleibt, weil sie ohne diese Differenz nicht über letztere herrschen könnte, enthält der Lebensbereich der Götter sämtliche Regulierungsmechanismen, die wir aus der humanen Subwelt kennen. Ehre gehört in elementarer Weise zu diesen Mechanismen. Hierarchische Strukturen mitsamt allen erforderlichen Subordinationskennzeichen und unvermeidbare Kontrollvorkehrungen regeln den zwischengöttlichen Verkehr. Auch die Götter sind – bis zu einem gewissen Grade – wie wir. Das alles ändert sich jedoch schlagartig, sobald die Stufe des Monotheismus erklommen ist.

In Zeiten animistischer Religiosität war eine penible Kommunikation mit zornanfälligen und verletzungsbereiten Geistern erforderlich, deren Nähe zu den Menschen einen unmittelbaren, psychosomatisch sofort wirksamen Zugriff auf letztere erlaubte, falls diese sich Verfehlungen erlaubt hatten. Aber auch in Jahrhunderten mit polytheistischer Signatur war höchste Vorsicht geboten: Die – zumindest im Rückblick – unmittelbar identifizierbare Reduplikation ehreempfindsamer Verhältnisse aus der Menschenwelt in die der Götter machte ohne jede Zweideutigkeit auf das Erregungspotential aufmerksam, das in der Götternatur schlummerte. Dennoch existiert im Pantheon – sowohl auf seiten der Götter als auch auf seiten ihrer weltlichen Repräsentanten – eine gewisse Blasphemie-Gleichgültigkeit. So mußte man im Imperium Romanum die Nationalgötter schon öffentlich beschimpfen, um sich eines »crimen maiestatis populi Romani« schuldig machen zu können. Wer dies tat, entpuppte sich zwar als Staatsfeind, aber nicht als Religionsfrevler oder gar als Ketzer. Was der römische Bürger innerlich glaubte, war dem Staat gleichgültig. Weder dieser noch eine andere, diesmal religiöse Instanz hegte Orthodoxiewünsche und Blasphemiephantasien. Eine rechtliche Fassung der Gotteslästerung als [illegible], so René Pahud de Mortanges, »entfällt«. Unter monotheistischer Zuspitzung wird das Ganze jedoch noch viel explosiver. »Die Haltung der Toleranz im vorchristlichen römischen Staat verkehrt sich nach der Einführung des Christentums in ihr Gegenteil.«[1]

1 de Mortanges, S. 119.

In der Konzentration auf den Einen entfällt nämlich die Möglichkeit, im Konfliktfall auf einen anderen Gott auszuweichen. Der Eine kann den Anderen nicht in Schach halten oder temperieren, wenn es nur den Einen gibt. Dem großen Auge, dem alles und jeden sehenden Blick dieses Gottes entkommt niemand. Mit geballter Eifersucht wacht hier ein Gott über seine Alleinherrschaft. Vielleicht könnte man meinen, daß die Ethisierung des Gottesverhältnisses, die den drei abrahamitischen Religionen eigen ist, vermeiden kann, daß, gemessen an der polytheistischen Vorzeit, eine ebenso rasche Strafe- oder Rachebereitschaft entsteht. Aber die Konzentration auf den Einen schwächt seinen Vergeltungsdrang nicht, sondern vermag ihn sogar bis zur gänzlichen Weltvernichtung zu potenzieren. Auch hier waltet immer wieder ein blindwütiges Zorneswesen, dessen Schlagkraft und Vergeltungswillen, wie wir aus Bibel und Koran wissen, keinesfalls unterschätzt werden sollten. Die Schändung Seiner Ehre erhält nun vielmehr *auch* einen auf Moral geeichten Hintergrund: Verfehlungen moralischer Art – von den Sexualvorschriften bis zu den Gerechtigkeitsanforderungen – markieren eine andersartige Atmosphäre, in der sich Kränkungen der göttlichen Ehre ereignen, als jene, in der die Menschenähnlichkeit der Götter so ausgeprägt war, daß es nahezu hoffnungslos erschien, auch in ihrer Welt Moralimperative etablieren zu wollen.

Aber nicht nur Moral wurde zum neuen Medium der Ehre-Kommunikation. Neben ihr und dem durchaus empfindlichen Bereich mannigfaltigster Riten avancierte – weitaus am radikalsten im Christentum – die Orthodoxie zu einem Verfehlungspotential gefährlichster Signatur. Wir werden noch ausführlicher auf diesen Sachverhalt eingehen, aber folgendes sei bereits vorweggenommen. Wenn dem monotheistischen Gott eine Eigenschaft fehlt, dann ist es die der Sichtbarkeit. Nicht daß sich die animistischen Kräfte, die das schmale Universum indigener Gesellschaften bevölkerten, den Sinnen einfach darboten. Ebensowenig läßt sich das natürlich auch von den verschiedenen Göttern behaupten, die beispielsweise im bereits menschenähnlich besiedelten Universum des griechisch-römischen Himmels mit den Menschen Umgang pflegten. Aber letzteren wurde nicht nur ungeniert ein menschenverwandter Charakter zugeschrieben, sondern auch eine Gestalt, die größte Affinität mit der unseren hatte. In der Imagination jedenfalls waren die Götter unbegrenzt wiedererkennbar und zugänglich. Ihrer Versinnlichung im Medium ästhetischer Darstellung konnten deshalb kaum Fesseln angelegt werden.

Beides wurde im Wirkungsfeld eines strengen Monotheismus undenkbar. Gott ist vollkommen. Dies schließt Leidenschaften und Regungen keinesfalls aus, aber Sein Charakter hat aus der normierenden Sicht des rechten Glaubens *keinerlei* Ähnlichkeit mit unseren Schwächen und mit unseren emotionalen Irrungen und Wirrungen. Zorn und Wut, aber genauso Liebe und Mitleid werden bei Ihm aus gerechtem Anlaß hervorgerufen und höchstangemessen dosiert. Und schon gar nicht ist dieser Gott in einer Welt sichtbar, die seit Seiner Schöpfungstat entdivinisiert wurde, so daß Er ohne die Konkurrenz Dritter geblieben ist. Die Transzendenz des monotheistischen Gottes statuiert eine Überweltlichkeit, die zunächst keinerlei Affinität mit uns und mit unserer Lebenswelt zuläßt. Nichts in der Natur vermag diesen Gott wirksam und ausschöpfend zu repräsentieren. Seine Anweisungen wollen aus Buchstaben herausgelesen werden. Aber er selbst ist kein Buchstabe. Riten sind dazu da, Ihn angemessen, eben im gemessenen Ausdruck kanonischer Formen zu verehren, aber diese umkreisen letzten Endes seine unhintergehbare Invisibilität. Er bietet sich im Ritus dem Auge keinesfalls dar. Keine Äußerlichkeiten können die Ehre, die ihm gebührt, fassen oder als Insignien seiner erhabenen Würde gedeutet werden. All diese Anhaltspunkte stehen dem Gläubigen nicht zur Verfügung.

A.
DER NAME GOTTES UND DAS GEHEGE DER ORTHODOXIE

Wenn der Gläubige sich an Buchstaben halten möchte, ist es zunächst der Name Gottes, der mit größter Ambition auf Ehreerweise dem *genauen* Ausdruck in der Sprache überantwortet ist. Im *Namen* Gottes wird das Bedürfnis nach der Identifikation dessen, der Verehrung, Gehorsam und Glaube verlangt, befriedigt, denn ohne Name wäre der ansonsten vollkommen Unsichtbare gänzlich vertrauensunwürdig. Er wäre von einer reinen Willkürinstanz kaum mehr zu unterscheiden.

Über Jahrhunderte wird der Name Gottes Dreh- und Angelpunkt der Vergehen gegen die Ehre sein, die ihm gebührt. Gotteslästerung ist zunächst die Lästerung seines heiligen Namens. Trotz seiner unüberbrückbaren Weltdistanz existiert ein Verbindungsglied, das zwischen Ihm und seinem Volk eine nicht anhaltende Gesprächskultur ermöglicht – eben Sein Name. Der monotheistische Gott wird nicht als Begriff verehrt, nicht als ein Bündel abstrakter Eigenschaften und allgemeiner Attribute. Ganz im Gegenteil – Sein Name erlaubt eine intime Kommunikation mit einer Essenz, die mehr als bloße Essenz, nämlich Person ist. Der Name erlaubt eine Identifikation Gottes als ansprechbares Gegenüber. Exakt aus diesem Grund sind Kränkungen und Ehrverletzungen vor allem auf Seinen Namen bezogen. Sie dürfen als Antastung der Person Gottes interpretiert werden, weshalb besondere Sanktionen festgelegt werden, die als Strafe und als Warnung vor weiterem Mißbrauch gelten.[2] Jedenfalls ist der Name mehr als eine abstrakte Identifikation durch einen Begriff. Hegel hat auch hier scharf gesehen. Er war der Meinung, es könne »dienlich sein, den Namen *Gott* zu vermeiden, weil dies Wort nicht unmittelbar Begriff, sondern der eigent-

2 Deuser, S. 50 ff.

liche Name, die feste Ruhe des zum Grunde liegenden Subjekts« sei.[3]

Bereits das zweite Gebot des Dekalogs mahnt kategorisch zum respektvollen Umgang mit dem Namen: »Du sollst den Namen des Herrn, deines Gottes, nicht unnütz gebrauchen; denn der Herr wird den nicht ungestraft lassen, der seinen Namen mißbraucht.« (Ex 20,7; Dtn 5,11) Dieses Gebot schützt den Namen Gottes vor Beleidigung, Fluchen, Meineid und Wahrsagerei. All dieses wäre die ›eitle‹ Korrumpierung eines Namens, der höchsten Anspruch auf Verehrung besitzt. Eine ganze Liste mit gotteslästerlichen Sprachhandlungen wird im Laufe der Zeit jene uns bereits bekannten »Zungensünden« markieren, die allesamt als Kränkung der Ehre Gottes verstanden werden. Zwar ist Gott überpersönlich, und es kann lediglich eine Ähnlichkeit mit uns unterstellt werden, die stets kleiner als die radikale Unterschiedlichkeit ist, die uns im wesentlichen trennt. Aber die psychischen Qualitäten unserer Seele – das ganze Repertoire unserer Emotionen – können ›per analogiam‹ auch in Gottes Persönlichkeit als vorhanden unterstellt werden. Es ist deshalb naheliegend, daß eine Kultur, die auf der Distribution von Ehre aufgebaut ist, die Ehre jener Letztinstanz, von der sie die Garantien ihres Bestandes bezieht, besonders hervorhebt.

Auf Dauer reichte aber der Schutz des Namens nicht aus. Sobald der *Glaube* an den Einen neben den Handlungen und Riten, mit denen seinen Geboten entsprochen wird, immer wichtiger wird, entsteht ein Kanon *richtiger* Ansichten über Ihn, eine Bündelung orthodoxer Auffassungen, die in Bekenntnissen, in theologischen Traktaten und in Sanktionen zum Ausdruck kommen. In dem Maße, wie das Gottesverhältnis reflexiv zu werden beginnt und ausbuchstabiert wird, gibt man sich nicht länger mit einigen wenigen elementaren Glaubenssätzen zufrieden, die noch weitgehend praxisbezogen und ritenverhaftet waren. Es entsteht nun ein eigenständiger und im Laufe der Zeit wachsender Bereich von norma-

3 Hegel, *Phänomenologie des Geistes*, S. 62.

tiven *Glaubensansichten*, ein ganzes Repertoire an Wissen, das der Gläubige zumindest in groben Zügen kennen und bekennen soll. Die Erfindung dieser Orthodoxie eröffnet nun eine ganz neue Front, an der die Ehrverletzung Gottes bekämpft werden muß: Heterodoxie bzw. Häresie gelten fortan als genuines Terrain der Gotteslästerung. Der christliche Monotheismus hat wie kein anderer eine Religion mit orthodoxen Bestrebungen geschaffen, die Konvolute zur Begründung rechtgläubiger Sätze und Bibliotheken zum Zwecke ihrer Apologie hat entstehen lassen. Aus der Buchstabenreligion wurde eine Bibliothekenreligion. Dementsprechend vervielfältigten sich die Anlässe zur Lästerung Gottes.

Die forcierte Orthodoxieerwartung, die sich im Christentum bereits in den ersten Jahrhunderten manifestierte, schuf eine entsprechende Zahl möglicher Abweichungen, eine Überfülle an heterodox inkriminierten Auffassungen, die das Potential gotteslästerlicher Verrichtungen bedrohlich anwachsen ließen. Nicht nur die direkte und beabsichtigte Kränkung Seines Namens, also die Beleidigung Gottes ›intentio recta‹ galt als Ehrverletzung, sondern auch heterodoxes Verhalten in moralischen und rechtgläubigen Angelegenheiten. Sowohl der »moralfanatische Heiligungsaktivismus«[4] als auch das auf strikte Orthodoxie fixierte Amt der Glaubenswächter haben das Ihre dazu beigetragen, daß aus der Verehrung des Gottesnamens eine veritable Katalogisierung der zahllosen Möglichkeiten der Ehrverletzung entstehen konnte.

Wie wir noch sehen werden, hat man sich zwar immer wieder die Mühe gemacht, die ›Zungensünden‹ von den ›Vergehen gegen die Orthodoxie‹, also die ›Blasphemie‹ von der ›Häresie‹ zu trennen und nur erstere zum eigentlichen Bestand der Ehrekränkungen zu rechnen. Aber die Aufrechterhaltung dieser Unterscheidung war auf Dauer kaum zu bewerkstelligen. Gottes Lästerung betraf die Beleidigung des Höchsten, aber auch die falschen Ansichten über sein Wesen und sogar die unmoralischen Verhaltensweisen, die in Sei-

4 Graf, S. 30.

nen Augen kein Gefallen finden konnten. In einem solchen Moment drohen die Dämme aber zu brechen. Vor allem im Hinblick auf die politischen, moralischen und kulturellen Konflikte, in denen gegenwärtig mit dem Vorwurf der ›Gotteslästerung‹ operiert wird, wird man von einem schwelenden Feuer sprechen müssen, das all jene Bereiche der Gesellschaft erfaßt, in denen die genannten Differenzen zunehmend als religiöse Konflikte mit blasphemischer Qualität gedeutet werden. Die religiöse Semantik, mit der solche Differenzen ungemein radikalisiert und zum Gegenstand kaum mehr kompromißfähiger Auseinandersetzungen gemacht werden, hat zur Folge, daß der Vorwurf der Gotteslästerung zu einem brandgefährlichen Projektil wird. Dieses Prädikat vergiftet das Diskussionsklima, vernichtet die Möglichkeiten zur Verständigung und droht dem Gegner gegebenenfalls mit dem Schlimmsten, mit dem Verlust seines Lebens.

Erneut sei darauf hingewiesen, daß es die *spezifische* Unsichtbarkeit des monotheistischen Gottes ist, welche die Lästerung so gefährlich macht. Götter sind dem sinnlichen Auge *immer* entzogen, aber der Eine ist dies radikaler als alle anderen. Seine Anwesenheit in der Natur hat bestenfalls eine übertragene Bedeutung: Entweder werden Naturereignisse wie der Sturm oder das Feuer zu Metaphern, in denen Er lediglich verbildlicht, aber keinesfalls angeschaut wird, oder der Kosmos legt von Seinem Verstand Zeugnis ab, von der Schöpfungsrationalität, die in den Phänomenen waltet, ohne mit diesen allerdings identifiziert werden zu können. Im Haushalt der vielen Götter konnte man nicht anders, als menschenverwandte Verhältnisse zu vermuten. Das Leben des Einen jedoch ist kaum zugänglich für nachhaltig anthropomorphe Vermutungen. Es bleibt letztlich ein blinder Fleck. Während sie – die vielen – tun, wie wir, ist das bei Ihm, dem Einen, ausgeschlossen. Sein Name läßt eine Verwandtschaft zwischen Ehrverletzungen menschlicher und göttlicher Signatur vermuten. Diese Verwandtschaft besteht tatsächlich und ist sogar offenkundig. Wer den Namen eines Mitmenschen »in den Dreck zieht« und diesen solchermaßen frontal beleidigt, wird wegen Beleidigung zur Rechenschaft gezogen. Nichts war einfacher, als diese elementare Erfahrungstatsache auf das Verhältnis zu Gott zu projizieren. Aber der Unterschied ist dennoch erheblich. Bei dem durchaus diffizilen Geflecht der Ehre-Konventionen handelte es sich, wie wir gesehen haben, immer auch um ein Netzwerk zahlloser Äußerlichkeiten und Signaturen, mit denen diese Konventionen gleichsam versinnlicht wurden. Sie halten sich dabei gegenseitig in Schach, korrigieren Übertreibungen und regeln die Riten zur Wiederherstellung der Ehre. Sie sind bis zu einem gewissen Zeitpunkt *berechenbar*. Hier kann man abschätzen, ob, wie und wann die Ehre eines anderen verletzt worden ist und wie sie wiederhergestellt werden kann. Dies alles steht aber im Beleidigungsfall des einen und einzigen, unsichtbaren Gottes letztlich nicht zur Verfügung.

Dessen Weltentzogenheit – seine gänzliche Andersartigkeit im Vergleich zur Menschenähnlichkeit der Götterverhältnisse im Pantheon der Antike – verlangt auf Dauer eine umfassende Kodifizierung der möglichen Anlässe seiner Lästerung. Im Vergleich zu den polytheistischen Vorgängern sind in seinem Fall die Ehre-Verhältnisse, die innerweltlich gelten, nur schwer direkt übertragbar. Der Unsichtbare, dessen Erhabenheit und Entzogenheit es verbieten, anthropomorphe Ehrempfindlichkeiten auf Ihn *einfach* zu projizieren, verlangt zur Sicherung seiner Ehre und zur Sanktionierung ihrer Verletzung nach Maßnahmen, die in den Orthodoxien der Theologie und den Satisfaktionsstrategien des Strafrechts zuallererst ausgearbeitet werden müssen.

Als Arbeitsdefinition und die einzelnen (historischen) Differenzierungen vorwegnehmend, läßt sich die Gotteslästerung als die ›Schändung der Ehre Gottes in Worten, Taten und Gedanken‹ charakterisieren. Bereits an dieser Stelle muß man eine überraschende Hinzufügung im Vergleich zum traditionellen Tatbestand der Ehrverletzung konstatieren, nämlich die Schändung der Ehre Gottes *in Gedanken*. Dieses Prädikat stellt den Sachverhalt auf den ersten Blick gleichsam auf den Kopf: Nicht nur kann die Ehre in den realen Äußerungen verletzt werden, sondern ebenso im nach außen verschlossenen Bereich mentalen Widerstands gegen die orthodoxen Vorschriften oder in der intimen und stillen Beleidigung des Gottesnamens. Imaginiert werden nun Verstöße gegen die rechtgläubige Reflexion auf Sein Wesen und gegen die Höflichkeitsstandards im »forum internum«. Im Vergleich zu den Kodifizierungen der Ehre in expliziten Anweisungen und zu ihrer Verteidigung in den vorschriftlichen Konventionen einer Gesellschaft tut sich hier ein immenser Bereich möglicher Verfehlungen auf, der proportional zu den Wucherungen der Orthodoxie und übrigens auch zu den auf Moral fixierten Vorschriften der Orthopraxie anwächst. Die Gotteslästerung ist demnach mehr als eine ›Sprachhandlung‹ mit polyvalenter Bedeutung[5] und mehr als eine »Anti-Sprache«.[6] Selbstverständlich spielt sich der Großteil der Verstöße im Bereich des Sprachlichen ab, in *geäußerten* Verstößen oder in der Sprache der Gestik und Mimik, aber nunmehr wird das Intimleben des Geistes, die Gedankenwelt des Einzelnen, Gegenstand unermüdlicher Selbst- und Fremderforschung: Die Gotteslästerung macht eine Gedankenpolizei erforderlich, eine Politik der Rechtgläubigkeit. Ohne Kontrollinstanzen, die mehr leisten als die Sanktionierung bloß sozialer Ehre-Interaktionen und nun auch zur Wahrung einer Ehre in der Sphäre der Transzendenz tätig werden und sich deshalb in die tiefste Immanenz der Gedankenwelt stürzen müssen, ist die Apologie *dieser* Ehre nicht möglich.

Die Furcht, die diesem Tatendrang zugrunde lag, war jedoch in erster Linie durch Kummer um den Bestand der Welt eingegeben. An dieser Stelle sei nur ein einziges Beispiel gegeben. Auf dem Reichstag zu Worms im Jahr 1495 wurden in der Anweisung § 36 des Reichabschieds jenen, die sich einer »freventliche[n] Lästerung« der Namen Gottes und aller Einwohner des Himmels schuldig gemacht hatten, schwere

5 Loetz, S. 71.
6 Burke, S. 101-121.

Strafen angedroht. Die Adligen kamen noch verhältnismäßig gut davon, denn sie hatten sich lediglich zur Ausübung ehrenhafter Ämter untauglich gemacht. »Sind sie aber geringers Stands, sie sollen von der Ritterschaft 〈...〉 in ihrem Leben unablässig gestraft werden.«[7] In diesem Zusammenhang wird auch unmittelbar klargestellt, weshalb die Beleidigung Gottes scharf sanktioniert werden müsse – die Strafe Gottes, die nach Seiner Ehrschändung zu erwarten ist, wird Seuchen, Hungersnöte und andere Katastrophen mit sich bringen. Ein Selbsterhaltungsimperativ liegt also der rastlosen Aufmerksamkeit zugrunde, die auf die Gotteslästerung gelenkt wird. Diese gefährdet Erhalt und Bestand der Gesellschaft. Aber die Geschichte der strafrechtlichen Regelung der Lästerung geht viel weiter zurück. Letztlich gehen alle späteren Bestimmungen auf die justinianische Gesetzgebung zurück, die in der berühmten Novelle 77 aus dem Jahr 538 folgende Formulierungen enthält:

»Da aber Einige, durch teuflische Einwirkung befangen, sich in die gröbsten Ausschweifungen stürzen und Dinge, welche selbst der Natur zuwider sind, vornehmen, so rufen Wir auch ihnen zu, daß sie die Furcht vor Gott und den künftigen Urtheilsspruch desselben im Sinne haben und von solchen teuflischen und unerlaubten Ausschweifungen abstehen sollen, damit sie nicht wegen solcher frevelhaften Handlungen den gerechten Zorn Gottes erfahren und nicht die Städte mit ihren Bewohnern zu Grunde gehen. Denn wir werden durch die heiligen Schriften belehrt, daß wegen solcher frevelhaften Handlungen mit den Menschen zugleich auch die Städte vernichtet worden sind.«

Auffällig ist der auf Moral bezogene Anfang. Die Ehre Gottes wird durch unmoralisches Benehmen gelästert. In solchen Fällen kann von einer Beleidigung Gottes ›intentio recta‹ meistens überhaupt keine Rede sein. Lediglich ›intentio obliqua‹, also indirekt, kann dann aus der Perspektive des Täters von einer solchen Beleidigung gesprochen werden. Und

7 Leutenbauer 1984, S. 1.

unzählige Male dürfte eine Kränkung Gottes nicht einmal im entferntesten in der Absicht des Betreffenden gelegen haben. Aber die Einhaltung der Moralvorschriften liegt ihrem transzendenten Urheber selbstverständlich am Herzen. In der Optik des Monotheismus sind die Handlungsimperative schließlich ausdrücklich *gewollt*. Sie beruhen auf dem Entschluß einer Instanz, die in ihrem Willen und in ihrem Verstand die Richtigkeit jener Vorschriften beschlossen hat. Moral ist transzendent motiviert und somit durch die Gewalt religiöser Herkunft sanktioniert. Weil Gott die Welt erhält und ihren Bestand täglich zur Disposition stellen kann, muß ihre Bestätigung durch Moralkonformität ebenso täglich und neu vor Seinem Angesicht verdient und errungen werden. Gott schlägt zu, falls es ihm angemessen zu sein beliebt, und um dies zu verhindern, muß Seine Lästerung gebannt werden. Dies kann nur dadurch erfolgen, daß die Einhaltung seiner Gebote der Moral nach Möglichkeit lückenlos überwacht wird.

Die Novelle läßt demnach keinen Zweifel an dem utilistisch eingefärbten Grundmotiv aufkommen, das sämtliche Regelungen erforderlich macht – die Aufrechterhaltung der bestehenden Ordnung. Denn diese wäre aufgrund der göttlichen Strafaktionen, die das ganze Repertoire aller denkbaren Vernichtungsschläge umfassen, unmittelbar bedroht. Das, was dabei ins Auge sticht, ist die latente Maßlosigkeit der göttlichen Rache. Übertretungen der moralischen Verhaltenserwartungen können Strafen nahezu kosmischen Ausmaßes mit sich bringen. Gott läßt sich in der Tat provozieren, und Proportionalität zwischen der Tat und ihrer göttlichen Bestrafung darf nicht von vornherein erwartet werden. Dies erklärt natürlich die unterschwellige *Panik*, die überall schwelende *Angst*, die in den soziopsychischen Tiefenschichten solcher Texte vorhanden ist. Deshalb wäre es nicht damit getan, hinter den Strafgesetzen lediglich obsessive Kontrollphantasien zu vermuten. Die theologische Komponente, die besagt, daß der Allmächtige aus Rache und Vergeltung im Einzelfall gar gnadenlos zuschlagen könne, ist authentischen Ursprungs.

Sie ist weder als bibelfremde Zutat noch als bloße Verbrämung weltlicher Machtansprüche zu betrachten.

Neben dem Moraldiskurs breitet sich natürlich auch das klassische Feld der Namenslästerung Gottes aus. In der justinianischen Gesetzgebung wird diese Beleidigung des Namens Gottes im Anschluß an den genannten Diskurs der Moral, gleichsam als Zusatz, eingeführt. »Da aber Einige außer den Angegebenen auch noch gotteslästerliche Reden führen und Eide bei Gott schwören, wodurch sie Gott zum Zorne auffordern, so rufen Wir auf gleiche Weise auch Diesen zu, daß sie sich solcher gotteslästerlicher Reden und des Schwörens beim Haar und Haupt und solcher ähnlicher Reden enthalten sollen. Denn wenn Lästerungen, welche gegen Menschen geschehen, nicht ungeahndet gelassen werden, so verdient noch vielmehr Der eine Strafe zu erleiden, welcher Gott selbst lästert. 〈...〉 Denn wegen solcher Vergehen entstehen Hungersnoth, Erdbeben und Pest.«

Seit dem 13. Jahrhundert taucht die Gotteslästerung immer öfter in der weltlichen Gesetzgebung auf. Ihrem Charakter als »Zungensünden« (peccata verborum) entsprechend wird die Strafe oft auf die Zunge bezogen. So sieht das Passauer Stadtrecht von 1299 vor, daß die Zunge des Missetäters »an daz hackel« gelegt werde, ein Instrument, das mit steinernen Stacheln ausgestattet war, die zum Aufschlitzen der Zunge notwendig waren. Landshut stand dem Eifer Passaus in nichts nach, denn dort sollte man den Täter – einer Bestimmung aus dem Jahre 1467 zufolge – »für sich niderpinden auf ein laitter. und im den hals hinden auffschneiden. und die zung zum nacken heraus reißen«. Nicht selten wurden aber wahlweise die Ohren oder die Nase abgeschnitten, manchmal wurde der Täter ertränkt, wie dies in Würzburg vorgesehen war, oder dessen Haupt abgehackt. Letzteres faßte man als Gnadengewährung auf. An zahllosen Orten der Christenheit gab es ähnliche Vorkehrungen.

In der katechetischen Literatur jener Zeit, in den Beichtspiegeln und Dekalogerklärungen, stößt man erneut auf zahlreiche Bestimmungen, die den Tatbestand der Gotteslästеrung zu präzisieren versuchen. Sie erweisen sich zunächst als Umschreibungen des zweiten Gebots aus dem Dekalog. So wird beschworen, den Namen Gottes nicht »uppiklich«, »eytel« oder »on ursach« zu gebrauchen. Ausdrücke wie »unzymlich«, »unwahrhaftig«, »leichfertig« und »täglich«, aus »verkerter gewonheit oder boesser neigung« sind üblich.[8] Wie schwer das Delikt der Gotteslästerung wiegt, kann man der allgemein geltenden Auffassung entnehmen, der Lästerer sei schlimmer als der Mörder. Während dieser sich lediglich gegen seinen Mitmenschen wendet und solchermaßen mittelbar gegen ein Verbot Gottes verstößt, richtet sich der Lästerer *unmittelbar* gegen Gott. »Wenn andererseits zwar vom Schaden her das Delikt des Mörders überwiegt«, so Siegfried Leutenbauer, »weil dieser dem Nächsten mehr schadet als die Gotteslästerung dem unsterblichen Gott, so sündigt der Lästerer letztlich dennoch mehr, eben weil der der Ehre Gottes schaden will.«[9]

Diese Stufung muß uns fremd vorkommen, aber sie entspricht ganz und gar der Logik einer auf die Gnadentat der göttlichen Welterhaltung zutiefst angewiesenen Kultur. Wer an der Spitze der Legitimationspyramide rührt, riskiert, daß ein abgründiger Riß durch das gesamte Strukturengeflecht der Gemeinschaft geht, in der er lebt. Gott ist keine bleiche Hintergrundannahme, die uns hauptsächlich mit tröstendem Lebenssinn und Selbstaffirmation ausstattet, wie diese heute in den weichen Religionsauffassungen dominieren, sondern neben seiner Liebesfähigkeit stellt er sich vor allem als ein zorn- und vergeltungsbereites Gegenüber dar. Mag der materielle Schaden, den wir unseren Mitmenschen zufügen, noch so erheblich sein – den gleichsam ideellen Schaden, den wir durch Ehrverletzung Gott zufügen, wiegt jener nicht auf. Der Mord zerrüttet *als solcher* nicht den kompletten Bestand der Gesellschaft. Er vermag das relative Gleichgewicht, das in ihr vorhanden ist, nur in den seltensten Fällen wirklich zu

8 Leutenbauer, S. 14.
9 Ebenda, S. 20.

erschüttern. Die Ehrverletzung jedoch zielt *ihrem Wesen nach* auf das Zentrum der Welt- und Gemeinschaftserhaltung.

Das, was die Beleidigung Gottes von den auf die Ehre eines Menschen bezogenen Verletzungen abermals unterscheidet, hat mit dem Sachverhalt zu tun, daß im Falle Gottes orthodoxe Gesichtspunkte eine wichtige Rolle spielen. Die Häretiker, die »infideles«, beleidigen bereits durch ihre pure Existenz die Ehre Gottes. Man mag dies für einen untergeordneten Aspekt der Blasphemie halten. Er ist es aber keineswegs. Die Falschgläubigen stellen eine lebendige und immerwährende Beleidigung der Majestät Gottes dar, weshalb ihre Bekämpfung vielfach durch ihren Einbezug in den Täterkreis der Gotteslästerung legitimiert wird. Den immer wieder zu beobachtenden Versuchen, Angelegenheiten strikter Orthodoxie von den »Zungensünden« zu trennen, ist längst nicht immer ein hinreichender Erfolg beschieden.

B.
DOKTRINEN DER LÄSTERUNG GOTTES

Aber gehen wir die Sache langsamer an. Die Gotteslästerung war seit jeher ein Thema der christlichen Theologie – der Kirchenvätertheologie – und des kanonischen und des römischen Rechts. Erst im Hochmittelalter entsteht jedoch eine intensive und systematische Beschäftigung mit ihr. Blasphemie wird nun in den theologischen Traktaten, in den Beichtspiegeln und Dekalogkommentaren ein prominenter Sachverhalt. Wie bereits erwähnt, stehen dabei die »Zungensünden«, die »peccata verborum«, im Vordergrund. Ausgangspunkt der theologischen Rekonstruktion ist die an der Pariser Universität zustande gekommene *Summa Theologica* des Alexander von Hales, des im Jahre 1245 verstorbenen Franziskaners. Hales' Unterscheidungen bilden für die gesamte Folgezeit so etwas wie einen normativen Diskurs. Die Gotteslästerung ist dort ein Teil der Abhandlung über die Wortsünden oder die ›Sünden des Mundes‹, gleichsam die Apotheose dieser

Vergehen. Das Wesen der Gotteslästerung liegt in der *absichtlichen* Entehrung oder Schmähung Gottes: »Blasphemare est contumeliam vel aliquod convitium inferre in iniuriam Creatoris.« Die Absichtlichkeit der Schändung wird bei der Zumessung des Strafmaßes eine wichtige Rolle spielen, denn ohne sie wiegt die Ehrverletzung Gottes natürlich weniger schwer. Von überragender Bedeutung sind die drei Spezifizierungen, die Alexander von Hales einführt. Denn die Frage, *wie* Gott beleidigt werden könne, war noch längst nicht beantwortet. »Una est, cum attribuitur Deo quod ei non convenit; secunda est, cum ab eo removetur quod ei convenit; tertia, cum attribuitur creaturae quod Deo appropriator.«[10] Gott lästert demnach, wer ihm Attribute zuschreibt, die ihm nicht zukommen, wer ihm Attribute abspricht, die ihm zukommen und wer den Geschöpfen Attribute zuschreibt, die Gott zukommen.

Die Klärung, die eine solche Definition bringt, eröffnet aber gleichzeitig eine neue Doppeldeutigkeit, denn die Irrungen und Konfusionen, die beim Einsatz der Prädikate, die Gott zugeschrieben werden, entstehen können, siedeln die »Zungensünden« – gewollt oder ungewollt – auch im Bereich der Orthodoxie an. Immerhin – die Definitionsbemühungen Alexander von Hales' bringen den Begriff der »Blasphemie« erstmals exklusiv mit der Beleidigung Gottes in Zusammenhang. Darüber hinaus zeigt die Begriffsverwendung »contumeliam«, daß es sich um eine *öffentliche* Schimpfrede handeln muß. Bei den diesbezüglichen Sünden gegen den Nächsten gibt es auch den Kasus der »detractio«, wobei hier auf die Ehre des Mitmenschen mittels »verba occulta« gezielt wird. Neben der ›Absichtlichkeit‹ ist mit der ›Öffentlichkeit‹, in der die Sünde begangen werden muß, ein weiteres wichtiges Kriterium genannt.

Ein anderer einflußreicher Autor, der unbedingt genannt werden muß, ist der Dominikaner Guillaume Peyraut, dessen

10 Alexander von Hales, *Summa Theologica*, pars II, liber II, inq. III, trac. III, sect. II, quaest. XI: De Blasphemia, cap. 1.

Summa de virtutibus et vitiis, die um 1250 ebenfalls in Paris zustande gekommen war, eine große Wirkungsgeschichte entfaltet hat. Die Zungensünde wird gleichsam als achtes Kardinallaster an die sieben Todsünden angehängt. Peyraut definiert die Gotteslästerung als »öffentlich vorgebrachte Schmährede gegen Gott, in der durch Wut hervorgerufenen Absicht, diesen zu rächen«: »Nos autem hic blasphemiam intelligimus verbum in contumeliam die prolatum: vt cum aliquis iratus vindicare se volens de deo.«[11] Das Motiv des »Zorns« zeigt, daß Peyraut die Schmähung Gottes dem Bereich der Leidenschaften und Emotionen zurechnet, was nicht nur eine wichtige Rolle bei der Strafbemessung spielen, sondern im Hinblick auf die Orthodoxie-Relevanz der Gotteslästerung zusätzliche Probleme entstehen lassen wird. Zunächst aber muß lediglich festgestellt werden, daß die Definitionsarbeit im wesentlichen geleistet worden ist. Das »Buch der Tugenden« beispielsweise, eine moraltheologische Kompilation aus dem Anfang des 14. Jahrhunderts, nennt »blasphemia« »vil gesprochen als wider got schalkliche reden«. Und zahlreiche andere Abhandlungen wie etwa die von Johannes Wycliff oder Johannes Gerson werden Alexander von Hales, Guillaume Peyraut und Thomas von Aquin, den wir sogleich näher in Betracht ziehen werden, folgen.

Der Gegenstandsbereich der Gotteslästerung – die Extension des Begriffs ›Blasphemie‹ – wird aber nicht nur auf Gott beschränkt bleiben. Die Heiligen und die Gottesmutter werden alsbald mit genannt. Thomas von Aquin formuliert: »blasphemia quae fit in sanctos, ex consequenti in Deum redundat.«[12] Auch hier, anläßlich der beträchtlichen Ausdehnung jenes Personenkreises, die Objekt einer Lästerung *Gottes* werden können, werden wir mit einem eigentümlichen Schwanken konfrontiert, das der Blasphemie als solcher anzuhaften scheint. Allen Versuchen, sie möglichst genau zu definieren, zum Trotz entzieht sie sich einer stabilen Einordnung: So-

11 Peraldus, *Summa*, lib. II, tract. IX, pars II, cap. I.

12 *Summa Theologica* II-II, quaest. 13, art. I.

wohl Gott als auch der doch nicht unbeträchtlich bevölkerte Heiligenhimmel kann Adressat einer Ehrverletzung werden. Nicht nur Beleidigung, Beschimpfung oder das Verächtlich-Machen des Namens, sondern auch Verstöße gegen die Orthodoxieerwartung – also Häresievorwürfe – werden dabei unter der Blasphemie subsumiert. Vor allem die drei bereits bei Alexander von Hales genannten Verirrungen anläßlich der Attribute, die Gott zugeschrieben werden, weisen unmißverständlich auf das Häresieproblem hin, das alle Versuche, Eindeutigkeit herzustellen bzw. Lästerung und Heterodoxie zu unterscheiden, kontaminiert. Zwar wird man in der historischen Literatur immer wieder mit dem Hinweis konfrontiert, die Vermischung der Lästerung mit dem Heterodoxievorwurf sei bereits von den damaligen Autoren nach Möglichkeit bekämpft worden. Aber gerade diese Bemühung zeigt, wie einfach die ›Genres‹ verwischt werden konnten.

Am meisten dürfte man sich von der Einordnung der Blasphemie in den Bereich der Emotionen Eindeutigkeit versprechen. Solchermaßen ließe sie sich nämlich von der Häresie als einer *intellektuellen* Abweichung vom richtigen Glauben als einer Art Wissensverweigerung oder Wissensdifferenz unterscheiden. Denn eine in überbordender Leidenschaft, eine in Zornesröte begangene Fehlleistung häretischer Natur kann kaum als wissentlich-willentlich intendiert gelten. Die Häresie wäre hier nur ein Oberflächenphänomen und ließe sich dann als ein vernachlässigungswürdiges Nebenprodukt einstufen. Jedenfalls galt die Blasphemie in den traditionellen Kategorienrastern der Kardinalsünden als »Abkömmling⟨e⟩ des Zorns«.[13] Gregor der Große nennt die Blasphemie »filiam irae«. Der Zorn, so Albertus Magnus, ist ein »appetitus in vindictam«, ein Rachedurst also, der sich bei der Gottesbeleidigung »in verbo« niederschlägt. Die Lästerung Gottes ist also ein Rachedurst, der sich gegen Gott richtet. Für die Beichtpraxis war die Unterordnung der Blasphemie unter die Sünden, die aus Leidenschaft begangen worden sind, verständlicher-

13 Schwerhoff 2005, S. 37.

weise von größter Relevanz. Das Strafmaß konnte dadurch nicht nur taxiert, sondern vor allem besser dosiert, d. h. je nach Umständen auch gemildert werden. Aus dem gleichen Grund war es wichtig, ob man die Blasphemie unter die Todsünden oder unter die läßlichen Sünden einordnen sollte. Während man im ersten Fall die göttliche Gnade totaliter verwirkt hatte, war dies bei den läßlichen Sünden nicht der Fall. Erneut war es Alexander von Hales, der hier gleichsam Pionierarbeit geleistet hatte.

Der *Summa Halensis* zufolge stellt die Blasphemie tatsächlich ein »peccatum mortale« dar. Wenn das mosaische Gesetz (Lev 24, 16) die Todesstrafe für den Gotteslästerer fordert und das Matthäus-Evangelium (12, 31) diese Sünde für unvergebbar (irremissibile) hält, scheint eine andere Einschätzung kaum möglich zu sein. Das Urteil des Kirchenvaters Hieronymus in seinem *Commentariorum in Esaiam* kann als weiterer Zeuge aufgeführt werden: »Omne quippe peccatum comparatum blasphemiae, leuius est« – »im Vergleich mit der Blasphemie wiegen alle anderen Sünden leicht«.[14] Die *Summa Halensis* reserviert dieses gestrenge Urteil allerdings nur für den Fall, daß der Sünder gleichsam aus freien Stücken – also wissentlich und willentlich – Gott beleidigt habe. In allen anderen Fällen, in denen dieser strikte Kriterienkatalog nicht einschlägig ist, handelt es sich um eine läßliche Sünde. Wenn jemand durch seine Emotionen überwältigt wird, handele er gleichsam unter Zwang (coactio). Jemand kann beispielsweise unter einer Täuschung (deceptio) gelitten haben. Und genauso ist es für Alexander von Hales nicht von vornherein klar, daß die Gotteslästerung die schlimmste Sünde, die Sünde schlechthin sei. Zwar richte sie sich direkt gegen Gott, weshalb ein schlimmeres Verbrechen nicht vorstellbar sei. Wer also aus Boshaftigkeit (ex malignitate) Gott beleidige, so könnte man schlußfolgern, hat sich selber in einem gewissen Sinne vernichtet, denn er vergreift sich in furchtbarster Weise an einem Wesen, das Liebe und Respekt verdient.

14 Alexander von Hales, *Summa Theologica*, pars II, liber II, inq. III, tract. III, sect. II, quaest. XI, cap. 3.

Aber, wie man bei Gerd Schwerhoff nachlesen kann, wirft der Vergleich mit anderen Sünden ein etwas weniger eindeutiges Ergebnis ab. Mord und Gotteslästerung geschehen *beide* aus freiem Willen, weshalb sie gleich eingestuft werden können. Der weltlichen Strafe zufolge ist der Mord schlimmer. Gemessen am Adressaten der Schädigung sieht die ganze Sache jedoch wiederum anders aus: Gott ist das verehrungswürdigste Wesen schlechthin, weshalb seine Beleidigung eben sehr schwer wiegen muß. Aber immer wieder sickert das zunächst scheinbar fremde Element der Häresie in den Diskurs über die Gotteslästerung ein. Im Umfeld der zitierten Passage des Hieronymus wird die Blasphemie nämlich auf die Reden der Ketzer bezogen – Reden, die als Schändung Gottes gelten. Vielfach scheint die Gotteslästerung nur schwerste Strafen, bis hin zur Todesstrafe, zuzulassen. Denn sie widerstreite der göttlichen Liebe (caritas) aufs schärfste. Wer jedenfalls mit Vorsatz Gott beleidige, verdiene nach weltlichem Recht die Todesstrafe.

Die Gotteslästerung läßt sich jedenfalls schwerlich auf das Delikt der »Zungensünde«, auf das unbedachte Fluchen, Schwören, Schimpfen und Beleidigen reduzieren. Und nicht nur die Emotionen, die zu solch spontanen Äußerungen veranlassen, können als ihr wichtigster Motor betrachtet werden. Die Zunge ist das Organ der Sprache als Medium der Gedanken, und solchermaßen kommen in den Zungensünden Auffassungen zum Vorschein, die einen Wahrheitswert besitzen, unabhängig davon, ob der Sprechende willentlich eine Proposition mit Wahrheitsindex zum Ausdruck bringen möchte. Neben den »verba mala«, den Flüchen, Beschimpfungen und leichtfertigen Eiden, wird Gott auch in den »verba falsa« gekränkt – in den unangemessenen Prädikationen und in den wahrheitswidrigen Behauptungen, die über Ihn in Umlauf gebracht werden. Demnach kann Gott auch *intellektuell*, durch intellektuelle Irrtümer über den rechten Glauben oder durch eine bewußt häretische Abweichung vom orthodoxen Bekenntnis in seiner Ehre gekränkt werden. Die Blasphemie und die Häresie sind *tendenziell* verschwistert, obwohl von einer einfachen Identität natürlich keine Rede sein kann. Die Autoren, die sich mit diesem Sachverhalt beschäftigen, sind bemüht, zwischen beiden zu unterscheiden. Sie sind *bemüht*, denn die Schwierigkeiten, die bei dieser Distinktion auftauchen, sollten nicht unterschätzt werden.

Sowohl Augustinus als auch Thomas von Aquin – gewiß nicht die Geringsten – siedeln die Häresie nämlich tatsächlich im Bereich der Blasphemie an. Wer sich demnach über Gott *intellektuell* im Irrtum befindet, gilt als Blasphemiker. In »Contra mendacium« (V. 8) argumentiert Augustinus, die Gotteslästerung sei schlimmer als der Meineid, denn im letztgenannten Falle werde Gott für die Unwahrheit in Anspruch genommen, während der Gotteslästerer Gott selbst Unwahres zuschreibe. Seine Instrumentalisierung im Meineid – auch sie selbstverständlich eine Sünde – wiegt insgesamt weniger schwer als die Verdunklung der Wahrheit über das Wesen Gottes.

Der Aquinat behandelt die Blasphemie in der Quaestio 13 der *Summa Theologica II-II.* Er fragt dort ausdrücklich, ob die Lästerung Gottes »opponatur confessioni fidei«, also dem Glaubensbekenntnis entgegensteht. Zu entscheiden ist demnach, ob sie das Produkt einer Entgleisung des Willens oder Gegenstand einer intellektuellen Verfehlung gegen den orthodoxen Glauben ist. Thomas von Aquin prüft zunächst, ob die Blasphemie nicht »eher auf Böswilligkeit (malevolentiam) gegen Gott als auf Unglauben (infidelitatem) gegen Gott hinausläuft«. Das Argument, das Thomas nun zugunsten der zweiten Option entwirft, ist nicht ganz frei von einiger Künstlichkeit. Es konzentriert sich auf die göttliche *Güte.* »Nomen blasphemiae«, so argumentiert der Kirchenlehrer, »importare videtur quandam derogationem alicius excellentis bonitatis, et praecipue divinae. ⟨...⟩ Deus autem ⟨...⟩ est ipsa essentia bonitatis.«[15] Die Lästerung bezieht sich demnach auf die hervorragende Güte eines Menschen und im besonderen auf die Güte Gottes, der die Güte schlechthin ist. Künstlich ist dieses

15 II-II, quaest. 13, art. 1.

Argument insofern, als die Prädikate, die Gott fälschlicherweise zugeschrieben werden – die drei bereits behandelten Weisen der Fehlprädikation – hier allesamt auf seine Güte bezogen werden. Die falschen Prädikate müssen demnach als Angriff auf Gottes Güte interpretiert werden. Die »derogatio excellentis bonitatis divinae«, also die »Verminderung der herausragenden göttlichen Güte«, geschieht auf dem Weg der falschen Propositionen, die über Ihn in Umlauf gebracht werden. Thomas faßt die Güte Gottes offenbar als seine Wesensperfektion auf (»a ratione perfectae bonitatis, quae est eius essentia«), so daß auch intellektuelle Irrtümer die Wesensgüte Gottes antasten können. Die Frage, wieso falsche Aussagen *als solche* dazu angetan sind, die göttliche Güte zu schmälern, auch wenn sie sich nicht direkt auf diese Güte richten, beantwortet er jedoch nicht.

Der Autor der *Summa* spürt jedoch die Unzulänglichkeit dieser Definition. Noch im gleichen Artikel unterscheidet er nämlich zwischen einer »Minderung der göttlichen Güte gemäß dem Intellekt« (secundum intellectum) und einer solchen Minderung »gemäß dem Affekt« (secundum affectum). Wenn die Lästerung, wie im letzten Fall, »im Herzen« (in corde) geschehe, handele es sich um eine »Lästerung des Herzens« (cordis blasphemia). Wenn jedoch die Blasphemie mittels der Sprache geäußert werde, handele es sich um eine »Lästerung des Mundes«, weshalb sie in diesem Fall dem orthodoxen Bekenntnis opponiere. Und gleich anschließend, in der Entgegnung zu seiner ersten Propositio, formuliert er eine Definition der »blasphemia perfecta«, die nun den Akzent ausdrücklich auf die Boshaftigkeit des Willens legt. Gotteslästerung erfolgt nicht nur dann, wenn die göttliche Güte aufgrund eines falschen Begriffs über das Wesen Gottes herabgesetzt wird, sondern auch wenn jemand aufgrund der »Verkehrtheit« oder »Schiefheit« seines Willens (secundum pravitatem voluntatis) nach Vermögen (pro posse) die göttliche Ehre (honorem divinum) verabscheut und hemmt (detestantis et impedientis).

Erst im Kontext des Wortgebrauchs von »honor« wird auf

die Qualität des Willens zurückgegriffen und der intellektuellen Überdehnung der Gotteslästerung Einhalt geboten. Man könnte diese explizite Nennung der »Ehre« Gottes im Zusammenhang mit dem »Willen« gleichsam als Hinweis auf das Basisvergehen betrachten – auf die Kränkung Gottes durch den durch die Leidenschaft eingegebenen, unbedachten Gebrauch der Zunge. Diese *voluntaristische* Deutung geht davon aus, daß der Angriff auf die Ehre des Höchsten in der Regel durch die Überwältigung des Täters durch Emotionen, vor allem durch Wut und Zorn verursacht werde. Die *beharrliche* Wiederholung jedoch, wodurch die gelegentliche Lästerung habitualisiert und solchermaßen zum Laster wird, macht die Ehrverletzung Gottes zu einer wirklichen Kränkung und zu einer äußerst schweren Sünde, wenn diese Lästerung in der Öffentlichkeit ausgesprochen wird. Bemerkenswerterweise jedoch läßt Thomas auch die innere, im ›forum internum‹ vollzogene Gotteslästerung, die »blasphemia cordis«, zu einem solchen Vergehen werden. Neben der äußeren Kontrolle ist demnach auch eine ständige Aufmerksamkeit auf das innere Sprechen, auf die Passionen und Reflexionen durch das Individuum erforderlich. Wenn dagegen vor allem die *intellektuelle* Komponente der Gotteslästerung ins Visier gerät, haben wir es mit einer erheblichen Ausdehnung des Tatbestandes zu tun, und die Rechtgläubigkeit bzw. die Häresie rückt in das Zentrum des Interesses.

Offenbar war es von Anfang an schwer, die beiden Bereiche erfolgreich auseinanderzuhalten. Bereits die gängige Unterscheidung der drei ›species‹ der Gotteslästerung, die seit Alexander von Hales zum Standardrepertoire ihrer Definition gehören, führt nahezu zwangsläufig zu einer Heterodoxie-Empfindlichkeit. Denn wie sollte man den Vorwurf der falschen Prädikation, die in diesen drei ›species‹ zum Ausdruck gebracht wird, und mit ihm den zumindest impliziten Ketzereiverdacht überhaupt überhören können? Die »verba mala« und die »verba falsa« erweisen sich als die zwei Seiten eines einzigen Bestrebens nach Reinerhaltung der Gottesbeziehung von *jeglicher* Kontamination durch Äußerungen emotionalen oder heterodoxen Ursprungs, die den Zorn des Höchsten erregen könnten. Die obsessive Purifikation dieses Verhältnisses erfordert ausgefeilte Strategien der Sprach- und Gedankenkontrolle. Im gesamten Mittelalter jedenfalls bleiben die Versuche, Blasphemie und Häresie erfolgreich und nachhaltig zu trennen, letztlich erfolglos. Ständig läßt sich ein Schwanken zwischen der *Mala*diktion und der *Falsa*diktion als Grundzug der Blasphemie beobachten. Gelegentlich wird sie als »mala dicuntur de deo«, dann wieder als »falsa dicuntur de deo« definiert.

Gerd Schwerhoff, der sich wie kaum ein anderer um die Erforschung der Blasphemie im Mittelalter verdient gemacht hat, ist hier allerdings optimistischer: »Wer den Akzent auf ›falsche‹ Reden gegen Gott legte, betonte den ›illokutionären‹ (Aussage-)Aspekt der Äußerung; dadurch wurde die Differenz zwischen Häresie und Blasphemie tatsächlich tendenziell eingeebnet. Wer nachdrücklich das ›schlechte‹ Reden hervorhob, stellte den ›illokutionären‹ Aspekt in den Vordergrund, betonte den Sprechakt der Beleidigung Gottes 〈...〉 und besaß somit ein sinnvolles (wenn auch durchlässiges) Abgrenzungskriterium zur Ketzerei. Die Mehrzahl der Theologen entschied sich für den zweiten Weg. 〈...〉 Es bestanden offenbar allgemein akzeptierte Normen oder zumindest Konventionen der Zurechnung.«[16] Aber auch Schwerhoff kann nicht umhin, »bereits im Mittelalter eine deutliche Schnittmenge zwischen Häresie und Blasphemie« zu konstatieren. Immer wieder wurde damals der Vorwurf laut, die Ketzer lästerten Gott durch ihre Häresie, also durch ihre pure Existenz. Wer vom rechten Glauben abweicht, sei ein »blasphemator ecclesiae Christi«. Wenn die Ketzerei vor allem aus dem Hochmut des Ketzers (superbia) entsteht, müsse aus diesem Charakterzug auch die verbale Verächtlichmachung Gottes entstehen. Man achte auf den subtilen Unterschied, der hier aufrechterhalten wird: Ketzerei und Blasphemie sind *beide* das Produkt der ›superbia‹ und deshalb keinesfalls iden-

16 Schwerhoff 2005, S. 78 f.

tisch. Die Trennung zwischen der ›blasphemia simplex‹ und der ›blasphemia haereticalis‹, die in einigen Inquisitionsanleitungen gehandhabt wird, unterstreicht erneut das Bemühen, die Angelegenheiten jedenfalls *begrifflich* zu unterscheiden. Es hat wenig geholfen – die Blasphemie ist seit dem späten 14. Jahrhundert Thema der Inquisitionsbehörde. Die Begriffsanalytik ist das eine, ihre Institutionalisierung jedoch das andere.

Gegen Ende des Mittelalters hinterlassen zahlreiche Prediger ausgefeilte Traktate und Abhandlungen über die Gotteslästerung. Um die Mitte des 15. Jahrhunderts entsteht beispielsweise der *Tractatus de blasphemia et periurio* des berühmten Franziskanerpredigers Johannes von Kapestran oder die Fastenpredigt *De orrendo peccato blasphemiae* von Bernardino von Siena – einem Prediger, der große Popularität genoß. In solchen Schriften wird mit allem rhetorischen Geschick, das dem jeweiligen Redner zur Verfügung stand, auf die Gräßlichkeit der Gotteslästerung hingewiesen, und die verschiedenen Strafen – die weltlichen und die göttlichen Strafen – werden farbenreich und anschaulich ausgemalt und als Abschreckung dem geneigten Publikum dargeboten. Es hat demnach den Anschein, daß im Laufe des Mittelalters die Dramatisierung der Gotteslästerung kontinuierlich gewachsen sei.

Erneut ist es Gerd Schwerhoff, der uns eine ausgewogene Einschätzung dieses Sachverhaltes präsentiert hat. Ihm zufolge sollte das Anschwellen der Blasphemie-Literatur gegen Ende des Mittelalters nicht darüber hinwegtäuschen, daß die Lästerung Gottes – gemessen an der Aufmerksamkeit, die etwa Fragen der Magie oder des Aberglaubens auf sich ziehen konnten – eher einen geringfügigen Raum eingenommen hat. »Blasphemisches Verhalten scheint derart verbreitet und in den Augen der Rezipienten der theologischen Literatur 〈…〉 derart banal, daß die Dramatisierung unangemessen scheint.«[17] Der Einsatz rhetorischer Mittel zur Erregung der Aufmerksamkeit und die Stilisierung des Sachverhaltes zur Kardinal-

17 Ebenda, S. 45.

sünde schlechthin sollten also nicht darüber hinwegtäuschen, daß wir es hier nicht mit einer Doktrin zur Stützung einer exzessiven Suche nach Ehrverletzungen Gottes zu tun haben. Die »Zungensünden« waren offenbar an der Tagesordnung. Häresieverdacht gehörte zur täglichen Irritationsbereitschaft einer auf Orthodoxie getrimmten Institution, ohne daß dies alles im Alltag allzu gravierende Konsequenzen haben mußte.

So könnte man auch die populären Exempelsammlungen, die zahlreiche Beispiele aus der in der Phantasie heftig umworbenen Welt der Blasphemie enthalten, als gewaltige Stilisierungen und narrative Dramatisierung der Sündenanlässe und der entsprechenden Sanktionen auffassen. Wir hätten es hier mit Abhandlungen zu tun, die sich in ihrer Anlage und in ihrer Intention nicht wesentlich von anderen Unterweisungen der christlichen Moral unterschieden. Zu nennen wäre hier vor allem der in der Mitte des 13. Jahrhundert komponierte *Tractatus de diversis materiis praedicabilibus* Stefan von Bourbons, der zahllose interessante Beispielsgeschichten enthält. Zu einer Verharmlosung der realen Folgen für Leib und Leben des Lästerers besteht hier aber kein Anlaß. Vor allem das sogenannte ›Prinzip der spiegelnden Strafe‹ sollte hier etwas näher angeschaut werden. Es kann als Illustration einer ethisch-ästhetischen Einbildungskraft gelten, die auf das zutiefst *theatralische* Element der Gotteslästerungsdoktrin hinweist, wobei jedoch die materiellen Konsequenzen, die Leibesstrafen, nicht aus dem Auge verloren werden dürfen.

In den im genannten Traktat gesammelten Geschichten wird die Ehrverletzung Gottes oft als Attacke auf den Körper Gottes, als quasi-körperliche Verletzung Gottes dargestellt, die postwendend die Bestrafung am entsprechenden Körperteil des Missetäters zur Folge hat. Das Körperteil »mit dem oder an dem gesündigt wird« inkarniert die göttliche Strafe unmittelbar und für alle sichtbar. Dieses Prinzip (in membro de quo peccant e contra quod peccant) macht ein nahezu überbordendes Szenario *repräsentativer* Bestrafungen möglich, an dem die Phantasie sich austoben kann. Wer sich an einem Körperteil Gottes, der Jungfrau oder Heiligen versündigt, wird an genau *diesem* Körperteil seine gerechte Strafe erhalten: Jemanden, der beim Bauch der Gottesmutter geschworen hat, ist der Bauch geplatzt. Weil die Lästerungen Sprachakte darstellen, vollzieht sich die Strafe häufig zunächst an der Zunge: Diese schwillt überproportional an, so daß der Betroffene erstickt. Und die realen Strafen wurden sehr oft an der Zunge des Sünders vollzogen – Zerstückelung, Ausreißen oder Abschneiden. »Bedeutsam ist 〈...〉 vornehmlich die Transformation eines bloßen Sprechaktes zu einem Akt physischer Verletzung. Die Grenzen zwischen Sprache und Handlung waren in einer Zeit, wo eine gezielte Beleidigung verletzender sein konnte als eine Messerwunde, weitaus fließender als heute. Von der zuweilen materiellen Wirksamkeit des Wortes zeugt nicht zuletzt der Effekt des Fluches. Vor diesem Hintergrund eröffnete das Exemplum ein weites metaphorisches Feld, um die Gott zugefügten Beleidigungen konkreter und anschaulicher zu machen. Vor dem geistigen Auge des Hörers werden die Injurien, die der Schmähredner Gott zufügt, in eine körperliche Verletzung umgedeutet.«[18]

C.
SPIEGELNDE STRAFEN – DIE KÖRPERRACHE GOTTES

Diese Exempelsammlungen sollten demnach nicht als bloße Stilmittel verharmlost werden, als literarische Kuriosa. Schließlich legitimierten sie allzu reale und grausame Strafen. Das ›Prinzip der spiegelnden Strafe‹ gehört zu einer Welt magisch-realistischer Entsprechungen zwischen den irdischen und himmlischen Geschehnissen. Ähnlichkeiten durchziehen sämtliche Gefilde des Kosmos. Eine Analogie waltet in allen Dingen. Wenn die Gotteslästerer, wie häufig behauptet, mit ihren spitzen Zungen Christus erneut kreuzigen und ihre ›Pfeile‹ den Folterwerkzeugen der Kriegsknechte, die Jesus

18 Ebenda, S. 50 f.

ans Kreuz geschlagen haben, in nichts nachstehen, dann liegt hier mehr als eine bloße Metaphorisierung vor. Die Grenze zwischen Symbol und Realität ist überaus durchlässig, wie man es an der dogmatisch elaborierten Lehre von der Realpräsenz Christi in Wein und Brot veranschaulichen kann. Das, was wir als eine in der *Einbildungskraft* vollzogene Grenzüberschreitung auffassen, als eine Projektion mit Phantasiecharakter, galt in der damaligen Zeit überhaupt nicht als eine solche. Die Ehrverletzung Gottes und seiner Heiligen spielte sich jedenfalls nicht nur im Abstrakten ab, sondern fügte Gott in einem gewissen Sinne tatsächlich eine Art unmittelbare Verletzung zu. Gott ist ein durchaus empfindsames Wesen, denn sonst ließe sich seine Leidenschaftlichkeit, wie sie vorzüglich in seinen Zornesreaktionen auf Lästerungen zum Tragen kommt, nicht erklären. Die Gotteslästerung ruft tiefe Irritationen hervor, denn sie verletzt weit mehr, als in Höflichkeits- oder Anstandsforderungen verlangt werden kann – sie attackiert Gott persönlich und trifft ihn tief ins Gemüt. Auch wenn wir eventuell dazu neigen, sie aus unserer Perspektive – aus der Perspektive der Moderne – zu dramatisieren, gibt es doch wenig Gründe, sie hinsichtlich der Grausamkeit der Sanktionen, die durch sie hervorgerufen wurden, zu unterschätzen. Drastisch waren die Strafen allemal.

Die verhängten Strafen mußten nämlich zur Abwendung einer befürchteten gewaltigen Heimsuchung dienen – der Racheaktionen des Einen, die den gesamten Bestand der Gesellschaft in ihren Grundfesten bedrohten. Noch lange bevor das Motiv, die Lästerer zu verfolgen, mit dem Schutz der Religion als Moralgarantin der öffentlichen Ordnung gerechtfertigt wurde, ahnte man, daß Gotteslästerung wegen des Ausmaßes der göttlichen Vergeltung ganz und gar zur Implosion dieser Ordnung führen könnte. Es war demnach überaus *nützlich*, diese mit allen Mitteln zu bekämpfen. Diese utilistische Komponente läßt sich kaum übersehen. Sind doch die göttlichen Strafen nicht bloß auf den jeweiligen Sünder bezogen und erst im Jenseits wirksam. Nein, die Strafe erfolgt teils unmittelbar und betrifft ganze Kollektive. Die bereits erwähnte Novelle 22 des Corpus Juris Civilis warnt nicht nur davor, daß der Täter vom gerechten Zorn Gottes (ab ira Dei iusta) heimgesucht werde, sondern auch, daß Gott Hungersnöte, Erdbeben und Seuchen schickt, welche die Gemeinschaft als Totalität betreffen. Der Höchste ist nicht zimperlich. Da die Gotteslästerung als ein Kardinalverbrechen gilt, scheinen die Grenzen der Proportionalität bei der *göttlichen* Bestrafung nicht eingehalten werden zu müssen. »Als explizite Herausforderung des Schöpfers, als direkter, intentionaler Angriff auf seine Ehre gebührte ihr [der Blasphemie; J. P. Wils] in gewissem Sinne die Krone der Verwerflichkeit. Aber nicht nur das: Angesichts des Vergehens wurde die Reaktion des Schöpfers für die Zeitgenossen besonders plausibel. Die anthropomorphe Vorstellung eines strafenden Gottes, der nicht nur beleidigt wird, sondern sich auch beleidigt fühlt und dementsprechend reagiert, dürfte einen Europäer des ausgehenden 20. Jahrhunderts ⟨...⟩ befremden. Ein wenig der Fremdheit rührt aber daher, daß uns die Regeln des Ehrdiskurses dieser Zeit selbst fremd geworden sind. Vor dem Hintergrund dieser – weltlichen – Regeln der Ehrauseinandersetzung, der Grammatik, die eine Reaktion auf die Herausforderung und Infragestellung der eigenen Ehre zwingend vorsahen, wird die Reaktion Gottes verständlicher.«[19]

Aber sogar gemessen an der »Grammatik« der Ehrekonflikte, die nach dem Empfinden der Zeitgenossen der Moderne latent zu Maßlosigkeiten bei ihrer Rächung führen, sind die Strafen Gottes, die dem Kollektiv, das für die Äußerungen eines einzelnen keinerlei Schuld trifft, in Aussicht gestellt werden, exorbitant. Entsprechend rigoros müßten die Maßnahmen aussehen, die ein solches Kollektiv als Strafe dem einzelnen androht. Das ganze Gewicht der Transzendenz lastet auf der Schulter jener, die für die Strafverfolgung der Zungenkriminellen und der Häretiker verantwortlich sind. Daraus abzuleiten, daß im Spätmittelalter ein umfassendes Verfolgungssystem existierte, das rastlos zugunsten einer

19 Schwerhoff 1995, S. 269.

lückenlosen Aufklärung in Sachen Blasphemie agierte, wäre gewiß voreilig. Aber genauso, wie die Ketzerbekämpfung gewaltige und gewaltsame Energien freisetzte, hat auch die Verfolgung der Blasphemie im engeren Sinn, zumal sie von der Häresie nicht präzise und wirksam unterschieden werden konnte, die kirchlichen und weltlichen Gerichte immer wieder mobilisiert. Neben der theologischen und katechetischen Literatur hat die juristische Literatur große Anstrengungen unternommen, um so umfassend wie möglich die Tatbestände zu beschreiben und die Sanktionen zu differenzieren.

Wie wir im Zusammenhang mit dem ›Prinzip der spiegelnden Strafe‹ bereits gesehen haben, sind es körperliche Merkmale, die zwischen Gott und dem Lästerer eine materielle und eine – im buchstäblichen Sinne des Wortes – *reflektierende* Relation herstellen. So ist es verboten, bei Haar, Haupt, Blut, Bauch und anderen Körperteilen Gottes zu schwören, denn hier wird gegen das erste Kriterium der Gotteslästerung verstoßen, nämlich Gott ein Attribut zuzusprechen, das ihm nicht zukommt. Gott *hat* eben keine Haare. Wer bei Jesu Blut oder Tod schwört oder flucht, verstößt generell gegen das zweite Gebot des Dekalogs, wenn dies unerbietig oder ohne triftigen Grund stattfindet. Häufig wird auf Bestimmungen des »Corpus Juris Canonici« zurückgegriffen,[20] das für Geistliche und Laien unterschiedliche Strafen vorsieht, und auf eine Abhandlung mit dem Namen »Liber Extra«.[21] Das weltliche Recht sieht immerhin die Todesstrafe vor, wenn jemand mit Bedacht und Absicht Gott schmäht und beleidigt. Eine ganze Kasuistik schließt sich hier an, denn es muß beispielsweise ein Unterschied zwischen Schwören bei den »membra honesta« Gottes und dessen »membra inhonesta« gemacht werden können. Die Hierarchie der Heiligen spielt ebenso eine Rolle, wie es die Bewußtheitsgrade – der Willentlich- und Wissentlichkeit – der Äußerungen tun.

Da die Gotteslästerung als ein »crimen«, als ein »delectum

20 Secunda pars, cap. 1, causa 22, quest. 1.
21 cap. 2, tit. 26: De maledictis.

mixtum« gilt, das sowohl einen religiösen als auch einen weltlich relevanten Anteil besitzt, wird zwischen kirchlichen und weltlichen Zuständigkeiten und Strafen unterschieden. Das Kirchenrecht (CIC) enthob Kleriker ihrer Ämter und belegte Normalgläubige mit dem Anathem. Auch das »Liber extra« sah verschiedene Sanktionen vor: Öffentliches Bußestehen, Fastengebote und Wohltätigkeit; bei Verweigerung der Strafe die Aufhebung der Kirchenmitgliedschafsrechte und die Verweigerung der kirchlichen Beerdigung im Todesfall. Notfalls wurde auch auf die Kooperation der weltlichen Gerichte gesetzt. Die bereits mehrfach erwähnte »Novelle 77« schaffte die Legitimationsgrundlage für vielfältige Strafen. Weil im kirchlichen Bereich nicht selten zur Exkommunikation übergegangen wird, geht man im weltlichen Bereich davon aus, daß jener Ausschluß aus der Religion einer Verwirkung des Rechts auf Leben gleichkommt, so daß die Todesstrafe verhängt werden dürfe. Öfter nahm man aber mit der Verstümmelung der Zunge vorlieb. Zur ultimativen Strafe – der Todesstrafe – griff man nur unter erschwerenden Umständen. In diesem Falle müßte es sich um eine »öffentliche Gotteslästerung« (»blasphemia publica«) handeln, die nicht nur einmal, sondern – wie es die Ausführungen in »De maledictis« bestimmen alltäglich, gewohnheitsmäßig und oft begangen worden war. Es mußte ein wirkliches »Ärgernis« (»scandalizari«) bei einer Tat vorliegen, die offenkundig war (»notorium iuris vel facti«).[22]

Offenbar versuchte man, ein sinnloses Ausufern des Tatbestandes dadurch zu verhindern, daß einschränkende Bedingungen formuliert wurden. Es sollte eine Art Gewohnheitssünde vorliegen, bevor eingeschritten wurde. Und diese Sünde mußte einen öffentlichen Charakter haben. Entsprechend *sichtbar* sollten auch die Strafen ausfallen. So wie die weltliche Ehre auf einem ganzen Repertoire an Externalitäten beruhte – einem Gemisch aus Insignien, Symbolen, Codices, (teils) ritualisierten Formen der Verletzung und ex-

22 Vgl. Leutenbauer, S. 25.

pliziten Riten der Wiederherstellung der Ehre –, das den *demonstrativen* Charakter von Anerkennung und Mißachtung zum Ausdruck brachte, muß auch die göttliche Ehre mittels ähnlich demonstrativer Akte geschützt und ihre Mißachtung anhand öffentlich vollzogener, symbolischer oder nicht-symbolischer Bestrafungen geahndet werden. Kern dieser Wiederherstellung sind – zumal in den Gefilden der politischen Macht und in den höheren Gesellschaftsschichten mit ihren ausgefeilten Symboliken und Riten der Ehre – *Unterwerfungsszenen*, in denen das prekäre Gleichgewicht einer hierarchisch gefügten Welt restauriert wird. Wenn eine gütige Einigung oder eine notfalls durch Gewalt erzwungene Einigung erreicht wird, kann von *Satisfaktion* die Rede sein. Die Satisfaktion steht am Ende eines Prozesses der Ehrewiederherstellung, in dem Buße geleistet, Strafen vollzogen, Kränkungen gesühnt und Genugtuung gegeben worden ist.[23] Die Bestrafung der Blasphemie wich nicht im grundsätzlichen von der Praxis weltlicher Genugtuung ab. Auch in ihrem Fall sollte die Ehre Gottes in aller *Öffentlichkeit* gesühnt werden. Die Zunge, aber auch die Nase waren beliebte Körperteile, an denen die Strafe vollzogen werden konnte.

Die Zunge war gewissermaßen das primäre Tatwerkzeug der »peccata linguae«. So, wie man einem Kriminellen sein Werkzeug erst einmal abnimmt, um weitere Verbrechen zu verhindern, lag es auch nahe, die Zunge zu entfernen oder zumindest so zu verunstalten, daß sie zu weiteren kriminellen Handlungen nicht mehr gebraucht werden konnte. Die Praxis, die Nase abzuschneiden – die »denasatio« – mag auf den ersten Blick in einem zweifelhafteren Zusammenhang mit einer solch körperlich-symbolischen Entsprechung zwischen dem Tatmedium und seiner passenden Bestrafung stehen. Das Abschneiden der Nase war jedoch keine eigens auf die Blasphemie bezogene Strafe. Das Abschneiden der Nase, die »abscissio nasi«, war im gesamten Mittelalter eine verbreitete gerichtete Erfindung. Sie war gängige Praxis im Kontext

23 Althoff, S. 71.

von Racheaktionen zur Wiederherstellung der eigenen Ehre bzw. zur Zerstörung der Ehre Dritter. Vor allem im Rahmen sexueller Rivalitäten passierte es nicht selten, daß beispielsweise eifersüchtige Ehepartner die Nase eines Konkurrenten oder einer Nebenbuhlerin als Rache für erlittenes Unrecht gewaltsam entfernten.

Die Nase war nämlich ein gängiges Sexualsymbol, deren Größe offenbar mit dem Umfang des männlichen Geschlechtsorgans in Verbindung gebracht wurde. Die Entfernung der Nase stand offenkundig in einem Bezug zur Kastration. Die »denasatio«, also die Entfernung der Nase, war natürlich ein für alle sichtbares Zeichen für eine begangene Untat. Die Demütigung, die eine fehlende oder verstümmelte Nase zur Folge hatte, war radikal. Sie galt als sichtbarer, buchstäblich unübersehbarer Makel der Person und als Ausdruck der Sünde, wie es Albertus Magnus in *De sacrificio missae* formulierte: Die Sünde ist ein Makel »sicut dicimus maculosum esse denasatum«.[24] So, wie die Sünde den Menschen verunstaltet, tut es die Verstümmelung der Nase auch – sie entehrt ihn ganz und gar. Die »denasatio« *symbolisiert* die Sünde geradezu und kann aus diesem Grund als leibliche *Expression* der Sühne aufgefaßt werden, die durch eine Majestätsbeleidigung Gottes erforderlich geworden ist. »Der Mensch als ganzes wird unförmig, wenn seine Nase verstümmelt ist. Tatsächlich erweist es sich als alles andere als harmlos, wie die mittelalterlichen Theologen im Gesicht das Göttliche im Menschen zu sehen, beinhaltet das doch die Möglichkeit durch Verunstaltung des Gesichts den ganzen Menschen zum unförmigen Unmenschen zu machen. 〈...〉 Die Konnotationen der abgetrennten Nase zu Makel, Sünde und zum Sexuellen sind offenbar zu stark, um sie zu einem frommen Attribut werden zu lassen.«[25] Der Vorwurf der Blasphemie gipfelte in der somatischen Markierung des Delikts, in einer leiblichen Inskription der Schuld, die für alle sichtbar und unauslöschlich die Schande im Gesicht des Delinquenten zum Ausdruck brachte.

24 Zitiert bei Groebner, S. 370.

25 Groebner, S. 371.

In einem Universum, das für den Menschen überall Entsprechungen und Ähnlichkeiten, Verweisungen und Analogien bereithält und in dem diesem eine Geborgenheit oder Beheimatung gewährleistet wird, die auf die Psyche eines Zeitgenossen der Moderne als Luxus mehrfach stabilisierten Sinns zu wirken vermag, dürfen auch die Schattenseiten dieses Welt- und Gesellschaftsmodells nicht übersehen werden. Das Symbolische befindet sich in unmittelbarer Nähe zum Realen, das Transzendente hinterläßt überall seine sinnlichen Spuren und Markierungen, das Übertragene kann sehr schnell zum Buchstäblichen werden. Die Realpräsenz der Ehre in der Gesellschaft spiegelt sich in den Transzendenzbeziehungen und wird in letzteren gegebenenfalls radikalisiert. Wenn Ehre Sichtbarkeit und Öffentlichkeit impliziert, dann gilt dies ebenso in für Auge und Ohr genaugenommen unwahrnehmbaren Beziehungen zum Absoluten. Der Eine, der Verehrung und Anbetung beansprucht, reagiert eifersüchtig auf ihre Mißachtung und versteht es mittels seiner weltlichen Repräsentanten, die Gläubigen daran zu erinnern, daß die Kränkung seiner Ehre spürbare, ja fürchterliche Folgen haben kann. Die retrograde Sehnsucht nach der geschlossenen Sinnwelt des Mittelalters, die man in der Gegenwart oft antrifft, übersieht nur allzuleicht, daß die Manifestation religiös gewahrter Lebensdeutung eine gewaltsame Hütung dieser Deutung nicht aus-, sondern zu allen Zeiten *ein*schloß. Daß die Sünder ihre gerechte Strafe in einem Jenseits erhalten, das die mit ihr verbundenen Qualen und Torturen auf ewige Dauer umstellen wird, konnte das Bestreben, bereits hienieden das Nötige zu unternehmen, keineswegs bremsen.

Die »Gesellschaften der Ehre« sind irritationsanfällig und satisfaktionsbedürftig, sobald die Signaturen zur Wahrung und Demonstration dieser Ehre mißachtet oder angezweifelt, übersehen oder provoziert werden. Weil die ›Ehre‹ nur zu einem geringen Teil auf Verinnerlichung beruht, sind dem Subjekt einer Ehrverletzung die Wege in die Sublimation weitgehend versperrt. Es kann nur darauf bestehen, daß seine Ehre ›coram publico‹ wiederhergestellt wird. Identitäten haben hier allemal eine Verankerung in leiblichen, sinnlich wahrnehmbaren und öffentlich anerkannten *Sichtbarkeiten*. Anders als in den späteren modernen Kulturen werden solche Identitäten keineswegs ausgehandelt und gegebenenfalls modifiziert. Ihre Beweglichkeit ist jedenfalls als gering einzustufen. Das gleiche Strukturmuster wurde auch auf die Beziehungen zum Einen angewandt. Gerade weil dieser sich in die komplette Unsichtbarkeit zurückgezogen hatte, war der Verkehr mit ihm um so mehr auf zahlreiche Mischformen sinnlich-transzendenter Repräsentation angewiesen. Die Beziehung zu Gott beruhte auf einer gelebten Fiktion – auf der Vorstellung, *als ob* Gott quasi-persönlich in den Realien anwesend sei. Im Nächsten und im Fernsten waltet die Substanz dieses Einen und mit ihr auch Seine nicht zu unterschätzende Irritationsanfälligkeit ›in rebus honoris‹. Das Echo dieser transzendenten Anfälligkeit konnte man in allen Schichten des Kosmos, in den religiösen Bekenntnissen und in den Moralpraktiken und den Riten zu seiner Verehrung wiederfinden.

Die mehrfachen Spiegelungseffekte, die in einer solchen Metaphysik entstehen, haben also auch ihren Preis. Sie gewähren nicht nur ein gerütteltes Maß an ›ideologischer‹ Sicherheit, an tendenzieller Heilsgewißheit und an ultimativer Geborgenheit trotz vehementer Daseinsangst, sondern sie verursachen gleichzeitig unmittelbare, transzendent verbürgte und legitimierte Gewalt. Letztere setzt ihrerseits so etwas wie eine Angstspirale in Gang, die uns – Söhnen und Töchtern einer angeblich unbehausten Moderne – vor Augen führen kann, daß geschlossene, sich eingrenzende Gesellschaften mit ihrem Versprechen, weltanschauliche Verläßlichkeit herbeizuführen, gleichzeitig ein nicht unerhebliches Angstpotential kreieren. Neben den Bedrohungen durch Naturkatastrophen und ›naturwüchsige‹ Gewalt entsteht Angst dort als Folge der von der Ideologie benötigten Kontrollmechanismen, die jene Grenzziehung angesichts einer gewiß nicht leicht zu ertragenden Welt- und Daseinsfurcht aufrechterhalten. Die »Allgegenwärtigkeit der Angst«[26] im Spätmittelalter hat gewiß

26 Delumeau, S. 49.

auch mit der metaphysischen Umgebung zu tun, in der die Zeitgenossen zu verkehren hatten. Der Glaube schützt, aber er enthält auch ein gehöriges Drohpotential.

Die Nähe zwischen Gott und Mensch, die trotz der größtmöglichen Distanz zwischen dem monotheistisch maximal Entfernten und Seiner Welt dennoch zugelassen wird, läßt auf die Dauer jedoch eigene Irritationen entstehen. Es sind Irritationen, welche die Glaubwürdigkeit Gottes, so wie er in der Lästerungsdoktrin vorgestellt wird, betreffen. Gott wird nämlich jenen Theologien und Strafkompendien in mancherlei Hinsicht auf zweifelhafte Weise *menschenähnlich*. Die exquisiten Theologien, die sich um die Ehre Gottes kümmern, und die Sanktionen, die Ihn vor Beleidigung, Lästerung und Häresieprovokation in Schutz nehmen, konstruieren mit der Zeit ungewollt ein Gottes*bild*, das sein divines Subjekt mit den Eifersüchteleien, der Kränkungssucht, der Eitelkeit und der Revanchelust seiner Geschöpfe bedrohlich konvergieren läßt. Nicht so sehr die ›falsa verba‹, also die verkehrten Auffassungen über Sein Wesen, sondern vor allem die ›mala verba‹, von denen Er verschont werden sollte, sind es, die darauf hinweisen, daß Gott mit denen seiner Geschöpfe vergleichbare Charakterschwächen haben könnte. Die ›Malediktion‹ wird nämlich durch unkontrollierte Leidenschaft ausgelöst, so daß ein Gott, der auf sie ebenso gefühlsabhängig und impulsiv antwortet wie die Sterblichen, sich selbst in das Charakterprofil zu verstricken droht, das auch dem Zungensünder eigen ist.

»Es muß doch auffallen, daß der Gemütszustand des Schöpfers, dem die Strafen entspringen, mit dem gleichen Begriff belegt wird wie der des Blasphemikers – beide handeln aus dem Zorn heraus, wenn dieser Vergleich des gerechten Zorns Gottes mit dem Kardinallaster des Gotteslästerers den Zeitgenossen selber blasphemisch erschienen wäre. Auch hier findet sich also – bei allem Machtungleichgewicht zwischen Gott und Mensch – die Vorstellung einer seltsamen Reziprozität der Verhaltensweisen beider.«[27]

27 Schwerhoff 1995, S. 269.

Es ist genau diese sich abzeichnende Anthropomorphie Gottes – seine Menschenförmigkeit –, die eine Kritik der stillschweigenden Voraussetzung der Katalogisierung der Zungensünden auslösen wird: Ein Gott, der sich im Grunde genau so emotionsabhängig verhält wie sein sündiges Geschöpf, ist ins falsche Bild gesetzt worden. Gottes Ehre *könne* vielmehr nicht gekränkt werden, lautet das nun entstehende Gegenargument, denn genau diese Eigenschaft ist eines Gottes unwürdig. Zu weit ist der Abstand zwischen Ihm und Seiner Kreatur, zu unüberbrückbar die Kluft zwischen den niederen Motiven der ›mala verba‹ und Seiner erhabenen Dignität und Vollkommenheit, als daß das unbedachte Fluchen oder sogar die zur Gewohnheit gewordene Kränkung Ihn tatsächlich treffen könnte. Aber der Weg zu dieser Einsicht ist noch weit.

D.
REFORMATORISCHE REFORMUNWILLIGKEIT

Das Spätmittelalter und die Frühe Neuzeit haben in den Angelegenheiten der Blasphemie kaum eine Erleichterung gebracht. Im Gegenteil – das Zeitalter der Konfessionen hat die Gotteslästerung geradezu zu einem theologischen Politikum werden lassen. Von einem ›Politikum‹ kann hier gesprochen werden, weil in den sich ankündigenden Religionskriegen der Vorwurf der Blasphemie – neben und im Zusammenhang mit der Häresie – gleichsam ein wichtiges Argument für die ideologische Aufrüstung darstellt. In zahlreichen theologischen Traktaten und Rechtskompendien wird die Strafwürdigkeit der Lästerung, deren Sanktionierung in einzelnen Fällen bis zur Todesstrafe reicht, hervorgehoben. Meistens wird dabei auf den Unterscheidungen, die bereits im Hochmittelalter erarbeitet wurden, aufgebaut. In Frankreich wird der katholische Kontroverstheologe Antoine de Mouchy im Jahr 1560 den Häretikern – den Hugenotten – mit der Todesstrafe drohen, weil sie nicht nur Seinen Namen, sondern den Höchsten selbst lästern. Die Inquisitionsgerichte werden die Blasphemie als Gegenstand ihres Zuständigkeitsbereichs reklamieren und diese in die Liste der Delikte der Häresie, der Idolatrie, der diversen moralischen Verfehlungen und der magischen Praktiken aufnehmen. Häufig wird sie nun als »Majestätsbeleidigung Gottes« betrachtet und kommt einem Kardinalverbrechen gleich. Später – im 17. Jahrhundert – wird Ludwig XIV. die Majestätsbeleidigung Gottes *zugleich* als Majestätsbeleidigung des Königs interpretieren, woraus weitgehende politische Sanktionen abgeleitet werden können.[28] Auch die Juden werden in zunehmendem Maße zu Adressaten gotteslästerlicher Vorwürfe. Auch wenn in der Praxis wohl kaum die Rede von einer allumfassenden Verfolgung sämtlicher Blasphemiedelikte sein kann, vermitteln jedenfalls die normativen Quellen der Theologie und der Jurisprudenz einen anderen Eindruck. Blasphemie-Empfindlichkeiten haben in einem Zeitalter, das oft als »das große Zeitalter der Rede« (Jacques Le Goff) bezeichnet wird, offenbar zugenommen.

Die Gründe für diese Entwicklung sind durchaus strittig. Einmal wird die Entwicklung einer sich eigenständig formierenden Laienkultur genannt, die ihrerseits kirchliche Disziplinierungsmaßnahmen auf den Plan rief. Ein anderes Mal wird auf ein Katastrophenbewußtsein hingewiesen, das im Gefolge von Hungersnöten, Pestepidemien und Erdbeben (»fames, terrae motus & pestilentiae«), wie es die bereits zitierte »Novelle 77« formulierte, eine göttliche Kollektivstrafe als Rache für die Ehrverletzung Gottes vermutete. Auch die Syphilis wird in diesem Zusammenhang öfter genannt. Jedenfalls scheint sich das Motiv der Kollektivstrafe, die durch Gott über die Menschheit verhängt wird, in diesem Zeitalter »in seltener Klarheit« (G. Schwerhoff) beobachten zu lassen. Die Lästerung Gottes hat eben katastrophale Folgen, weshalb die Anhäufung solcher Erschütterungen im Umkehrschluß gleichsam automatisch auf die Intensität und Extensität des Vergehens zu verweisen vermag. Die Bekämpfung

28 Cabantous, S. 77.

der Lästerung ist erforderlich, um Schaden abzuwenden und die Gemeinschaft vor dem Verfall als Folge der manifesten Bedrängnisse durch Naturkatastrophen und Krankheiten, die durch Gott induziert werden, zu schützen. Gott müsse direkt vor den ehrabschneiderischen Angriffen in Schutz genommen werden und ebenso verdiene die Gemeinschaft Schutz vor dem Desaster, das die Kränkung Seiner Ehre über sie herabzurufen vermag.

Aber wenden wir uns der Reformation zu. Die »Gotteslästerung« kam nicht zum Erliegen, das Gegenteil ist vielmehr der Fall.[29] Martin Luther wird den Vorwurf der Lästerung Gottes ungemein extensivieren, denn nicht nur die ›klassischen‹ Zungensünden und die Ketzereien werden nun zum Betätigungsfeld dieses Verdachts. Luther eröffnet gewissermaßen einen Dreifrontenkrieg – gegen die »peccata linguae«, gegen die »Häresie« in den eigenen Reihen der Reformation und gegen das Papsttum als solches, das als die Apotheose der Blasphemie dargestellt wird. Der große Reformator unterscheidet in seiner berühmten Auslegung des zweiten Gebots neben den bereits bekannten Lästerungsmerkmalen eine wesentlich schwerere Blasphemie, nämlich die bloße Existenz von Papsttum und katholischer Kirche. In diesem Fall haben wir es gewissermaßen mit der schwersten Form dieses Verbrechens zu tun, denn diese Institution wähnt sich Gott am nächsten, während sie in Wahrheit die offenkundigste Widerlegung eines solchen Anspruchs darstellt. Deshalb sei der Papst »ynn dieser Gottes lesterung gantz ersoffen«[30], wie Luther ebenso schroff wie bildreich formuliert. Der Papst befindet sich in ›guter‹ Gesellschaft, in der Gesellschaft von »Secten und Rottengeister«, wozu auch die weit radikaleren Reformatoren als Luther und die aufständischen Bauern gehören.

Wie Gerd Schwerhoff aufgezeigt hat, hat Luther bereits im Jahr 1518 – in der Verteidigung seiner Ablaßpredigt – den Blas-

29 Vgl. F. Loetz 2002.
30 Luther, WA, Bd. 16, S. 467.

phemievorwurf gerne hantiert, und seine Freude an diesem wirksamen Mittel der Anklage währt bis zuletzt. Es sind vor allem die Katholiken, die »mit yhren falschen gloßen«, durch die verkehrte Schriftauslegung also, Gott »lestern«. Die Gotteslästerung wird zu einem »summarischen Stigma«[31], das überall zum Einsatz kommt. »Gotis höhister lesterer«, »grosser gotis lesterung«, »offentlich wuetende gotis lesterung« – allesamt Formulierungen, die den Gegnern häufig und gerne an den Kopf geworfen werden. Der Papst und seine Kardinäle repräsentieren gleichsam die höchste Stufe der Blasphemie, weshalb man ihnen »die zungen hinden zum hals heraus reissen« sollte, und sie »an den galgen an nageln« dürfe.[32] Aber nicht weniger schroff werden auch die Konkurrenten im eigenen Lager wie Zwingli und Oecolampad im Zusammenhang mit Streitigkeiten über das Abendmahl abgeurteilt. Bei Luther könnte man den Eindruck gewinnen, daß eine Art Blasphemiefixierung entstanden sei. Mit einer Hartnäckigkeit, die nahezu an Paranoia grenzt, vermutet der Reformator überall »lesterung«. Gleichsam in der Meinung, eingekreist zu sein von Blasphemikern, wird der Lästerungsvorwurf zu einer Allzweckwaffe. Schwerhoff formuliert diesen Sachverhalt folgendermaßen: »Luthers Bestiarium der Gotteslästerer ist von einer sehr heterogenen Population bevölkert«.[33] Nicht zu vergessen ist der Umstand, daß bei Luther auch die Juden Bewohner dieses »Bestiariums« sind.

Nun fällt es nicht sehr schwer, die Häufigkeit und die sich bis zur Beliebigkeit steigernde Verwendung des Blasphemievorwurfs bei Luther zu erklären. »Mit der Argumentationsfigur der Gotteslästerung wurde die Kriminalisierung abweichender Glaubensüberzeugungen [illegible] eine [illegible], die für einen von der alten Orthodoxie seinerseits ausgegrenzten und verfolgten Ketzer nicht leicht zu begründen war.« In der Tat war der Häresievorwurf be-

31 Schwerhoff 2005, S. 67.
32 Luther, WA, Bd. 54, S. 243.
33 Schwerhoff 2005, S. 70.

reits besetzt – für die katholische Kirche als Ketzerinstitution ›par excellence‹. Der Blasphemievorwurf war jedoch noch nicht ganz vergeben, jedenfalls nicht in diesem Maße. Luthers Gebrauch bzw. seine Überdehnung des Vorwurfs hatte jedoch weitgehende Folgen. Erst jetzt, und nicht im Hochmittelalter, wird das Vergehen solchermaßen auf alle konkurrierenden theologischen Meinungen und religiösen Praktiken ausgedehnt, die als defizitär und falsch empfunden werden, daß aus dem Vorwurf tatsächlich eine Art ungeleitetes Projektil geworden ist – »eine universale verbale Waffe gegen Andersdenkende«.[34]

In Genf erschien während der dortigen Herrschaft Calvins ein Zeugnis des radikalen Humanismus, das später die Frühaufklärung prägen wird – eine Schrift mit dem Titel *Das Buch der drei Betrüger* (De Tribus Impostoribus), in der die Zweitauflage von Calvins *Christianae religionis Institutio* aus dem Jahre 1542 angegriffen wurde. Der anonyme Autor verteidigte die Auffassung, daß das ›natürliche‹ Licht der Vernunft durch den Sündenfall nicht verfinstert oder gar vernichtet sei, sondern daß die Gotteserkenntnis keinerlei Zusatz durch eine Offenbarung benötige. Diese Behauptung stellte das Grunddogma der Reformation, daß nur durch die Schrift (sola scriptura), durch den Glauben (sola fides) und durch die Gnade (sola gratia) Rettung möglich wäre, selbstverständlich zutiefst in Frage. Sie war geradezu ein Affront gegen diese Lehre. Der Autor antizipierte bereits ein Lieblingsthema der späteren Aufklärung: Eine ›positive‹ und historisch lokalisierbare Offenbarung könne nicht anders denn als ein Partikularismus gewertet werden, weshalb sie ungerecht sei und exklusivistisch, also auf einen beliebigen Ausschluß Andersgläubiger hinauslaufe.

Mit Einwilligung von Calvin wurde der später demaskierte Autor – der Genfer Bürger Jacques Gruet – im Jahre 1547 hingerichtet. Das *Buch der drei Betrüger* genoß in der Aufklärung eine große Popularität, selbstverständlich weitgehend im Un-

34 Ebenda, S. 71 f.

tergrund. Aus der Hand des spanischen Arztes und Humanisten Michal Servet stammten zwei Werke ähnlichen Zuschnitts – *De Trinitarus erroribus* (Über die Irrtümer der Trinität) aus dem Jahr 1531 und *Christianismi Restitutio* (Über die Wiederherstellung des Christentums) aus dem Jahr 1553. Servet gehörte zu den »Antitrinitariern« oder »Unitariern«, die eine Radikalreformation des Christentums anstrebten und zu diesem Zwecke mit fast allen Dogmen ins Gericht gingen. Servet verkündigte im Rahmen einer neuplatonischen Lichtmetaphysik ein ganz und gar optimistisches Menschenbild, dessen zentraler Bestandteil ein natürliches Vermögen des Menschen zu Religiosität darstellte. Auf dem Hintergrund des radikal-pessimistischen Duktus der Genfer Reformation mußte auch diese Auffassung als blasphemisch wirken. Calvin ließ Servet noch im gleichen Jahr, in dem die *Christianismi Restitutio* erschienen war, in Genf auf dem Scheiterhaufen hinrichten. Auch Servets Werke kursierten während der Aufklärung. Reimarus besaß eine Abschrift seiner Trinitätsschrift.

Obzwar Luthers Verwendung noch streng theologisch ist, deutet sich bei ihm erstmals eine Entwicklung an, die den Blasphemievorwurf bis heute kennzeichnet – *seine tendenzielle Beliebigkeit.* Seine Überdehnung macht ihn nicht weniger problematisch als seine Anschärfung zum Zwecke der genauen Indizierung des Strafbestandes. Die Aufweichung eines präzisen Kriterienkatalogs, die eine solche Übertreibung zur Folge hat, hat ihrerseits höchst fragwürdige Folgen und nicht nur das ebenfalls fragwürdige Bemühen der Theologie und der Jurisprudenz um Genauigkeit in Angelegenheiten der Blasphemie. Jetzt nämlich entsteht ein diffuser Vorwurf, unter dem sich vieles subsumieren läßt und der immer irgend jemanden irgendwann trifft. Aus dem überaus gefährlichen *Sinn* des Blasphemiedelikts wird dann ein ebenso gefährlicher *Unsinn.* Wie ein richtungsloses Projektil geistert dann die Gotteslästerung durch die ideologischen und politischen Debatten und Streitigkeiten. Der Schaden bleibt nicht aus, obzwar niemand genau angeben kann, weshalb hier eigentlich *Gott* angegriffen werde. Die Blasphemie verkommt dann zu einer bloßen Chiffre, mit deren Hilfe Konflikte radikalisiert und bis an den Rand der kompletten Unlösbarkeit geführt werden. *Die Streitigkeiten werden deshalb unlösbar, weil sie jetzt unter der Ägide des Absoluten geführt werden.* Kompromisse sind dann kaum mehr vorstellbar, denn über Absolutes sind vorläufige und pragmatische Absprachen nahezu undenkbar. Der Kompromiß kompromittiert scheinbar auf dem Felde von Wahrheitsbehauptungen, die mit der Transzendenz, mit der Weihe des Höchsten und des Verehrungswürdigsten ausgestattet sind. Der Kompromiß verdampft im heiligen Feuer des Orthodoxiewahns oder des banalen und blinden Fanatismus.

7
DER FERNE GOTT UND DIE INSTITUTIONELLE GESTALT DER BLASPHEMIE – DAS MORPHOLOGISCHE FELD DER SOZIOLOGIE

In der frühen Neuzeit kann jedenfalls von einem allmählichen Verschwinden der Gotteslästerung keine Rede sein. Allein schon bei einem flüchtigen Blick auf den deutschsprachigen Raum kann man feststellen, daß die Lästerung nicht nur ein weitverbreitetes Delikt gewesen ist. Es ist »die strengste Verfolgung«[1] in Sachen Blasphemie, die aus dem 16. Jahrhundert überliefert ist. Vor Malefizgerichte werden nun vor allem solche Lästerer gestellt, die sich der »grausamen blaßphemia und Gotteslästerung« schuldig gemacht haben. In solchen Fällen handelte es sich nicht um die Zungensünde im strikten Sinne, sondern um das Abstreiten zentraler Glaubensvorstellungen und um die Bezweifelung oder Leugnung der Existenz Gottes. Richard van Dülmen hat darauf hingewiesen, daß gerade »radikaler Zweifel am christlichen Glauben«[2] immer ein wesentlicher Bestandteil dieser Prozesse gewesen sei. »Die Vielzahl von Prozessen über schwere Gotteslästerung weist auf einen breiten Untergrund eines nie verstummenden, womöglich durch drakonische Kirchenzucht sogar angereizten, populären Zweifels und Unglaubens.«[3] Aber der Unglaube ist nur die eine Seite.

Im genannten Zeitraum befinden wir uns am Vorabend einer gewaltigen Transformation des *Gottesbildes*. Im Laufe der Aufklärung nämlich werden die Charakterzüge Gottes,

1 van Dülmen 1994, S. 24.
2 Ebenda, S. 32.
3 Ebenda, S. 37.

die eine deutliche Menschenähnlichkeit aufweisen, immer mehr verblassen. Umfassende Abstraktionsschübe stehen nun bevor, die – zumal im aufkeimenden Deismus, aber bereits durch die »natürliche Theologie« als anti-orthodoxe Bewegung eingegeben – Gott immer weiter von der Welt entfernen. Die Vorsehung als eine seiner zentralen Tätigkeiten beispielsweise tritt einen Rückzug in die nahezu gänzliche Arbeitslosigkeit an. Aus der »speziellen Vorsehung«, die noch von der Möglichkeit eines detailgenauen Eingreifens Gottes in die Welt ausging, wurde immer mehr eine generelle Erhaltungsattitüde: Gott überwacht den Weltmechanismus. Der Abstand, den Gott zu Seiner Welt einzunehmen beginnt, machte ihn konsequenterweise auch tendenziell unerreichbar für Lästerungen seitens des Menschen. Zu Recht hat André Holenstein hervorgehoben, daß »der Wandel in der strafrechtlichen Verfolgung des blasphemischen Fluches von einer zunehmend rigideren Trennung von Gott und Welt« zeuge. »Je mehr das Bild Gottes seine anthropomorphen Züge verlor, desto unzugänglicher wurde Gott sowohl für die beschwörenden wie auch für die verfluchenden Anrufungen durch die Menschen.«[4] Daß in einem solchen Zusammenhang die Häresie – der Falschglaube oder der Unglaube –, der mit den genannten Abstraktionsschüben im Gottesbild einhergeht bzw. diese zum Ausdruck bringt, nun in das Visier der Verfolgung rückt, wird auf diesem Hintergrund verständlicher. Statt einer genauen Geschichte der Blasphemie im Zeitalter der Aufklärung sollte an ausgewählten Beispielen der Evidenzverlust der Lästerung *Gottes* aufgezeigt werden.

4 Holenstein, S. 52.

A.
MICHEL DE MONTAIGNE: GLAUBENSINTENSIVIERUNG UND ORTHODOXIE-ABSTINENZ

In dem Essay *Über das Beten* entwickelt sein Autor, Michel de Montaigne, im Rahmen einer zunächst orthodox anmutenden Ermahnung eine Sprach- bzw. Gebetshygiene, welche die Anlässe zur Lästerung Gottes radikal einschränken sollte. Montaigne ist die Oberflächlichkeit, das Fassadenhafte einer Gebetspraxis, die sich in bloßen Äußerlichkeiten erschöpft und es an innerer Aufrichtigkeit fehlen läßt, ein Greuel. Zwischen der tatsächlichen Gemütsverfassung des Beters und dem Erfordernis der Scheu und Reinheit des Gebets liegen Abgründe. Das Spektakel des Gebetsvorgangs läßt die innere Aufrichtigkeit und das Bemühen um eine auf der Scheitelhöhe der Moral sich befindende Lebensführung vermissen. Die Kirche nimmt diesen Mangel an Ernst und Ehrlichkeit billigend in Kauf. Ohne daß Montaigne diesen Vorwurf ›expressis verbis‹ formuliert, könnte man bei einer solchen Gebetspraxis von einer Lästerung des Adressaten eines solchen Gebets sprechen: Die Begegnung mit dem Höchsten, die doch den exquisitesten Ausdruck seiner Verehrung darstellt, wird in einem solchermaßen verkommenen Gebet wegen der Haltung, aus der heraus dieses Beten geschieht, gleichsam entstellt und verkrüppelt. Aus ihr spricht bestenfalls Indifferenz, meistens jedoch liegt ein Habitus vor, der im Grunde dazu angetan ist, Gott zu beleidigen. Aufrichtiger ist da der Sittenstrolch, der sich nicht um Scheinheiligkeit bemüht, sondern keine Scheu empfindet, ein solcher mit aller Konsequenz zu sein. »Und die Verfassung eines Menschen, der ein abscheuliches Leben mit Andacht verquickt, scheint mir noch um einiges verdammenswerter zu sein als die eines Menschen aus einem Gusse, der sittenlos durch und durch ist. Und doch verwehrt unsere Kirche tagtäglich den in gewissen unerhörten Lastern Verstockten die Gnade ihres Eintritts und ihrer Gemeinschaft.«[5]

5 Montaigne, Buch I, LVI.

Es ist vor allem die pure Äußerlichkeit des Vorgangs, die Montaigne zutiefst verstört. Hier richtet sich jemand an den Beter persönlich und führt diesem sein Verhalten vor Augen. »Am Ende ist es nichts als Gebärde.«[6]

Ganz und gar auf das ›forum internum‹ richtet sich diese Kritik am Exzeß der Äußerlichkeit. Der Adressat der Ermahnung ist nicht der Gläubige ›in abstracto‹, sondern das Wort betrifft vielmehr die Subjektivität des Beters, denn der ganze Vorgang des Betens wird als intimer Dialog zwischen diesem und seinem Gott verstanden. Es ist gerade die Unmittelbarkeit dieser Unterhaltung, die größtmögliche Nähe zwischen dem Selbst und dem ›totaliter aliter‹ Gottes, die das ganze Geschehen mit der normativen Signatur radikaler Authentizität ausstattet. Wer sich hier vergreift, beleidigt den Höchsten, der sich auf ein solches Gespräch überhaupt eingelassen hat. »Welch ein erstaunliches Gewissen kann dabei Ruhe finden, unter dem gleichen Obdach, in so einträchtiger Gemeinschaft, das Verbrechen und den Richter beisammen wohnen zu lassen.«[7] Das Gebet, wie es hier stattfindet, bekommt einen implizit blasphemischen Charakter, weil nicht einmal die Anstrengung aufgeboten wird, dem Richter nicht am Ort des Verbrechens zu begegnen, sondern in einer Wohnung, die angemessen bereitet ist. Der Beter »geht in sich; aber allsogleich fällt er zurück«.[8]

Die Anlässe zur Beleidigung Gottes sind demnach Legion. Sie vervielfältigen sich deshalb, weil sie sich nach der erfolgten Wende nach innen nun im Bereich der *Subjektivität* abspielen. Sie benötigen keine hörbare Sprache und sind nicht unbedingt die Folge von Glaubensfalschheiten. Es genügt, daß es einen Hiatus gibt zwischen der faktischen Existenz des angeblich Frommen und der Zumutung seines Glaubens, Ernst und Scheu im Gespräch mit Gott erkennen zu lassen. In diesem Zusammenhang kritisiert Montaigne nun auch die Äu-

6 Ebenda.
7 Ebenda, S. 304.
8 Ebenda.

ßerlichkeiten des Ehrenkodex. Die Internalisierung, die das Gebet erforderlich macht, widerstreitet nämlich dem Imperativ der Ehre, unter allen Umständen den Schein zu wahren. Hier kommt es zum Konflikt zwischen zwei konkurrierenden Verhaltensparadigmen – zwischen der Exteriorität des Ehrenkodex und der Interiorität einer Moral der Authentizität. Aber nicht nur im Gebet macht sich diese Spannung bemerkbar. Im Zeitalter Montaignes hat dieses Problem eine *konfessionelle* Erweiterung erfahren. Das Glaubensbekenntnis kann nicht nur die ihm gebührende Lebensfolgerichtigkeit vermissen lassen, sondern darüber hinaus mit einem anderen Glaubensbekenntnis in der Seele der gleichen Person konkurrieren. Wie könne es sein, daß jemand »eine ganze Lebenszeit lang einen Glauben bekannt und ausgeübt habe, den er verdammte und der dem wirklichen Glauben seiner Seele widerstritt, nur um sein Ansehen und die Ehre seiner Ämter nicht zu verlieren, wie vertrügen sich diese Widerreden in seinem Innern«?[9]

Diese mit so viel Nachdruck formulierte Frage darf nicht unterschätzt werden. Die Koexistenz zweier Glauben – die Konfessionsalternative – lenkt nämlich durch ihr pures Vorhandensein die Aufmerksamkeit auf den Grund und das Motiv einer jeden Glaubenswahl. Eine Glaubensabweichung deutet dann nicht mehr unmittelbar auf Häresie, sondern lediglich auf eine andersartige Überzeugung hin. Obwohl Katholiken und Protestanten sich gegenseitig noch lange Zeit Häresie- und Lästerungsvorwürfe machen werden, taucht hier ein neue, allerdings bereits durch die ›devotio moderna‹ vorbereitete Haltung auf: die persönliche Frömmigkeit, die Aufrichtigkeit in Glaubensangelegenheiten als Ausdruck einer inneren Überzeugung. Jedenfalls interessiert sich der Katholik Montaigne nicht für den Häresieverdacht. Ganz im Gegenteil. Der Konfessionskonflikt läßt zweierlei Auswege offen – den Weg in die Agonie der bewaffneten Glaubenskämpfe oder den Weg in die Verinnerlichung der Glaubensalternative, eben

9 Ebenda, S. 305.

die Bildung einer *Überzeugung*. Aber diese Internalisierung steht in einer gravierenden Spannung zu den Erfordernissen der Ehrekultur. »Ansehen und Ehre der Ämter« sind vor allem auf äußerer Repräsentation aufgebaut, weshalb sie sich nicht mit der Überzeugungskultur der Glaubens*wahl* vertragen. Diese Verschiebung hat natürlich unmittelbare Folgen für den Umgang mit der Ehre Gottes. »Man darf Gott nur mit Andacht und mit einer von Ehrfurcht und Liebe erfüllten Scheu in unser Tun einbeziehen.«[10]

Montaigne hat zur Realisierung dieser Empfehlung eine nur auf den ersten Blick paradoxe Strategie gewählt – die Strategie der *Gebetsintensivierung durch Gebetsverknappung*. Und diese Strategie wird durch eine andere vorbereitet – durch die (ebenfalls auf den ersten Blick) paradoxe Strategie der *Glaubensintensivierung durch Orthodoxieabstinenz*. Zunächst wird nun in Zweifel gezogen, ob der Glaube überhaupt auf das Wissen des Bekenners angewiesen ist. Bis an den Rand eines Fideismus wagt sich der Autor vor, wenn er die Heilige Schrift nahezu zu einem kultischen Gegenstand – zu einem Gegenstand höchster Verehrungswürdigkeit macht. »Es ist kein Buch zum Erzählen; es ist ein Buch zur Verehrung, zur Scheu und zur Anbetung. Närrische Leute, die glauben, es dem Volk damit faßbar gemacht zu haben, daß sie es in die Volkssprache übertragen haben! Liegt es an den Worten, daß sie gleich alles verstehen, was sie geschrieben haben?«[11] Hier regiert die Furcht vor der Vulgarisierung der Bibel als Folge einer Profanisierung, welche die Bibel lediglich als ein narratives Dokument, als Vorlesebuch betrachtet. Die Narrativität verführt zu einer impliziten Nivellierung, denn die Heilsgeschichte tendiert durch ihre Literarisierung zu einer Verflachung – sie erreicht die Fläche der menschlichen Geschichte, indem zwischen beiden ein Erzählzusammenhang hergestellt wird.

Die Kultur der Ehre überlebt hier in der antidemokratischen, auf Exklusivlektüre setzenden Empfehlung, die Schrift

10 Ebenda, S. 306.
11 Ebenda.

nicht zu einem gemeinverständlichen Volksbuch verkommen zu lassen, weil dadurch der Vernichtung des Abstands zwischen Gott und dem Menschen Tür und Tor geöffnet werden. Denn gerade dieser Abstand wird hier als die Möglichkeitsbedingung angemessener Verehrung verstanden. Wer verstehen will, muß Wissen in Anspruch nehmen und dieses Wissen gegebenenfalls auf seinen Wahrheitsgehalt überprüfen wollen. Aber gerade auf diesem Weg verringert sich die *Verehrungswürdigkeit* Gottes. Nicht nur der oftmals ganz und gar nicht gelehrte und gelehrige Disput einiger weniger Privilegierter, sondern auch die Hybris angemaßten Glaubenswissens durch die Allgemeinheit drückt Gott nieder. »Die reine und ganz auf das Wissen anderer angewiesene Unwissenheit war bei weitem heilsamer und weiser als dieses eitle Wortwissen, das die Amme der Anmaßung und der Frechheit ist.«[12]

Diese Intensivierung der Glaubens*haltung* wird aber nicht durch Ermutigung zur Glaubens*härte*, also auf dem Wege der Orthodoxiekonformität errungen. Im entscheidenden Moment führt Montaigne gleichsam einen zweiten Hiatus ein, der den erheblichen Abstand zwischen dem Gläubigen und dem Höchsten, der zum Zwecke Seiner Verehrungswürdigkeit aufrechterhalten werden sollte, noch einmal vergrößert. Diese ›Vertiefung der Vertiefung‹ hat aber keinen radikalisierenden Effekt, sondern entschärft auf der zweiten Ebene eine Gegenüberstellung – das Gegeneinander von Exklusivität und Vulgarität –, die auf der ersten Ebene noch schroff anmutete. Daß die Wahrheit des Glaubens durch ihre Demokratisierung im vulgarisierten Wissensanspruch auf der Strecke bleiben könnte und mit ihr die Verehrungswürdigkeit des Höchsten, ist das eine. Aber genau diese Aussage wird von Montaigne nahezu im gleichen Moment dadurch wiederum heruntergestuft, daß sie als *Meinung* ohne Orthodoxieanspruch betrachtet wird. Der Abstand zum Höchsten, dessen Ehre Verehrung aufrichtigster Art verlangt, ist eben

12 Ebenda, S. 307.

durch Wissen nicht überbrückbar, weshalb *sämtliche* Aussagen über Ihn und somit auch die Aussagen über die Haltung, mit der Ihm begegnet werden will, als Meinungen gelten sollten, die keinerlei Anspruch auf unumstößliche Richtigkeit erheben können. Genau das meint *Glaubensintensivierung durch Orthodoxieabstinenz*.

»Ich bringe nur menschliche und nur meine eigenen Einfälle vor, einfach als menschliche Einfälle, ganz unverbunden für sich selbst betrachtet, nicht als wären sie ausgemachte und nach göttlichem Gebot festgelegte Wahrheiten, die über Zweifel und Widerrede erhaben wären; Sache des Meinens, nicht Sache des Glaubens; was ich so für mich überlege, nicht was ich nach Gottes Wort bekenne, wie Kinder ihre Versuche vorbringen: belehrbar, nicht belehrend; auf weltliche, nicht auf geistliche, aber stets auf sehr gläubige Weise.«[13]

Haben wir es hier mit einem Widerspruch zu tun? Kontaminiert Montaigne seinen forschen Anspruch auf Reinerhaltung des Glaubens mit einem unbedachten Sprechen, das sich außerhalb der Aufrichtigkeit und der Verehrungsbereitschaft bewegt, indem er sich nun auf exakt jene Ebene der plaudernden Meinungsbildung begibt, auf der sich doch die meisten ›Debatten‹ über den Glauben abspielen? Wohl kaum. Im Zentrum dieses Plädoyers steht vielmehr der Schutz der Ehre Gottes vor unbedachtem Wortgebrauch und lässigem Geschwätz, aber auch vor der Versuchung der Orthodoxiebesessenheit, diese Ehre durch Häresievermutung und argumentative Demonstrationswilligkeit angesichts des ›richtigen‹ Glaubens vor Lästerung zu bewahren. Der Unterschied zwischen Wahrheit und Meinung, zwischen Glauben und Einfällen ist nur auf den ersten Blick dazu angetan, gerade das Feuer jener Orthodoxiebefangenheit wieder zu entfachen. Zwischen den Zeilen taucht die noch unausgesprochene Ahnung auf, daß Gott womöglich gar nicht mal so orthodoxieempfindlich sei und zur Wahrung Seiner Ehre auf Hüter dieser Orthodoxie keinesfalls angewiesen sein könnte. Das,

13 Ebenda, S. 308.

was für Montaigne zählt, ist die Subjektivität des Beters bzw. des Gläubigen. Deshalb mahnt er, »daß die göttlichen Wahrheiten mit mehr Andacht und Ehrfurcht für sich selbst und in ihrer Wesensform aufgenommen werden [sollten], als verkoppelt mit menschlichen Gedankengängen«.[14] Und die Warnung an die Theologen folgt sofort. Man träfe »häufiger auf den Fehler 〈...〉, die Theologen zu humanistisch« vorzufinden, als auf den vergleichbaren Fehler, daß »die Humanisten zu wenig theologisch schreiben«.

Das religiöse Sprechen sollte deshalb knapp gehalten werden, weil es zu einer Vermischung mit dem profanen Sprechen neigt und solchermaßen geradezu *profanisiert* wird. Das Verlangen nach Verständlichkeit verführt zu einer Vulgarisierung, in der die Ehrfurcht vor dem Numinosen schwindet und die Ehre des Höchsten angetastet wird. Der gewöhnliche Fluch oder das ordinäre Schwören sind gleichsam nur die alltäglichen Vorstufen der gediegenen Lästerung Gottes, die als Folge eines Zuviel an Sprache, eines unaufhörlichen Sprechens entsteht. Der besinnungslose Sprachgebrauch kulminiert in einer Verkettung von Ehrverletzungen Gottes, die dem Ernst des Glaubens diametral entgegenstehen. Die Protestanten, so Montaigne dieses Mal zustimmend, hätten ihm mitgeteilt, daß sie »unter sich den Gebrauch des göttlichen Namens in ihren gewöhnlichen Reden verbieten. Sie wollen nicht, daß man sich ihrer nach Art eines Kraftwortes oder eines Ausrufs bediene«.[15] Aus diesem Grund sollten wir »nicht zu häufig zu Gott beten«. Genau das bedeutet *Gebetsintensivierung durch Gebetsverknappung*.

Montaignes Sorge um die Ehrverletzung Gottes richtet sich also auf den Sprachgebrauch, wobei die Semantik der Zungensünden hier kaum mehr eine Rolle spielt. Es ist vielmehr die Sprache *insgesamt*, die zum Problem geworden ist. Seine Orthodoxieabstinenz hält Montaigne davon ab, das weite Feld der Häresie als weiteren Kasus der Ehrverletzung Gottes zu

14 Ebenda.
15 Ebenda, S. 309.

betreten. Vielmehr sind es die Orthodoxiezwistigkeiten bzw. die Häresiefixierungen, die Antastungen der Gottesehre darstellen, indem sie die subjektive Authentizität des Glaubens auf die Ebene von Streitigkeiten auf der Wortebene verlagern.

Eine interessante Erweiterung erfährt diese Strategie im wahrscheinlich berühmtesten Essay Montaignes, in der *Apologie des Raimund Sebundus*. Am Anfang des 15. Jahrhunderts hatte Raimundus Sebundus ein Werk mit dem Titel *Theologia naturalis sive liber creaturarum* geschrieben, ein Buch, in dem er der rein rationalen Gotteserkenntnis einen ungewohnt breiten Spielraum gewährte. Raimundus zufolge kann der Mensch sich auf der Grundlage dieser ›natürlichen‹ Theologie vervollkommnen und sogar das Heil und das ewige Leben erreichen. Das erste Buch, das Gott dem Menschen gegeben hat, ist das Buch einer Erkenntnis Gottes auf der Grundlage der natürlichen, also der noch von jeglicher ›positiven‹ Offenbarung freien Vernunft. Diese Instanz ist universal-menschlich, während die Bibel dies nicht ist, weshalb sie – ein Buch für Kleriker – lediglich den zweiten Platz beanspruchen kann. Vorsichtshalber vergißt der Autor nicht hinzuzufügen, daß zwischen den beiden Büchern eine vollkommene Harmonie (»summa concordia, summa consonantia et summa convenientia«) existiert, aber die Auffassung, daß die Offenbarung das Fundament für den Gottesglauben darstellt, war damit entkräftet. Raimundus Sebundus ist ein frühes Beispiel für eine ganze Tradition radikal natürlicher Theologie, welche die konstitutive Rolle von Offenbarung und Kirche für den christlichen Glauben in Frage stellt. Selbstverständlich galt auch diese Lehre als Gotteslästerung und Irrglaube.

Wir haben im Zusammenhang mit der reformatorischen Radikalisierung des Blasphemievorwurfs bereits auf zwei ihrer prominentesten Opfer hingewiesen – auf Michael Servet und Jacques Gruet. Aber die Liste einer radikalen, noch vor der frühen Aufklärung[16] zu situierenden Theologie der

16 Vgl. Israel 2001.

natürlichen Vernunft ist entschieden länger: Geoffroy Vallée, der in *La Béatitude des Chrestiens* (1573) die Überflüssigkeit jeglicher Offenbarung aufzuzeigen versucht, weil diese eine Angst einflößende Wirkung auf den Menschen habe; der französische Rechtsgelehrte Jean Bodin, der in seinen berühmten *Colloquium heptaplomeres* (Siebenfaltige Gespräche), erschienen im Jahre 1593, die natürliche Religion (religio naturales) mit einem bereits überdeutlich deistischen Einschlag verteidigt und demnach ebenfalls anti-revelatorisch am Werke ist; Andreas Wiszowaty (1608-1678), ein Anti-Trinitarier bzw. ein Gegner der Trinitätslehre, der unter dem Einfluß des Radikalreformers Fausto Sozzini (1539-1604) ein Buch mit dem Titel *Religio naturalis* schreibt, in dem sämtliche Dogmen geleugnet werden; Sebastian Franck (1499-1542), als sogenannter »Spiritualist« ein Nachfolger Thomas Münzers, der – im Gegensatz zu seinem Lehrmeister – das »lumen naturale«, also das natürliche Licht der Vernunft, gegen die Notwendigkeit einer Offenbarung in Schutz nimmt und dem Begriff »Gott« eine naturalistische Interpretation angedeihen läßt. Ihm zufolge enthalte die Christusoffenbarung nichts anderes als eine Religion, die durch ebenjene Vernunft eingegeben sei. Aber ebensowenig darf die Bedeutung eines Paracelsus (1483) und eines Jakob Böhme (1575-1643) unterschätzt werden, wenn es darum geht, vergleichbare naturalistische Interpretationen mit dem Gedanken der Religionstoleranz zu verbinden.[17]

In dem genannten Essay wird Montaigne viel ausdrücklicher als im Gebetsessay und in der radikaleren Perspektive einer kritischen, der Frühaufklärung verwandten Religionsphilosophie seine eigene Auffassung über Angelegenheiten des Glaubens artikulieren. Religion ist das Terrain einer schamlosen Instrumentalisierung Gottes für die eigenen Interessen, ein Spielfeld der Passionen und der rücksichtslosen Verlagerung religiöser Energien in die Arena politischer Interessen. »Gottes außerordentlicher Beistand gebührt dem Glauben

17 Vgl. Gericke 1989.

und der Religion, nicht unsern Leidenschaften. Hier sind die Menschen Rädelsführer und bedienen sich dabei der Religion: gerade umgekehrt müßte es sein.«[18] Auch hier ist es vor allem die Orthodoxieversessenheit, die solches Unheil anrichtet. Mangels Ehrfurcht vor der Majestät Gottes hat sich eine leichtsinnige und brandgefährliche Rechthaberei ausgebreitet, eine »gräuliche Schamlosigkeit, mit der wir uns die göttlichen Wahrheiten wie Fangbälle zuspielen«.[19] Aber Montaigne wird nun nicht nur mit der Orthodoxiesucht ins Gericht gehen und die Plapperei ›in Gottesdingen‹ für die Kränkungen des Höchsten verantwortlich machen. Jetzt geht er einen Schritt weiter. Das, was zur Disposition steht, ist nichts weniger als die angebliche »Sonderstellung des Menschen im Kosmos«, die Behauptung, der Mensch sei singulär und deshalb mit einer anderen Nähe zum Göttlichen ausgestattet als die übrigen Kreaturen.

Die Degradierung der Tiere sei nur die Kehrseite einer Hybris, die den Menschen auf Augenhöhe mit Gott katapultiert, so daß er sich anmaßt, über diesen ein adäquates Wissen zu besitzen. »Aus dem Hochmut dieser gleichen Einbildung kommt es, daß er sich Gott gleichstellt, daß er sich göttliche Eigenschaften beimißt, daß er sich auserlesen dünkt und vom großen Haufen der übrigen Geschöpfe absondert, den Tieren, seinen Brüdern und Genossen, ihr Teil zuweist und ihnen das Maß von Fähigkeiten und Kräften zuwägt, das er ihnen gönnen will.«[20] Mit dieser Anmaßung überhebt sich der Mensch allerdings. Die von ihm willkürlich etablierte Hierarchie im Reich der Lebewesen findet in der Vertikalisierung der Lebensverhältnisse, in den Rang- und Standesunterschieden der Menschen untereinander, ein Pendant. Auch hier liegt eine gewaltige Täuschung vor, ein Blendwerk, das den Schein über das wirkliche, das oft allzu klägliche Sein stellt. »Die Seelen der Kaiser und der Flickschuster sind über einen Leisten

18 Montaigne, Buch II, XII, S. 427.
19 Ebenda, S. 428.
20 Ebenda, S. 433.

geschlagen.«[21] Solche Sätze mögen in den Ohren eines Zeitgenossen der Moderne einen vertraut literarisch-philosophischen Klang mit einem existentialistischen Oberton besitzen. Im Kontext einer durch Ehrezuteilung gefügten Gesellschaft verliert die Aussage freilich jegliche Harmlosigkeit, die sie in einer isoliert philosophischen Umgebung eventuell haben mag. Montaigne schlägt nun freilich die Brücke zu den Anmaßungen, die in religiösen Angelegenheiten gleichsam in der Perspektive dieser Selbsttäuschung des Menschen ihre faulen Früchte abwerfen. Die Hierarchie, die der Selbstdünkel schafft, läßt auch Wissensprivilegien entstehen, die genauso wenig Bestand haben können wie die ihnen zugrundeliegenden Gattungs- und Gesellschaftsprivilegien.

»Die Pest des Menschen ist die Einbildung, zu wissen. Darum preist uns unsere Religion so eindringlich die Unwissenheit als ein dem Glauben und Gehorsam förderliches Ding. Sehet zu, daß euch niemand beraube durch Weltweisheit und einen Trug nach den Satzungen des Menschen.«[22] Erneut treffen wir auf die Liaison von Glaubensauthentizität und Zurückweisung allen ›weltlichen‹ Wissens. Montaigne ist davon überzeugt, daß wir kaum wissen *können*, wie es sich in der Welt der Transzendenz verhält, weshalb wir uns solcher Aussagen auch enthalten sollten. Damit wird aber der Boden entzogen, auf dem alle Streitigkeiten und Inquisitionsverfahren über den ›rechten‹ Glauben errichtet sind. Wenn es ein adäquates Wissen über Gott letztlich nicht geben *kann* und wir uns im Grunde nur mit einer existentiellen Scheu und Ehrfurcht, vor allem aber in der Haltung einer Übereinstimmung zwischen dem nach außen getragenen Schein und der persönlichen Aufrichtigkeit dem Überweltlichen nähern sollen, kann die Ehre Gottes auch nicht durch angebliche Häresie geschändet werden. Es entfällt somit *ein* Lästerungsgrund. An dieser Stelle aber skizziert Montaigne in einigen wenigen Zügen sein eigenes Gottesbild, das Bild, das er menschheitsgeschichtlich

---

21 Ebenda, S. 437.
22 Ebenda, S. 441.

betrachtet für *wahrscheinlich* hält. Es ähnelt bereits in hohem Maße den deistischen, aber auch den philanthropisch anmutenden, weichen Gottesvorstellungen der Aufklärung.

»Unter allen alten und menschlichen Anschauungen über die Religion dünkt mich die am meisten Wahrscheinlichkeit und Ziemlichkeit zu haben, die Gott als eine unbegreifliche Macht, Ursprung und Erhalterin aller Dinge, Inbegriff aller Güte und Vollkommenheit erkannte, die wohlgefällig die Verehrung und Andacht der Menschen aufnehme, unter welchem Namen und in welcher Gestalt sie ihm auch dargebracht werde.«[23] Begriffe wie »Wahrscheinlichkeit« und »Ziemlichkeit« werden zu Gütesiegeln der Gotteserkenntnis und nicht zu einem impliziten Vorwurf mangelnder Glaubensstärke und schwächelnden Orthodoxiewillens. Aussagen über Religionsdinge haben lediglich einen ›probabilistischen‹ Charakter. Über den Höchsten können Wissensbehauptungen sozusagen nicht höchstwahrscheinlich, sondern höchstens wahrscheinlich sein. Wer sich über Religion unterhält, sollte dies mit größter Vorsicht, mit Zurückhaltung und Nachsicht tun, denn mehr als Vorläufiges ist über die eigene wie über die fremde Religion nicht zu erfahren. Der epistemologische Erkenntnisvorbehalt, den Montaigne hier andeutet, läßt nur eine Schlußfolgerung zu – Häresiestreitigkeiten sind *bedeutungslos*. Wer über Orthodoxie mit anderen ins Gericht geht, führt eine Debatte, die unter Sinnlosigkeitsverdacht steht. Denjenigen, der hier schlichten könnte, kann man nicht fragen. Und mehr noch – zum Leben miteinander braucht es auch nichts Genaueres.

Das Gottesbild, das Montaigne hier vorschlägt, läßt aber einen weiteren Grund für die Verfolgung von Ehrkränkungen Gottes überflüssig werden. Der Charakter des Höchsten scheint für heftige Gefühlsschwankungen kaum zugänglich. Man hat den Eindruck, als würden solche Schwankungen, weil sie anthropomorphen Ursprungs sind, die göttliche Verehrungs*würdigkeit* eher schmälern als plausibel machen. Die

23 Ebenda, S. 449.

distinguierte Güte, die Gott eignet, und seine konstruktiven Erhaltungsabsichten lassen Zornesausbrüche und Vernichtungsaufwallungen eher unwahrscheinlich erscheinen. Ein Gott, der verehrungs*notwendig* ist, weil seine Leidenschaften prompte Reaktionen auf Beleidigungen und Kränkungen hervorzurufen scheinen, ist weniger verehrungs*würdig* als jener, der solche Turbulenzen im Bereich Seiner Passionen nicht über sich ergehen lassen muß.

Montaigne scheut sich nicht, immer wieder einen supernaturalistisch anmutenden Religionsbegriff, der mit seinem katholischen Bekenntnis kompatibel ist, zu favorisieren. Aber erst die *Ferne*, die dieser Religionsbegriff zu unseren Verstandeskategorien hat, vermag den Orthodoxiewahn mit seiner Bereitschaft, sein angemaßtes Letztwissen nötigenfalls mit Gewalt durchzusetzen, auf Abstand zu halten. Alle Aussagen über das Letzte sind vorletzte Aussagen. »Was man uns auch predigt, was wir auch lernen, wir sollten immer bedenken, daß es der Mensch ist, der gibt, und der Mensch, der empfängt; eine sterbliche Hand reicht es uns dar, und eine sterbliche Hand nimmt es auf. Die Dinge, die uns vom Himmel kommen, haben allein Recht und Macht, uns zu überzeugen; sie allein tragen den Stempel der Wahrheit; und auch diesen sehen wir nicht mit unseren Augen und fassen ihn nicht durch unser eigenes Vermögen.«[24]

Am Schluß des berühmten Essays erfolgt dann eine Passage, die in weiten Stücken Plutarch entlehnt ist, aber in Montaignes Paraphrase zu den schönsten und am tiefsten bewegenden Texten der frühneuzeitlichen Philosophie gehört. Die Lehre, die man aus diesem Text ziehen kann, lautet: Es gibt weder auf der Subjektseite noch auf Gottesseite Gründe, sich in Ehr- und Lästerungskonflikte zu verstricken. Der Mensch ist nicht *fähig*, ein Wissen zu erlangen, über das es sich lohnt, einen Streit über Leben und Tod zu führen. Gott hat es nicht *nötig*, sich erregen, kränken und beleidigen zu lassen. In Seiner Ewigkeit verhallen die Lästerungen zu nichtigsten Nichtig-

24 Ebenda, S. 465.

keiten. »Am Ende«, so schreibt Montaigne, »gibt es überhaupt kein beständiges Sein, weder in unserem Wesen noch im Wesen der Dinge. Und wir und unser Urteil und alle sterblichen Dinge fließen und wogen unaufhörlich dahin. So läßt sich nichts Gewisses vom einen zum andern ermitteln, und der Urteilende und das Beurteilte sind in fortwährender Wandlung und Schwankung begriffen. Wir haben keinerlei Beziehung zum Sein; denn die ganze Natur des Menschen ist beständig zwischen dem Werden und dem Sterben unterwegs und teilt von sich nichts mit als einen dunklen Schein und Schatten und ein ungewisses und haltloses Wähnen. Und wenn ihr etwa von ungefähr euer Denken darauf richtet, sein Wesen zu fassen, so ist es nicht mehr und nicht weniger, als wenn jemand Wasser zusammenballen wollte: denn je mehr er umklammert und umspannt, was nach seiner Natur nach allen Seiten zerrinnt, desto mehr wird er verlieren, was er ergreifen und festhalten wollte. 〈...〉 sondern alle Dinge sind entweder geworden, oder im Werden oder im Vergehen. Aus diesem Grund wäre es Sünde, von Gott, welcher der Alleinige ist, der ist, zu sagen, er war, oder er wird sein. Denn diese Worte sind Zeitworte, Übergänge oder Wandlungen dessen, was nicht dauern noch im Sein verharren kann. Daher muß man schließen, daß allein Gott ist, nicht nach irgendeinem Maße der Zeit, sondern nach einer unbewegten und unbeweglichen Ewigkeit, die von keiner Zeit gemessen wird und keiner Wandlung unterliegt; vor dem nichts ist, noch nach ihm, noch neuer und jünger sein wird, sondern ein wirklich Seiendes, das durch ein einziges Jetzt das Immer ausfüllt.«[25]

25 Ebenda, S. 482 f.

B.
BARUCH DE SPINOZA: GOTTESABSTRAKTIONEN UND AFFEKTVERLUST DER TRANSZENDENZ

Ein knappes Jahrhundert nach dem Tod Montaignes, im Jahr 1670, erscheint Spinozas *Theologisch-politischer Traktat.* Wir befinden uns nun in der Frühphase der Aufklärung, in der Phase der »radical Enlightenment« (Jonathan Israel). Wie wir gerade gesehen haben, gerät der Tatbestand der Gotteslästerung – längst vor seiner Modifikation in den strafrechtlichen Regelungen – durch den philosophisch verursachten Wandel in der theologischen Epistemologie unter Druck. Besser gesagt – dort, wo abseits der kirchlichen Theologie über die Erkenntnisbedingungen Gottes in freier Reflexion nachgedacht wird und der Hiatus zwischen jener traditionellen Theologie und dieser ungebundenen Reflexion wächst, müssen auch zwangsläufig die Bedingungen der Blasphemie, die von jenen Wissensvoraussetzungen ganz und gar abhängig sind, ins Wanken geraten. Denn je nach dem Gottesbild, das durch eine solche Epistemologie zugelassen wird, ändern sich auch die Möglichkeiten, überhaupt blasphemische Gedanken zu fassen und als gotteslästerlich indizierte Handlungen zu tätigen. Spinozas Schriften können als einer der kühnsten Gegenentwürfe zur Tradition christlicher und jüdischer Theologie verstanden werden, als Versuch, sich mit aller Macht philosophischer Kritik gegen die Gewalt zu stemmen, die von jenen Theologien aus der Perspektive einer neuen Kultur ausgeht, die sich langsam auf ein Zeitalter postkonfessioneller Politik einzustellen versucht.

Die Kritik, die Spinoza aufbietet, ist deshalb so wichtig, weil sie sich – entschiedener und expliziter als die Position Montaignes – als *Erkenntniskritik der Theologie* darstellt. Vor diesem Hintergrund erweist sich der überlieferte Traktat über die Blasphemie schlicht als obsolet. Die erkenntnistheoretische Revolution, die Spinoza entfesselt, hängt mit seiner Ansicht zusammen, daß es keinerlei *spezifische* Gotteserkenntnis gibt. Dessen Epistemologie und die Erkenntnisbedingungen der übrigen Seienden können nicht voneinander getrennt werden. Im Zuge einer gänzlichen Immanentisierung Gottes müssen die Möglichkeiten einer separaten Gotteserkenntnis wie Schnee unter der Sonne dahinschmelzen. In wenigen trockenen Sätzen wird das Fundament der Theologie, das geradezu den Status einer unhinterfragten und unumstößlichen Evidenz besaß, über den Haufen geworfen. Wirklichkeitserkenntnis *ist* Gotteserkenntnis. Letztere befindet sich nicht in einem Jenseits des gewöhnlichen Wissens. Und darüber hinaus wird – gleichsam en passant – diese Erkenntnis der üblichen Seienden als ethischer Richtwert deklariert. »Je mehr wir die natürlichen Dinge erkennen, desto vollkommener erkennen wir das Wesen Gottes. Und so hängt also unsere ganze Erkenntnis, d. h. unser höchstes Gut, nicht so sehr von der Erkenntnis Gottes ab, sondern besteht vielmehr ganz und gar in ihr.«[26]

Es gibt also gar keine exklusive Erkenntnis Gottes. Daher könnte man schlußfolgern, daß das Wissen über den Höchsten im Grunde Gemeingut darstellt und von jedem auch ohne eine Spezialoffenbarung, die den Atem historischer Partikularität atmet, erworben werden kann. Eine solche Demokratisierung der theologischen Epistemologie hat aber weitreichende Folgen. Der Anti-Partikularismus Spinozas führt nicht nur zu der Konsequenz, daß nun allgemeingültige und allgemein *zugängliche* Wissensbedingungen im Hinblick auf Gott vorausgesetzt werden. Gott selbst muß vielmehr von allen Partikularismen und Idiosynkrasien gereinigt werden, die *Zusatzbedingungen* erforderlich machen würden, mit deren Hilfe jene Besonderheiten »loco vel tempore« erkannt werden könnten. Vor allem die Vorstellung, Gott hätte einen Affektehaushalt, der dem unsern vergleichbar wäre, kann dann nicht länger aufrechterhalten werden. Darüber hinaus hätte die Affektanfälligkeit Gottes zur Folge, daß unter der strengen Bedingung eines radikalen Immanentismus die Rea-

26 Spinoza, *Traktat*, Kap. IV, 68.

lität ihre Vertrauenswürdigkeit und Verläßlichkeit ganz und gar einbüßen müßte. Aufgrund von Gottes Gemütsverfaßtheit hätten wir nicht nur – wie im traditionellen Theologieparadigma – im Falle seiner Beleidigung gezielte Strafaktionen zu fürchten, sondern die Wirklichkeit selbst würde in Gänze an den emotionalen Erschütterungen Gottes und seinen Vergeltungsaktionen zugrunde gehen. Spinoza vermeidet deshalb die Vorstellung, Gott unterhielte – neben dem Wissen, in dem er zum Ausdruck kommt – eine wie immer geartete affektive Beziehung zum Menschen. »Denn die Liebe Gottes geht aus seiner Erkenntnis hervor, seine Erkenntnis aber ist aus an sich gewissen und bekannten Gemeinbegriffen zu schöpfen; gar nicht zu denken, daß der Glaube an Geschichten ein notwendiges Erfordernis sein sollte, um zu unserm höchsten Gut zu gelangen.«[27]

Damit wird unmißverständlich ein Standpunkt jenseits der narrativen Struktur mythischer oder offenbarungsabhängiger Texte eingenommen. Deren Gehalt und deren Kategorien gelten als vorläufig, weil sie kein adäquates Wissen enthalten. Dort, wo in der Bibel beispielsweise Gesetze oder Verordnungen gegeben werden wie im Falle Moses, hat deren präskriptive Gestalt vor allem mit einem Erkenntnismangel angesichts der »ewigen Wahrheiten« auf seiten ihres Urhebers zu tun. Auch alle Prädikate und Kategorien, die in einem solch narrativen und präskriptiven Kontext Gott zugeschrieben werden, müssen als defizient erscheinen. Gott *ist* weder »Gesetzgeber« noch »Führer«. Wer über richtiges und angemessenes Wissen verfügt, wird keines solcher Prädikate benötigen. Diese sind »doch alles Attribute bloß der menschlichen Natur, die von der göttlichen Natur völlig ferngehalten werden müssen«[28] Christus, »der Mund Gottes«, verfügte über eine solche adäquate Erkenntnis, »obgleich auch er«, so fügt Spinoza fast etwas enttäuscht hinzu, »Gesetze im Namen Gottes geschrieben zu haben scheint.«[29]

27 Ebenda, S. 70.
28 Ebenda, S. 73.
29 Ebenda.

Nun wird eine solch adäquate Erkenntnis nicht jedem zuteil. Und es liegt Spinoza fern, die Schrift beispielsweise auf Wissen oder gar auf Wissenschaft zu reduzieren. Die heiligen Texte bestreiten nämlich nicht die Unwissenheit, sondern vielmehr den Ungehorsam. Gehorsamkeit gegenüber Gott wird ausschließlich in der Liebe zum Nächsten sichtbar und nicht in den Übungsseminaren der Metaphysik eingeübt. Wenn sogar den Erzvätern der Name *Jehovah* nicht bekannt war, dann wird in diesem Sachverhalt deutlich, daß Gott in erster Linie nicht Erkenntnis, sondern Glaube verlangt. Niemand könne zu adäquatem Wissen gezwungen werden. Dann erfolgt der folgenschwere Satz: »daß die Menschen durch kein Gebot verpflichtet sind, die Attribute Gottes zu erkennen.«[30] Die Gotteserkenntnis wird nun gleichsam von zwei Seiten her vereinfacht: Zum einen gilt, daß wir Gott mit den Mitteln der natürlichen Ratio erkennen können. Die »Gemeinbegriffe«, die wir benötigen, setzen keinerlei Sonderquelle der Gotteserkenntnis voraus. Auf diesem Wissen lastet nicht die Schwere offenbarungstechnischer Exklusivität, und infolgedessen ist auch keine Orthodoxieinstanz nötig, die über die Art, die Interpretation und die Weitergabe dieses Wissens wacht. Zum anderen braucht diese Erkenntnis über das Grundmaß moralischen Verhaltens hinaus nicht unbedingt spezifiziert zu werden. Niemand wird schließlich abgeurteilt, weil er sich falsche Vorstellungen macht. Deswegen – so müßte man schlußfolgern – kann Gott aber auch nicht durch Irrungen und Wirrungen hinsichtlich seiner Attribute gekränkt werden.

Gotteserkenntnis wird bei Spinoza Wirklichkeitserkenntnis, die für einen gesonderten Pfad relevatorischen oder orthodox-konfessionellen Zuschnitts keinen Raum läßt. Eine solche Erkenntnis, die sich auf Exklusivität berufen müßte, wäre der sichere Weg in eine Fanatisierung, die wir in den Angelegenheiten der Religion allzugut kennen. Im Grunde wird Gott bei Spinoza durch die Wirklichkeit selbst attri-

30 Ebenda, S. 208.

buicrt, so daß getrennte Wege zu einem Wissen über Ihn, die sich nicht der »Gemeinbegriffe« bedienen, nicht in Frage kommen. Die Erkenntnis Gottes wird temperiert durch die Erkenntnis der Dinge. Darüber hinaus wird Gott vor allem in den moralischen Verhaltensweisen der Menschen sichtbar. Die moralischen Prädikate stimmen gleichsam mit den für den Menschen unmittelbar relevanten Attributen Gottes überein. Deshalb steht für Spinoza außer Zweifel, daß »Gott keine andere Erkenntnis seiner selbst durch die Propheten von den Menschen fordert, als die Erkenntnis seiner göttlichen Gerechtigkeit und Liebe, also solcher Attribute Gottes, wie sie die Menschen durch eine bestimmte Lebensweise nachahmen können«.[31]

Vielleicht sind wir kaum noch imstande, die Erleichterung zu spüren, die von einer solch *praktischen* Transformation der Gotteserkenntnis einst ausgegangen ist. Aber hier konnten Menschen erstmals die Falle der Orthodoxie vermeiden, in die sie allzuschnell hineintappten, wenn die göttlichen Attribute zum Gegenstand konfessionellen Schutzes und strafrechtlicher Sanktionen wurden. Auf ein solches Bündnis zwischen Rechtgläubigkeit und Verfolgung kommt es nun nicht mehr an, denn es hätte kein ›fundamentum in re‹, in diesem Falle keine Grundlage im Wesen Gottes selbst. Ebenso wie die Erkenntnis Gottes eine Angelegenheit der Vernunft und nicht der Konfession ist, hat die Moral, in der diese Erkenntnis praktisch wird, eine Vernunftbasis, die auf Sonderwege und Exklusivzugänge keineswegs angewiesen ist. Von den Propheten gilt, »daß sie keine Moral gelehrt haben, die mit der Vernunft nicht vollkommen übereinstimme. Denn es ist kein bloßer Zufall, daß das Wort Gottes in den Propheten mit dem Worte Gottes, das in unserem Inneren spricht, ganz und gar übereinstimmt.«[32]

Wichtiger noch für die Thematik der Gotteslästerung als diese Temperierung der Gotteserkenntnis ist Spinozas Affek-

31 Ebenda, S. 209.
32 Ebenda, S. 229.

tenlehre, in der die Vorstellung, Gottes Gemüt ließe sich menschenähnlich verstehen, konsequent bestritten wird. »So legt auch, wer die göttliche Natur mit der menschlichen verwirrt, Gott gar leicht menschliche Affekte bei.«[33] Daß Gott Affekte besitzt, wird demnach nicht geleugnet, aber sie unterscheiden sich in signifikanter Weise von den menschlichen. Aber was versteht Spinoza unter »Affekten«? »Unter Affekt verstehe ich die Affektionen des Körpers, durch die die Wirkungskraft des Körpers vermehrt oder vermindert, gefördert oder gehemmt wird, und zugleich die Idee dieser Affektionen.«[34] Von Belang ist der letzte Halbsatz, denn dieser intellektualistische Zusatz wird im Falle Gottes zu einem radikalen Wandel in der Auffassung über seinen Affektenhaushalt führen. *Wir* jedenfalls leiden unter unseren Affekten, wenn »in uns etwas geschieht oder aus unserer Natur etwas folgt, wovon wir bloß eine Teil-Ursache sind«.[35] Wir sind keine »adäquate« Ursache dessen, was in uns vorgeht, und leiden deshalb unter den Affekten, wenn wir sie nicht »klar und deutlich verstanden« haben. Das richtige Verstehen – der Besitz der klaren und deutlichen »Idee« – hat zur Folge, daß wir handelnde Wesen sein können. Das falsche Verstehen – der Besitz »verworrener« Ideen – läßt uns zu passiven Wesen werden. Wir leiden. »Ein Affekt, der als ein Leiden des Gemüts bezeichnet wird, ist eine verworrene Idee, durch die die Seele von ihrem Körper oder einem seiner Teile größere oder geringere Existenzkraft als vorher bejaht, und durch deren Vorhandensein die Seele selbst bestimmt wird, mehr als dies als an jenes zu denken.«[36]

Affekte werden also zu wirklichen *Leiden*schaften, wenn sie nicht angemessen erkannt werden. Die Abhängigkeit, die dadurch entsteht, ist menschentypisch, aber es wäre ein gewaltiger Fauxpas, auch Gott, der über das ganze Repertoire der

33 Spinoza, *Ethik*, I. Teil, S. 8.
34 Ebenda, III. Teil, S. 110.
35 Ebenda.
36 Ebenda, S. 184.

Affekte selbstverständlich verfügt, ähnliche Passivitätsschübe zu unterstellen, indem man Ihm zügellose Strafaktionen als fatale Folge von Rache und Zornesausbrüchen zuschreibt, wie wir sie aus *unserem* emotionalen Mikrokosmos bestens kennen. Nicht nur ein leiser Zweifel darüber, ob man Gott nicht allzu leichtsinnig in die Nähe menschlicher Leidenschaften gerückt hat, tut sich hier auf, sondern gleichsam der Verdacht, Gott könne erst recht dadurch gekränkt werden, daß man Ihm Kränkungsanfälligkeit unterstellt. Spinoza will das Gottesbild von solch unheilsschwangeren Anthropomorphismen reinigen, denn sie würden als Folge des radikalen Immanentismus Gottes die Stabilität des gesamten Seins katastrophal gefährden. Die Erregbarkeit Gottes hätte nämlich die denkbar unmittelbarste Konsequenz, daß sich das Sein ständig am Abgrund der kompletten Erschütterung und Vernichtung befände. Eine solche Welt könnte zu jeder Zeit von ihrem Urheber widerrufen werden, denn seine Attacken auf den Menschen als erregte Reaktionen auf deren Attributenfehler oder Beleidigungen hätten unter den Bedingungen von Gottes Immanentismus die Annihilierung des Seins zur Folge. In einer solchen Welt zu leben kann keinem Wesen zugemutet werden.

Man kann Spinozas Versuch, die Welt dadurch zu stabilisieren, daß eine Gotteskommunikation auf der Grundlage ständigen Erregungsaustausches *ausgeschlossen* wird, als eine frühmoderne Form der Vertrauenssicherung auf dem Hintergrund wachsender Komplexitätsschübe würdigen. Das bis weit über das Mittelalter hinaus gültige Paradigma einer göttlich verbürgten *ordo*, die wie ein Lebensnerv sowohl Dinge als auch Menschen durchzieht, ist zu diesem Zeitpunkt metaphysisch wie politisch schon längst kollabiert. Die alte Welt hat ihre Vertrautheit eingebüßt, und neues Vertrauen muß erstmals generiert werden. Philosophisch ist das Subjekt auf die Bühne getreten und verlangt, daß sich die Validität des Seins im Gang durch die Selbstreflexion erst erweisen muß. Das *cogito* hat den Platz der *ordo* okkupiert. Das Bewußtsein geht dem Sein voraus. Gleichzeitig rückt ein Wissenschaftsparadigma ins Blickfeld, das seit Francis Bacon eine Seinsbemächtigung und eine Wirklichkeitstransformation unter Zugrundelegung empirisch kontrollierter Erkenntnis favorisiert. Bloße Welt*vertrautheit*, die sich auf die Verläßlichkeit und auf die Normativität der Vergangenheit berufen kann, kann nun kaum mehr ausreichen. Welt*vertrauen*, das auf die Zukunft gerichtet ist, verlangt neue Techniken der Vertrauens*herstellung*.

Eine Welt, deren Ordnung durch den Höchsten *letztlich* erhalten und affirmiert wird, wobei die messerscharfe Differenz zwischen Ihm und ihr ständig gewahrt bleibt, kann die Lästerung Gottes verkraften. Anläßlich Seiner Beleidigung sind okkasionelle Strafaktionen jederzeit möglich, aber auch diese bestätigen trotz oder gar wegen des subjektiven und kollektiven Leids, das sie hervorrufen können, die Gefügtheit der Welt. Spinozas Immanentismus, der für eine Erkenntnis Gottes als einer nicht-weltlichen Wesenheit so gut wie keinen Platz läßt, bindet Gott größtmöglich an die Welt selbst. Er ist deren *immanente* Ursache, wie der Philosoph nicht müde wird zu betonen. Aber infolgedessen ist auch das Subjekt anders auf die Welt verwiesen als zuvor. Es existiert kein externer theistischer Beobachter mehr, mittels dessen Welterhaltungsabsicht sich dieses Subjekt vertrauensvoll auf die Welt verlassen kann, weil er sie gleichsam aus der Perspektive Gottes imaginativ in Augenschein nehmen kann. Auch das Subjekt ist nun radikal weltimmanent geworden.

Sein Weltvertrauen muß deshalb ebenso weltimmanent rekonstruiert werden. Gott ist allerdings auf dem Weg einer zweifachen Operation kalkulierbar geworden: Er ist erstens an die »Gemeinbegriffe« angeschlossen, die ihn ihrerseits an die Seinsbedingungen anschließen. Und zweitens sind Seine Affekte unter die vollständige Kontrolle Seiner Selbsterkenntnis geraten, weshalb sie nicht zu schwer einschätzbaren Leidenschaften mit unkalkulierbaren Folgen werden können. Die Welt ist nicht mehr die Bühne eines Stücks, auf der Gott seine Leidenschaften letztlich nach Belieben walten lassen kann, wobei der Mensch Ihm dennoch vertrauen soll. *Diese* Art von Gottesvertrauen ist erstmals vertrauensunwürdig geworden. Das Delikt der Gotteslästerung ›strictu senso‹ repräsentierte noch eine Welthaltung, indem man trotz des Beleidigungsrisikos Gottes auf dessen Person und auf dessen Welterhaltungsabsicht vertrauen konnte. Gott erschien als der Garant eines Weltvertrauens, das auch von seinen Affektausbrüchen letztlich nicht erschüttert werden konnte. Dies hing mit der scharfkantigen Differenz von Gott und Welt zusammen. Die Beleidigung Gottes *ist* keine Weltbeleidigung. Aber wenn die Unterscheidbarkeit Gottes von der Welt kaum mehr geleistet werden kann, hätte die Beleidigungsbereitschaft Gottes gleichsam monströse – materielle – Konsequenzen. Die Blasphemie käme eben einer Weltbeleidigung gleich. Dieses Risiko kann niemand tragen wollen. »Wer vertraut, muß nämlich seine eigene Risikobereitschaft unter Kontrolle halten. Er muß, und sei es nur zur Selbstvergewisserung, sich klarmachen, daß er nicht bedingungslos vertraut, sondern in Grenzen und nach Maßgabe bestimmter, vernünftiger Erwartungen. Er muß sich selbst in seinem Vertrauen zügeln und kontrollieren. Das ist Teil der Motivstruktur, die das Vertrauen ermöglicht, und geschieht dadurch, daß er sich sein Objekt mit Hilfe von Symbolen der Vertrauenswürdigkeit nahe bringt.«[37]

Das Subjekt, das die Bühne der Neuzeit betreten hat, kann sich nicht mehr auf die Garantien, die der überweltliche Gott einst bereithielt, redlicherweise verlassen. Gottes »potestas«, seine Willensmacht, scheint im Laufe der frühen Neuzeit die Einfesselung durch Vernunft endgültig abgeworfen zu haben, so daß der Welterhalter zum Weltrisiko geworden ist. Die in den Spättheologien des Mittelalters immer stärker exponierte »potestas absoluta« dieses Gottes brauchte sich um die Grenzen des durch Vernunft noch Tragbaren nicht zu scheren. Spinozas Lehre vom »conatus«, von der Tendenz eines jeden Wesens, sich selbst zu erhalten,[38] drückt jene Sorge um »Selbstbehauptung« aus, die angesichts der Erschütterungen

37 Luhmann 1973, S. 31.
38 *Ethik*, III. Teil, Lehrsatz 6, S. 118.

der Glaubenskriege und der Expansion der vertrauten Welt ins Unübersichtliche die »eigene Risikobereitschaft unter Kontrolle halten« muß. Das Subjekt sucht zunächst einmal Schutz bei sich selbst. Intellektuell geschieht dies, indem die einstige Glaubensgewißheit Techniken der Herstellung von Selbstgewißheit weichen muß. Das Wissen richtet sich nicht mehr am Glauben aus, sondern an sich selbst. »Aus der Not der Selbstbehauptung ist die Souveränität der Selbstbegründung geworden.«[39]

Vernunftbasiert muß sich das Selbst hier die elementarsten Erhaltungsbedingungen allererst erarbeiten. Dazu gehört – bei Spinoza – der Versuch, Gott in diese Bedingungen des Subjekts gleichsam zu inkorporieren. Wenn es am Ende der *Ethik* heißt, daß »je mehr wir die Einzeldinge erkennen, um so mehr Gott erkennen«[40], haben sich die traditionellen epistemologischen Verhältnisse radikal umgekehrt: Das Fernste oder dasjenige, das am Ende der Stufenleiter erkannt werden konnte, hat sich in die Mikrologie der Einzeldinge – ganz im Nahbereich unseres Lebens – versenkt. Es sind die Gemeinbegriffe, die den Menschen davor schützen, sich den unkalkulierbaren Folgen eines Offenbarungswissens oder eines exklusiven konfessionellen Zugangs zum Höchsten aussetzen zu müssen. Die Differenz zwischen Gott und der Wirklichkeit hat sich in diesem großartigen Versuch, Vertrauen durch »vernünftige Erwartungen« zu produzieren, nahezu auf ein ontologisches Nichts reduziert, und somit ist auch der Abstand zwischen Gott und dem erkennenden Subjekt äußerst durchlässig geworden. Wenn Spinoza behauptet, daß die »geistige Liebe der Seele zu Gott 〈...〉 Teil der unendlichen Liebe [ist], womit Gott sich selbst liebt«[41], läßt sich kaum übersehen, wie prekär die Trennung von Selbstliebe und Gottesliebe fortan geworden ist.

Die Welt wird hier anders *gelesen*, als dies im Mittelalter

39 Blumenberg 1974, S. 216.
40 *Ethik*, V. Teil, Lehrsatz 24, S. 283.
41 *Ethik*, V. Teil, Lehrsatz 36, S. 289.

der Fall war. Oder besser gesagt, sie wird nicht mehr gelesen, sondern erobert. Erneut mit Hans Blumenberg könnte man von zwei verschiedenen Weltzugängen sprechen. »Die Welt als Lesbarkeit freundlicher oder unwilliger, drohender oder günstiger Mitteilungen«[42], in der neben seiner Liebe eine Beleidigungsbereitschaft Gottes existierte, die auf Affekten des Zorns, der Eifersucht und der Rache beruhte, hat sich verflüchtigt. Selbst- und Weltkontrolle sind an deren Stelle gerückt. Die mit der »Lesbarkeit« inkommensurable neue Welterfahrung ist die einer »Weltverfügung« geworden, in der Gotteslästerung zunehmend unerfahrbar und undenkbar geworden ist. Und die Ethik der Affektbändigung mittels Erkenntnis kann der »Ehre« schon gar keinen prominenten Platz mehr einräumen. Ehre und Scham – die moralischen Basisaffekte der überkommenen Kultur – sind ihrerseits vertrauensunwürdig geworden. Sie verleiten zu einer heillosen Selbstüberschätzung.

Die Ehre »ist eine bestimmte Art Freude, die jeder in sich fühlt, wenn er gewahr wird, daß sein Tun von andren geachtet und gepriesen wird, ohne Rücksicht auf irgendeinen Vorteil oder Gewinn, den man im Auge hätte«. Dagegen ist die »Scham eine gewisse Trauer, die in jemandem entsteht, wenn er sieht, daß sein Tun von andren verachtet wird ohne Rücksicht auf irgendeinen Nachteil oder Schaden, den man im Auge hätte«. Jedoch sind diese Affekte mit »Eitelkeit und Unvollkommenheit« verknüpft, sobald sie – wie so oft – mit der Eigenliebe einhergehen und mit ihnen die Vorstellung verbunden wird, der Mensch sei Ursache seiner Handlungen.[43] Erst recht wird die Vorstellung, auch Gott ließe sich von Gefühlen der Ehre leiten, eine gottesunwürdige Unterstellung. In der Erkenntnis des Höchsten ist das Erregungspotential der Leidenschaften gleichsam zum Erliegen gekommen. »Daher dürfen wir in Wahrheit schließen, daß Liebe, Haß, Trauer und andre Leidenschaften in der Seele jeweils anders ver-

42 Blumenberg 1986, S. 11.

43 Spinoza, *Kurze Abhandlung*, 2. Teil, Kap. 12, S. 84 f.

ursacht werden, je nach der Gestalt der Erkenntnis, die die Seele jemals von den Dingen hat, und daß es folglich, wenn sie einmal das Allerherrlichste kennen lernt, unmöglich wäre, daß irgendeine dieser Leidenschaften in ihr die mindeste Aufregung verursachen könnte.«[44] Aber dies gilt ebenso für Gott selbst.

C.
SAMUEL VON PUFENDORF UND MONTESQUIEU: VERNUNFTRECHT UND SOZIALE ERHALTUNGSIMPERATIVE

Eine höchst aufschlußreiche Auskunft über die Umgangsweise mit der Gotteslästerung findet man auch in der späteren Aufklärung. Dabei ist die Aufmerksamkeit, die man der Blasphemie im strikt *theologischen* Wortsinn widmet, bereits erheblich gesunken. In der Strafgerichtspraxis gilt dies jedoch keineswegs und auch in den juridischen Regelungen kann davon zunächst keine Rede sein. Ebenso interessant wie diese sind aber die Staatsrechtstraktate dieses Zeitalters, weil sie das Fortleben der Blasphemie – von einem Nachleben kann eben noch längst nicht gesprochen werden – in einem gewandelten Kontext zeigen: Das neuzeitliche Naturrecht, wovon jene Traktate einen substantiellen Teil ausmachen, reflektiert das Erbe der einst metaphysischen und religiösen Begründung von Recht und Moral in einem nunmehr *vernunftrechtlichen* Rahmen, der den Anspruch erhebt, eine rationalistische Rekonstruktion der in jenen Systemen implizierten Pflichten und Rechte zu bewerkstelligen. Aus ersten Vernunftsätzen werden alle weiteren Implikationen und Konkretisierungen schrittweise geschlußfolgert. Diese vernunftrechtliche Ableitung kann – aufgrund des Universalcharakters der menschlichen Ratio – jedermann zugemutet werden und hat deshalb ebenso universell gültige Satzungen zur Folge. Eine solche

44 Ebenda, Kap. 19, S. 107.

Deduktion macht demnach Fideismus und Offenbarung, religiöse Legitimationen und kirchliche Zuständigkeiten *prinzipiell* überflüssig. Insofern kann man Ernst Bloch recht geben, wenn er (in einer sonst eher fragwürdigen Abhandlung zum Thema) vom Naturrecht behauptet, es »ging(e) auf menschliche Würde«,[45] denn die Dignität, *Subjekt* von Rechten und Pflichten zu sein und nicht nur deren Adressat, wird hier erstmals in der modernen Bedeutung des Würdebegriffs verteidigt.

Die ihrem Wesen nach transhistorische Gültigkeit des Naturrechts wird selbstverständlich auch mit geschichtlich vorgegebenen Problemkomplexen konfrontiert. Der Unterschied zwischen »unwandelbarem« und »wandelbarem« Naturrecht trägt nicht nur dem Sachverhalt Rechnung, daß die Anwendung allgemeiner Satzungen die Rücksicht auf partikuläre und variable Umstände erforderlich macht, also Nachsicht[46] verlangt. Darüber hinaus muß historisch Überliefertes, aber (zunächst) Unaufhebbares so interpretiert werden können, daß es in das neue System integriert werden kann. Unter der Rubrik »Wandelbares« muß dies durchgeführt werden.

Samuel von Pufendorf veröffentlichte im Jahr 1673 seine berühmte Abhandlung *Über die Pflicht des Menschen und des Bürgers nach dem Gesetz der Natur*. Diese für den Rechtsunterricht konzipierte Kurzfassung seines Systems des Naturrechts hat nahezu ein Jahrhundert lang jenen Unterricht geprägt. Auch wenn Pufendorf sich kaum unmittelbar mit der Blasphemie befaßt, wird in dem Traktat deutlich, in welch neuer Zone rechtsphilosophischen Zuschnitts ein solches Delikt überhaupt noch thematisiert werden kann, ohne daß seine Behandlung den Geruch des bloß rückwärts Gewandten verströmt. Pufendorf präsentiert uns in diesem Zusammenhang auch ein aufschlußreiches Kapitel »Über die Ehre«[47], in dem man einen interessanten Übergang zwischen Ehre- und

45 Bloch, S. 13.
46 Vgl. Wils 2006.
47 Buch II, Kap. 14.

Würde-Argumentation entdecken kann. In diesem Abschnitt wird die »Ehre« teils konventionell mit dem »Ruf« einer Person, teils aber mit deren »Würde« semantisch gleichgesetzt. Dieses Zwischengebiet signalisiert Spannungen zwischen der asymmetrischen Struktur, die einer auf Ehre basierten Moral- und Rechtskultur zugrunde liegt, und der egalitären Ausrichtung des Naturrechts.

»§ 1 Der Ruf ist allgemein betrachtet der Wert einer Person im Leben in der Gemeinschaft, gemäß dem der einzelne mit anderen Personen entweder verglichen oder auf eine Stufe gestellt werden kann oder auch anderen vorzuziehen oder hintanzustellen ist.«[48]

Kaum besser kann man das hierarchische Gefüge skizzieren, welches das Herzstück einer Ehre-Kultur ausmacht. Sie steht und fällt mit der Bewertung fundamentaler Unterschiede. Aber Pufendorf bringt auch innerhalb des Ehrbegriffs Differenzierungen an. Es gibt die »einfache« und die »gesteigerte« Ehre, und zwar jeweils im Zusammenhang mit dem »Naturzustand« und dem »Leben im Staate«. Die »einfache« Ehre im »Naturzustand« ergibt sich aus dem puren Anstand einer Person, nämlich aus der Bereitwilligkeit, sich als jemand »Rechtschaffenes« zu geben, mit dem man gemäß den grundlegenden Geboten des Naturrechts zusammenleben kann. Ehre wird auch hier erworben, aber nicht aufgrund von Auszeichnungen und Privilegien, sondern gewissermaßen als ein gattungsspezifisches Merkmal, das dadurch realisiert wird, daß man moralkonformes bzw. sozialverträgliches Verhalten an den Tag legt. Wer gegen diese vor-staatlichen, gleichsam allgemeinmenschlichen Regeln schwerwiegend verstößt, verwirkt seine »einfache« Ehre. Im Wirkungsbereich spezifisch staatlicher Regelungen besteht diese Ehre darin, daß man ebendiesen Gesetzen, aber auch den Gewohnheiten, die im Wirkungsbereich des Staates verbindlich sind, in seinen Handlungen entspricht. Aber bereits hier kommen Zuweisungs- und Aberkennungsmechanismen zum Zuge, die zum Verlust

48 Pufendorf, S. 196.

der Ehre bzw. zum dauerhaften Fehlen einer solchen führen können. So werden Prostituierte bestenfalls geduldet, aber sie gehören nicht zu der »Gemeinschaft mit Menschen von Ehre«. Verbrecher können mit dem »Verlust der bürgerlichen Ehrenrechte« bestraft werden.

Die »einfache« Ehre kann aber letztlich vom Staat kaum weggenommen werden. In diesem Zusammenhang wird ein Apriori menschlicher Würde, das keinerlei kontingenten Bedingungen unterworfen werden kann, sondern dem Menschen ›qualitate qua‹ zukommt, bereits gestreift. So heißt es im § 10: »Fest steht, daß die schlichte Ehre oder die natürliche Würde niemandem willkürlich durch die Staatsgewalt genommen werden darf. Da dies in keiner Weise zum Nutzen des Staates beiträgt, kann auch nicht angenommen werden, daß ihm eine solche Macht übertragen ist.« Erst in dem Wirkungsbereich der »gesteigerten« Ehre kommen jene traditionellen Bestimmungen zum Zuge, die ganz und gar auf die Differenz und nicht – wie bei der »schlichten Ehre« – auf tendenzielle Gleichheit hinweisen. So formuliert § 11 »Ehre im eigentlichen Sinne ist nämlich der Ausdruck unseres Urteils über die Vorzüge des anderen«. Erst hier wird das Fundament egalitärer Ausrichtung verlassen und eine Nachordnung zwischen Menschen in Sachen »Ehre« postuliert. Dazu gehört in erster Linie – im »Naturzustand« – die ganze Skala an Vorzügen und herausragenden Merkmalen der jeweiligen Person, die zu einer Stufung der Ehre führen. Und auch im Bereich des Staates verhält es sich nicht anders: Hier existiert ebenfalls eine Kaskade von Ehrentiteln, die mit Macht, Besitz und politischem Verdienst zu tun haben. Gradualismus läßt sich unter diesen Bedingungen überhaupt nicht vermeiden. »Unter den Bürgern eines Staates muß der Träger der Staatsgewalt die verschiedenen Grade der Würde festsetzen. Dabei berücksichtigt er mit Recht die Vorzüge eines jeden und seine Fähigkeiten, Verdienste um den Staat zu erwerben. Jeder Bürger hat das Recht, den ihm verliehenen Grad an Würde gegenüber seinen Mitbürgern zu behaupten. Aber er muß sich damit auch zufrieden geben«, lautet das Urteil des § 16.

Ehre-Konkurrenz wird solchermaßen lizenziert, aber gleichzeitig auch limitiert. Es ist noch zu früh, den Ehre-Diskurs zugunsten des Würde-Paradigmas wirklich zu verlassen. Am wenigsten entsprechen die Realverhältnisse diesem Anspruch. Aber den schroffen Antagonismen und der Permanenz der Konflikte, die der Ehre-Kultur entspringen, wird mäßigend entgegengetreten. Das Würde-Prinzip schält sich erst allmählich aus der Schale der durch Ehre kodierten Lebensbereiche heraus.

Was bedeutet dies für das Verhältnis zu Gott, also für die Pflichten, welche die Religion betreffen? Bereits bei Pufendorf ist die Vokabel »natürliche« Religion – einst ein Kampfbegriff der frühen Aufklärung gegen den Partikularismus und Regionalismus der Offenbarungsreligion – zu einem Bestandteil des *ordentlichen* Diskurses geworden. Im Kapitel 4 von Buch I (»Über die Pflicht des Menschen gegen Gott und die natürliche Religion«) behandelt Pufendorf zumindest implizit die Gotteslästerung. Sie wird nicht als solche angesprochen, aber der ideologische Rahmen, der die Blasphemie umgibt, wird sehr wohl von Pufendorfs Äußerungen tangiert. Sowohl die Blasphemie als auch die Häresie werden hier mitverhandelt, ohne daß sie als solche genannt werden müssen. Die Tatbestände haben ihren Charakter allerdings teils erheblich geändert. Für Pufendorf sind es nämlich nicht länger theologisch buchstabierbare Glaubensdifferenzen, die den Tatbestand der Häresie konstituieren. Der Universalismus des rationalistischen Naturrechts kann den Partikularismus, der dem theologischen Disput über Glaubenswahrheiten inhäriert, nicht mehr sanktionieren *wollen.* Nicht nur, daß die endlosen Verfolgungen, die solche Dispute ausgelöst haben, und die Religionskriege mit ihrem brandgefährlichen Amalgam von Politik und Glauben, über Sinn und Zweck der strikt theologischen Argumentation schon längst Zweifel gesät hatten.

Das Naturrecht selbst, das einen Vernunftbegriff hantiert, der vollmundig als universal gültig deklariert wird, *muß* Rücksichtnahmen auf den in seiner Anlage wahrheitsfanatischen

Regionalismus der Religionsdifferenzen konsequent vermeiden. Offenbarung und Vorsehung sind keine unmittelbaren Quellen menschlicher Rechte und Pflichte mehr. Die Providenz wird – angesichts des Universalismus des Naturrechts – provinziell. Gefahren drohen nun nicht mehr von den *christentumsinternen* Auseinandersetzungen um den rechten Glauben, sondern vom Unglauben, vom Atheismus. Während die Orthodoxie kein Gegenstand mehr sein kann, der der Staatsgewalt Sorge macht, kommt diese nicht umhin, sich um die *Orthopraxie*, also auch um jene Bedingungen zu kümmern, die moralkonformes und rechtstreues Verhalten bei den Untertanen auslösen. Die Ausübung von Religion gehört aber zu den kardinalen Voraussetzungen eines zu Moral und Recht angehaltenen und zu diesen Zwecken disziplinierten Bürgers.

Für den Atheismus jedenfalls gibt es »keine Entschuldigung«. Es müsse »jemand, der Gott leugnen wolle, auch nachweisen, daß dem Menschen mit dem Atheismus besser gedient ist als mit der Beibehaltung einer sinnvollen Verehrung Gottes. Das ist aber auf keinen Fall möglich. Deswegen muß man die Gottlosigkeit derer, die den Glauben auf jede Art und Weise untergraben wollen, zutiefst verabscheuen und mit schweren Strafen ahnden.«[49] Indem Pufendorf die Frage nach der *Dienlichkeit* des Atheismus stellt, wird gleichzeitig auch die Frage nach der Nützlichkeit der Religion aufgeworfen. Nichts weniger als die Kohärenzbedingungen einer Gesellschaft stehen auf dem Spiel, weshalb der Atheist weder mit Milde geschweige denn mit Verständnis rechnen kann. Der Atheismus erscheint hier gleichsam als ein Kapitalverbrechen – gegen die Gesellschaft. Umgekehrt wird der Religionsschutz aus der *Funktion* der Religion als Stabilisator der (moralischen) Verhältnisse abgeleitet. Religionskritik erweist sich bereits hier als Gesellschaftskritik: Der Atheismus als radikalste Form der Religionskritik erscheint als die schlimmste Bedrohung, die einem politischen Kollektiv widerfahren kann. Daraus ergibt sich zwangsläufig die Verteidigung der Religion,

49 Pufendorf, § 2, S. 51.

von Religion *überhaupt*. Orthodoxiemotive wird man demnach in diesen Traktaten vergeblich suchen. In der Formulierung, die »Beibehaltung einer *sinnvollen* Verehrung Gottes« sei für die Gesellschaft eine dienliche Option, ist die Orthodoxieabstinenz bereits mit Händen zu greifen. Denn »sinnvoll« bedeutet hier nicht ›erfüllt mit dem Sinn eines *spezifischen* Glaubens‹, sondern eben ›zweckdienlich‹ im *allgemeinen* Sinne. In dieser Sichtweise ergibt sich die Dignität der Religion vor allem aus ihrer Moralsubstanz, aus ihrer Fähigkeit, Garantin von Moralkonformität zu sein. Die Dignität ihres höchsten Gegenstandes, die Würde und Ehre Gottes, wird erst auf dem Hintergrund dieser moralkonservatorischen Perspektive interessant.

Die Primärhaltung, die Gott uns gegenüber einnimmt, wird ganz und gar aus der Moralfunktion der Religion geschlußfolgert. Die Dienlichkeit der Religion hinsichtlich der moralischen Grundfeste der Gesellschaft zeigt auf einen Gott, der sich zumindest um das Wohl und Weh seiner Untertanen *kümmert*. Sorge um die Erhaltung der Gesellschaft treibt den Allerhöchsten an, weshalb auch wir uns als Seiner Sorge würdige Subjekte erweisen sollten. »Was die moralische Seite anbelangt, ist es gleich, ob jemand die Existenz Gottes oder Gottes Fürsorge für die Menschen leugnet. Beides hebt jede Religion völlig auf. Denn es ist sinnlos, den zu fürchten oder zu verehren, der zwar für sich der Allervollkommenste ist, den aber die Sorge um uns überhaupt nicht berührt, oder der uns weder Gutes noch Übles bringen will oder kann.«[50] Der Atheismus ist ein Attentat auf uns selbst, denn in ihm zeigen wir, daß wir der Sorge Gottes nicht würdig sind. Religion dagegen ist der äußerliche Erweis, daß wir uns unserer *gesellschaftlichen* Schutzbedürftigkeit bewußt sind.

Eine solche Religionssicht muß jedoch all jene Risikofaktoren aus dem Wesen Gottes bannen, die diesen neben seiner Funktion als Stabilisator und Erhalter gegebenenfalls auch als Bedrohung und Liquidator der Gesellschaft erweisen

50 Ebenda, § 4, S. 52.

könnten. Die klassische Gotteslästerung nämlich hatte gleichsam als Mindestvoraussetzung ihrer Nachvollziehbarkeit die emotionale Erregbarkeit Gottes unterstellen müssen. Heilsschutz konnte der Mensch von dem Höchsten nur unter zwei (interdependenten) Bedingungen erwarten – unter der Bedingung der Rechtgläubigkeit (das Orthodoxiemotiv hinter der »Gotteslästerung«) und unter der Bedingung der Sündenlosigkeit in Angelegenheiten der Sprache (das Motiv der Zungensünde). In beiden Fällen erwies sich Gott als höchst erregbar und als ebenso sanktionsbereit. Aber genau diese beiden Fähigkeiten Gottes werden nun zunehmend als Bedrohung für die Kohärenz der Gesellschaft empfunden. Sie lassen sich nicht mit der Annahme harmonieren, Religion als Ausdruck der *generellen* Bereitschaft, Gottes Existenz zu bezeugen, sei deren wichtigste Voraussetzung. Daß der Atheismus so im Mittelpunkt von Pufendorfs Traktat steht, hat also mit einer bedeutsamen Verschiebung zu tun. Nicht so sehr der Kanon der Rechtgläubigkeit, dessen Komplexität allzu viele Anlässe für eine Beleidigung des Höchsten bot, sondern die Annahme der Existenz Gottes *überhaupt*, kann nun noch im Mittelpunkt stehen. Orthodoxiekonformität wird zum Risikofaktor für die Gesellschaft, weil jene zu viele Anlässe, zu viele »Fallstricke des Glaubens« (Octavio Paz) bereithält, Gott, der sich als ein höchst erregbares Wesen erweist, zu erzürnen. Aus diesem Grund müssen beide – sowohl die Orthodoxieversessenheit als auch die emotionale Explosionsbereitschaft Gottes aus dessen Wesen getilgt werden. Jeglicher Verdacht, Gott hätte Charaktereigenschaften, die fatalerweise an den Menschen erinnern, muß deshalb abgewendet werden.

»In diesem Sinne sind Gott auf gar keinen Fall Eigenschaften zuzuschreiben, die auf etwas Endliches und Begrenztes hinweisen. 〈...〉 So können Gott auch keine Eigenschaften zugeschrieben werden, die Schmerzempfinden oder Leiden betreffen. 〈...〉 Das gilt etwa für die Verwendung der Begriffe Zorn, Reue und Mitleid. Das gleiche gilt für Begriffe, die einen Mangel und das Fehlen eines wünschenswerten Zustandes bezeichnen: wie z.B. Verlangen, Hoffnung, Begehren,

Liebe und Leidenschaft. Denn alle diese Begriffe enthalten die Vorstellung eines Mangels und damit einer Unvollkommenheit.«[51] Alle Attribute, die wir zur Präzisierung von Gottes Wesen benutzen, sollten besser selbst mit dem Index des Unzureichenden ausgestattet werden. Natürlich läßt sich ihre Verwendung kaum verbieten, aber wir sollten wissen, daß sie an das Wesen Gottes nicht direkt referieren, sondern vielmehr als uneigentliche Hinweise zu betrachten sind. Sie zeigen auf Gottes Erhabenheit, die ein Kennzeichen der Sanktionsgewalt darstellt, die dieser über die Moral ausübt. »Und all diese Begriffe dürfen nicht so sehr in der Absicht verwendet werden, eine bestimmte Sache genau zu bezeichnen, als vielmehr unsere Bewunderung und unseren Gehorsam auf jede erdenkliche Art und Weise klar zum Ausdruck zu bringen. Das ist das deutlichste Zeichen von Demut und Ehrfurcht.«[52]

Im Zentrum der Gottesverehrung steht die Anerkennung der Macht, die er über uns ausübt. Gerade um dieser Anerkennung willen sollte man sich sprachlich zügeln. Pufendorf legt uns eine gewisse *Askese* bei der Gottesrede auf. Diese Zurückhaltung hat ihrerseits aber zur Folge, daß sich Gottes Wesen immer mehr zu entziehen beginnt. Er wird langsam zum abstrakten Höchsten, der als ferne Sanktionsgewalt über die Aufrechterhaltung der Moral wacht, die wir so dringend zur Wahrung gesellschaftlicher Stabilität benötigen. Und je vernünftiger die Ableitung der Naturrechtssätze mit ihren politischen und moralischen Regeln wird, desto mehr zieht sich die gleiche Vernunft aus der Spekulation über Gottes Wesen zurück. Die Vernunft will lediglich demonstrieren, *daß* es für den Menschen sehr wohl vernünftig ist, Gott als die Macht hinter allen Dingen anzuerkennen.

»Er soll nur mit Bedacht von Gott sprechen. Das ist ein Zeichen der Ehrfurcht. Die Ehrfurcht aber ist die Anerkennung der Macht. Daraus folgt, daß der Name Gottes nicht

51 Ebenda, § 5, S. 53 f.
52 Ebenda.

leichtfertig und ohne Grund ausgesprochen werden darf; beides wäre nämlich unbedacht. Man darf aber auch nicht schwören, wenn es nicht nötig ist; das wäre vergebens. Man darf nicht zudringlich und leichtfertig über Gottes Natur und über seine Herrschaft diskutieren. Denn daraus ergibt sich nur, daß wir Gott nach dem Maß unserer Vernunft bemessen wollen. Weiter soll alles, was Gott dargeboten werden muß, in seiner Art vollkommen und in der Lage sein, die Ehre Gottes zum Ausdruck zu bringen. Ebenso muß der Mensch Gott nicht nur im Verborgenen, sondern ganz offen im Angesichte aller Menschen Verehrung entgegenbringen.«[53] Gerade die *Öffentlichkeit*, in der die Verehrung stattfindet, verhindert ein Abgleiten ins Sektiererische und in die Hypertrophien der Orthodoxie. Es kündigt sich hier ein Rückzug aufs Elementare an – auf die Anerkennung der *potestas dei*, ohne die man sich die Bestandserhaltung der Gesellschaft noch schlechterdings nicht vorzustellen vermag. Die empfohlene sprachliche Askese angesichts Gottes Wesen minimiert natürlich die möglichen Anlässe der Gotteslästerung. Nicht der Gotteslästerer als Intimfeind der Gotteswächter, sondern der Gottes*leugner* als Schreckgespenst der Moralwächter rückt nun ins Zentrum der Aufmerksamkeit. Bei näherem Zusehen jedoch müßte man feststellen, daß sich Gott selbst bereits aus diesem Zentrum entfernt hat, so daß sich die theologische Sorge um ihn ebenfalls verflüchtigt hat. An ihre Stelle ist eine *soziologische* Sorge getreten, die zwischen Religion und Gesellschaft unverblümt das Band der Nützlichkeit knüpft.

»Da feststeht, daß die Religion das wichtigste und festeste Band der menschlichen Gesellschaft ist, ist es der Mühe wert, ihren Nutzen für das Leben der Menschen etwas ausführlicher darzustellen. Denn wenn man für den Naturzustand, in dem sich jeder nur auf seine eigenen Kräfte verlassen kann, die Ehrfurcht vor dem Göttlichen wegdenkt, wird der Mensch allen Schwächern nach Belieben zusetzen, Ehre, Scham und Treue für leere Worte halten und zu rechtem Ver-

53 Ebenda, § 7, S. 55.

halten allenfalls durch das Gefühl der eigenen Schwäche veranlaßt werden können. Weiter wird, wenn man die Religion beiseite läßt, die innere Festigkeit der Staaten immer gering sein.«[54] Komprimierter kann man das Interesse an Religion nicht zusammenfassen. Diese wird in einer instrumentellen Optik wahrgenommen, denn ohne sie drohen der Gesellschaft gewaltige Kohärenzverluste. Religion gehört zu den Remedien gegen die Schwächung der Bindungskraft der Sozialmoral. Die moralischen Gefühle müssen ohne sie halt- und gehaltlos bleiben. »Ohne Religion kein Gewissen«, so könnte man das religions*soziologische* Credo Pufendorfs zusammenfassen. Der primäre Imperativ, der diesem Credo entnommen werden kann, lautet, »mit allen Mitteln zu verhindern, daß der Atheismus sich ausbreitet«,[55] denn in dieser Sichtweise zielt dieser in das Herz der Erhaltungsmechanik der Gesellschaft.

In diesen naturrechtlichen Kommentaren mit ihren rationalistischen Erklärungs- und Begründungsstrategien hat das Interesse an Religion, wenn man so will, das Interesse an Gott abgelöst. Aus diesem Grund muß auch das klassische Blasphemiedelikt in einem neuen Licht erscheinen. Auch bei jenen, die das Delikt nicht aus dem Strafrecht entfernen möchten, sind die Zweifel unübersehbar. Ein instruktives Beispiel finden wir bei Gottlieb Titius in dessen *Probe des Teutschen Geistlichen Rechts* aus dem Jahr 1700. Sinn und Zweck der Bestrafung werden bei Titius einer kritischen Revision unterzogen. Gott kann sowohl innerlich als auch äußerlich – coram publico – beleidigt werden, aber nur die öffentlich begangene Entehrung Gottes lasse sich im Grunde verfolgen. Titius ist aber der Meinung, daß dies hinsichtlich des »Ansehen Gottes« eigentlich keinen Unterschied ausmacht. *Erfaßt* werden können nur die in der Öffentlichkeit erfolgten Beleidigungen und Kränkungen, so daß der eine grausam für eine Tat büßen muß, die der andere ebenso begangen hat. Daraus ent-

54 Ebenda, § 9, S. 56.
55 Ebenda.

steht ein genereller Vorbehalt, was die Bestrafbarkeit betrifft, »denn deutlich erhellet, daß ⟨…⟩ die Menschen selbiges zu bestrafen nicht geschickt seyn; denn wenn sie sich wollen vor Rächer und Beschützer der göttlichen Ehre aufwerffen, so müssen sie entweder alle Gottes-Lästerung strafen, welches sie doch nicht können, oder alle ungestraft lassen, weil sie sich sonst einer ungerechten Grausamkeit schuldig machen«. Aus diesem Dilemma kommt man nur schwerlich heraus.

Darüber hinaus warnt Titius ausdrücklich vor der Gefahr, daß die Gotteslästerung allzuschnell zu einem unbeherrschbaren Vorwurf werden könne. Wer mit der Beleidigung des Höchsten argumentiert, kann – so läßt sich dieses Bedenken zusammenfassen – leicht von Motiven angestoßen werden, die dem Niedrigsten entstammen. Es läßt sich leicht einsehen, »daß in solchen Verordnungen viel menschlicher Unverstand, Aberglauben, Scheinheiligkeit ja wol Feindseligkeit stecke«. Hinzu kommt, daß das Strafrecht im Hinblick auf die Authentizität der Gottesverehrung kaum Wirkungen entfalten kann. Es erreicht das Herz des Einzelnen nicht, weshalb es einen seiner Strafzwecke im Grunde verfehlt. »Weil man durch menschliche Strafen keine wahre und hertzliche Gottesfurcht erwecken, sondern nichts als Heuchler machen kann; dahero wäre es eine thörichte Grausamkeit, wenn ohne Hoffnung einiges Nutzens die Menschen gequälet würden …« Und letztlich erfolgt noch eine anti-katholische Spitze: »Es ist also [hierfür] die Strafe in dem Papsttum nur zu dem Ende eingeführt, daß man die Leute in dem äußerlichen Gehorsam der Geistlichkeit erhalten möchte.«

Aber auch bei Titius stoßen wir auf ein Argument, das zunehmende Evidenz zu erlangen beginnt – das Argument, daß Gott einer solchen Strafe für den Fall seiner Beleidigung und der Kränkung seiner Ehre schlichtweg nicht bedarf: »Gott [ist] wider alle solche Leute sicher genug.« Die Gotteslästerung hat ihren Transzendenz-Index gewissermaßen verloren. Sie läßt sich nur noch im Hinblick auf die Folgen der lästerlichen Tat für die Gesellschaft angemessen thematisieren.

Wer den Adressaten der Beleidigung – also Gott – als ein strafrechtlich relevantes Argument weiterhin aufführen möchte, kommt in die Verlegenheit, an ein Gottesbild appellieren zu müssen, das sich im Laufe der Aufklärung gleichsam abgenutzt hat – auf den zornbereiten, affekthörigen und vergeltungssüchtigen Rächer seiner selbst.

Der Schutz der Öffentlichkeit rückt immer stärker in den Vordergrund. Der Schutzzweck der strafrechtlichen Verfolgung der Blasphemie bezieht sich – trotz der sich noch haltenden Sprache der Metaphysik der Gotteslästerung ›stricto sensu‹ – auf die Gesellschaft: Die Störung der öffentlichen Ruhe, das Erregen öffentlichen Ärgernisses, kann nur wirksam bekämpft werden, indem die Gotteslästerung bekämpft wird. Daß aus der Perspektive des Strafrechts eine gemischte Argumentation, eine Argumentation theologischer und soziologischer Natur noch häufig bevorzugt wird, während die philosophischen Ansichten mittlerweile zunehmend metaphysik-abstinent ausfallen, kann man unter dem Stichwort »Gotteslästerung« in Zedlers Universallexikon von 1735 studieren. Aber auch bei ihm sind die instrumentellen Zwecke der Strafbarkeit mit Händen zu greifen. Das Prädikat »Gottes Lästerung« wird in zunehmendem Maße *uneigentlich* gebraucht: Man spricht noch über Gott, meint aber die Gesellschaft.

»Andere behaupten, die Gotteslästerer wären deswegen nicht zu bestraffen, denn entweder der Endzweck aller menschlichen Strafen fiele bey Gotteslästerung weg, oder könnte doch nicht erhalten werden. Gott wäre wider alle solche Lästerer sicher genug, und durch die weltlichen Strafen würden die Gemüther nicht geändert, noch die Menschen gebessert; Jedoch es ist auch bey dieser Meynung unterschiedenes zu erinnern. Die Gottes-Lästerungen sind nicht deswegen zu bestraffen, daß man dem großen Gott im Himmel Sicherheit dadurch verschaffen will, sondern nur dem gemeinen Wesen Sicherheit zuschaffen; würden die Gottes-Lästerungen nicht bestrafft, wie würde nicht das heilige Wort Gottes und die christliche Religion geschmähet, die Sacramenta geschändet, das Kirchen-Wesen herunter gemacht, die Atheisterey befördert, die Boßheit derer Leute gestärcket? Es erfordert der göttliche Befehl und die Ehrerbietung und Pflicht, die wir dem Majestätischen Gott schuldig sind, daß wir diejenigen, die ihn lästern, bestraffen. Wird gleich die innerliche Gemüths-Beschaffenheit derer Menschen durch die Straffen nicht alle Zeit gebessert, so werden solche böse Leute doch darin gebessert, daß sie in Zukunfft in ihren Reden vorsichtiger seyn, und hierdurch andere nicht verführen, sondern die Sentiments ihres gottlosen Hertzens bey sich behalten. Ueber dies ist aus denen geistlichen und weltlichen Geschichten bekannt, wie auch aus der täglichen Erfahrung, daß bißweilen boshafftige Menschen, durch göttliche oder weltliche Straffen gantz geändert und umgekehret worden.«[56]

Unzweideutig wird die Argumentation, wenn wir uns Montesquieu zuwenden. Dessen berühmte Abhandlung *Vom Geist der Gesetze* nimmt in der Aufklärungsdebatte einen besonderen Stellenwert ein. Was ihn von vielen anderen Zugängen zu unserem Thema unterscheidet, hängt mit der komparativen Zugangsweise zusammen, die er seinen Überlegungen zugrunde legt. Weniger die humanistische Optik als vielmehr die kulturmorphologische Ausrichtung seiner Argumentation läßt aufhorchen. Er *vergleicht* die von ihm behandelten Kulturen auf dem Hintergrund einer naturalistischen Matrix, der Matrix der klimatischen Bedingungen. Das Klima stellt eine Konstante dar, das aber seinerseits in den jeweiligen territorialen Ausprägungen zu unterschiedlichen kulturellen Formationen führt, die sich vor allem in den Gesetzen eines Landes bemerkbar machen. Diese Gesetze sind demnach *klimarelativ*, und ihr Verständnis hängt davon ab, ob man sie in dieser Relativität zu würdigen weiß. Es sind die beiden Zugangsweisen – die Komparativität und die Klimarelativität –, die es Montesquieu erlauben, einen »Blick von außen« zu gewinnen, der zu überraschenden Einsichten führt. Was die Blasphemie betrifft, ist es der Gedanke, daß die Bestrafung als Sühne für das Unrecht, das Gott angetan wurde, zu einer Maßlosigkeit

56 Zitate Leutenbauer, S. 168 ff. entnommen.

führt, die größtmöglichen Zweifel über den Sinn solcher Strafaktionen entstehen läßt. »In der Tat, wo wäre das Ende der Strafen, wenn man sich durch diesen Gedanken (der Rache) leiten ließe? Wenn die Gesetze der Menschen ein unendliches Wesen zu rächen haben, so müssen sie sich nach seiner Unendlichkeit und nicht nach der Schwäche, der Unwissenheit und der Laune der menschlichen Natur richten.«[57]

Damit ist also nicht gesagt, daß eine Bestrafung der Gotteslästerung aus Gründen der Gesellschaftsraison, aus Verantwortung für die Stabilität der öffentlichen Ordnung nicht möglich sei. Aber das fehlende Maß für die Rächung eines Wesens, das uns so unendlich überlegen ist, macht den Strafgedanken letztlich so gefährlich. Diese Argumentation hat nur noch eine schwache theologische Komponente, insofern auf das Wesen Gottes überhaupt rekurriert wird. Im ganzen aber sind die theologischen Gründe längst aufgegeben. Montesquieu argumentiert entschieden funktionalistisch und klammert den intrinsisch-theologischen Gehalt der klassischen Gotteslästerung in seinen Überlegungen aus. Über deren Wahrheitsgehalt läßt sich aus komparativer Perspektive nichts aussagen. Die Religion will er »lediglich im Bezug zu dem Wert untersuchen, der daraus im Gesellschaftszustand erwächst«.[58] Dabei wird davon ausgegangen, daß Religion im Grunde der Kohärenz einer Gesellschaft zutiefst förderlich ist. Sie ist nicht nur die wichtigste Quelle für unsere moralischen Überzeugungen, sondern indem die Religionen gleichsam die Wucht der Transzendenz auffangen, verkörpern sie ein Bändigungspotential, auf das eine Gesellschaft nicht verzichten kann. Wer Gott leugnet, riskiert die Anarchie. Es ist dann auch weniger die Blasphemie als vielmehr der Atheismus, der auch bei Montesquieu gefürchtet wird, denn erstere ist nur eine »Anti-Sprache« (Peter Burke), in deren Auflehnung die Anerkennung des Gottesgedankens immer noch vorausgesetzt wird.

---

57 Ch.-L. Montesquieu, *Der Geist der Gesetze*, Leipzig 1981, Kap. XII, 4, S. 161.

58 Buch XXIV, S. 356.

»Aus dem Gedanken der Nichtexistenz Gottes ergibt sich der Begriff unserer Unabhängigkeit oder, wenn dieser Gedanke uns nicht möglich ist, der Gedanke an Aufruhr.« Religionen fungieren hier als »Zügel für die Verächter der Menschengesetze«.[59] Sie intimidieren jene, die es auf Übertretung dieser Gesetze abgesehen haben und zwingen jedenfalls zu Gesetzeskonformität, auch wenn sie nicht unbedingt zur Internalisierung des Gebotenen führen. Ohne Religion fällt also das wichtigste *politische* Werkzeug für die Stabilität einer Gesellschaft weg. Dies gilt für die Untertanen genauso wie für den Herrscher. »Der Herrscher, der überhaupt keine Religion hat, gleicht jenem furchtbaren Tier, das seine Freiheit nur genießt, wenn es zerreißt und verschlingt.« Die Blasphemie vermag keine solchen Verwüstungen hervorzurufen, wie dies »die Schrecken des Atheismus« tun, weshalb letztere mit allen Mitteln »zu verkleinern« seien.[60] Die Blasphemie hat solche Wirkungen deshalb nicht, weil der *theologische* Gedanke, Gott könne Beleidigungen mit von ihm initiierten Katastrophen rächen wollen, für diese Argumentation ein *irrelevanter* Gedanke geworden ist. Gottes Lästerung ist allmählich zu einer Kuriosität geworden. Nicht die *Wahrheit* einer Religion ist wichtig, sondern ihre Funktion als Stabilisator eines Kollektivs.

Wer dagegen in einer politischen Perspektive das *theologische* Wahrheitskriterium mobilisiert, riskiert aus dieser Perspektive nicht die Rache Gottes, sondern nimmt eine Störung dieser Stabilität in Kauf, denn über die Wahrheit einer Religion kann – kulturmorphologisch betrachtet – nicht entschieden werden. Wie so oft in der Aufklärung wird auch hier anstelle des theologischen Gesichtspunkts ein moralisches Kriterium eingeführt. Gilt doch überall dort in der Aufklärung, wo Religion nicht einer radikalen Kritik zum Opfer fällt, die Moral als deren *eigentliche* Substanz. Das wahre Gesicht einer Religion kommt in einer als *natürlich* bzw. univer-

59 Ebenda, S. 357.
60 Ebenda.

salistisch konzeptualisierten Basismoral zum Vorschein. Montesquieu verabschiedet sich jedoch von dieser Sichtweise, indem er die Moral als eine *selbständige* Größe einführt. Jedenfalls wird Religion immer mehr zur Hülle der Moral. »Denn uns leuchtet eher ein, daß eine Religion die Sitten der Menschen sanft machen muß, als daß sie wahr sein muß.«[61] Auch eine Religion, die falsch ist, ist immer noch besser als keine Religion, weil auch sie einen Beitrag zur Moral als Ordnungsprinzip der Gesellschaft zu leisten vermag.

Die Tragweite dieses Gedankens kann kaum überschätzt werden. Aus der Perspektive des Ordnungsbedürfnisses einer jeden Gesellschaft ist es nun *gleichgültig* geworden, welchen Wahrheitsgehalt Religion hat. Das, was zählt und womit man sich politisch begnügen soll, ist ihre Fähigkeit, die Moral, die eine stabile Gesellschaft braucht, zu affirmieren und zu stützen. »Herrscht in einem Land unglücklicherweise eine Religion, die nicht Gott gegeben hat, so muß sie unbedingt mit der Moral im Einklang stehen. Denn selbst wenn die Religion falsch ist, ist sie der bestmögliche Garant der Menschen für die Rechtschaffenheit ihrer Mitmenschen.«[62] Religion wird zu einer Drohinstanz gemacht, die zwar keinen authentischen Beitrag zur Begründung moralischer Prinzipien oder Vorschriften leisten kann, aber diesen Imperativen als Gewaltpotenz eine gewisse Kraft verschaffen kann. Montesquieu rechnet jedoch damit, daß Religion bei dieser Aufgabe durchaus versagen kann, so daß das säkulare Recht diese Aufgabe dann allein wahrnehmen muß. »Religion und bürgerliches Gesetz müssen vordringlich bestrebt sein, aus den Menschen gute Staatsbürger zu machen. ⟨...⟩ Je weniger die Religion strafend eingreift, desto mehr muß das bürgerliche Gesetz strafen.«[63]

Solange die Religion ein substantielles Bündnis mit der Moral unterhielt, konnte die Blasphemie dem Herrscher nicht

61 Ebenda, S. 360.
62 Ebenda, S. 363.
63 Ebenda, S. 365.

gänzlich gleichgültig sein. Wer mit der Lästerung Gottes lax umgeht, unterminiert auf Dauer auch das Netzwerk moralischer Überzeugungen, auf das jede Polis angewiesen ist. Es erschien also *zweckmäßig*, die Gotteslästerung zu bekämpfen. Dieser Ordnungsgesichtspunkt verschwindet auch bei Montesquieu nicht ganz, aber er wird in seiner funktionalistisch eingefärbten Betrachtung zunehmend blasser. Seine Außenperspektive auf die Religion neutralisiert die Wahrheitsfrage und reduziert sie auf ihre autoritäre, moralpädagogische Rolle: Sie ist der Moralknüppel hinter der Tür. Die Blasphemie kann bestenfalls deswegen strafgesetzliche Relevanz haben, weil sie ein Segment im Religionsschutz ist. Auch falsche Religionen haben insofern einen gewissen Schutzanspruch. Aber angesichts der Wahrheitsirrelevanz von Religionen im Hinblick auf ihre Moralfunktion wird die Begründung der Blasphemiesanktionen zunehmend problematisch bzw. tendenziell überflüssig. Glaubwürdige Argumente zugunsten der Blasphemieverfolgung sehen jedenfalls anders aus.

Montesquieu wird allerdings nicht müde, die Bekämpfung der »Schrecken des Atheismus« mit der Furcht, die Religionen den Menschen einflößen können, zu propagieren. Der Gedanke an postmortale Strafen scheint ihr ›Proprium‹ zu sein. Wer diesen Gedanken leichtfertig aufgibt, gefährdet den Zusammenhalt einer Gesellschaft. Aber ebenso schwer wird es nun, diese Überlegung aufrechtzuerhalten, sobald man sie als Moral*funktion* durchschaut hat und überdies die Wahrheits*indifferenz* in religiösen Angelegenheiten so häufig beschwört, wie Montesquieu dies tut. Der postmortale Belohnungsgedanke kann eine solche Moralfunktion allerdings nicht erfüllen. In diesem Zusammenhang weint Montesquieu vielmehr auf die potentiell zerstörerischen Folgen dieses Gedankens hin, sobald er durch seine Isolierung vom Strafgedanken einen zu großen Einfluß auf die Handlungsmotivation bekommt. Noch immer läßt sich die Warnung Montesquieus als ein Lehrstück in Sachen schwärmerischer Jenseitseudämonie lesen.

»Die Vorstellung von einem Ort der Belohnung bringt notwendigerweise die Vorstellungen von einem Strafaufenthalt mit sich. Wenn man auf das eine hofft, das andere aber nicht fürchtet, haben die bürgerlichen Gesetze keinen Nachdruck mehr. Menschen, die ihres Lohnes im anderen Leben sicher zu sein glauben, entziehen sich dem Griff des Gesetzgebers. Sie zeigen zuviel Verachtung für den Tod. Mit welchem Mittel soll man einen Menschen durch Gesetze binden, der unbeirrbar glaubt, daß auch die größte Strafe, die Beamte über ihn verhängen können, ihr Ende nimmt und daß der Augenblick dieses Endes der Anfang seines Glücks ist?«[64]

Wer, wie Montesquieu, Religionen diese gefährliche Einseitigkeit, die einseitige Privilegierung des Belohnungsgedankens zutraut, weist beunruhigt auf eine religiöse Gewaltbereitschaft hin, die oft übersehen wird. Diese Bereitschaft liegt darin, die postmortale Satisfaktion von der Strafvorstellung und von den mit ihr verbundenen, notwendigen moralischen Restriktionen abzukoppeln, also Handlungslizenzen zu verteilen statt Handlungslimitierungen aufzustellen. Mit der Aussicht auf garantierte Belohnung und anhaltendes Glück ist keine Anstrengung zu groß, sich dieses Glück zu verdienen, auch nicht jene, die sich um die Selbsterhaltung des Täters nicht schert, geschweige denn um das Leben anderer. Der Terror wird dann euphemistisch verklärt und mit der Verlokkung grenzenloser Genugtuung und anhaltenden Glücks stimuliert. »Moralischer Nihilismus« (L. Schröder) im Herzen der Religion wird nun plötzlich vorstellbar – ein Verhalten, das sich von jeglicher Selbstbegrenzung durch Moral freigemacht hat. Ganz und gar ungewöhnlich in diesem Zeitalter, aber ebenso richtig ist diese radikale Infragestellung der gängigen Auffassung, Religionen seien die nahezu natürlichen Wächter des Moralischen. Montesquieu geht damit weit über das gängige Maß der Aufklärung hinaus, die zwischen beiden, zwischen Religion und Moral, oft ein essentielles, jedenfalls ein genetisches Band unterstellt. Nun wird »ein vorzügliches bürgerliches Gesetz« denkbar, »das die Sitten *trotz* der Religion beschirmt«.[65]

64 Ebenda, S. 367.
65 Ebenda.

Diesem tiefen Zweifel an der »Funktion der Religion« (N. Luhmann) widerspricht die Annahme in den *Perserbriefen* desselben Autors, Gott habe »die Religion doch dazu bestimmt, die Menschen glücklich zu machen«, nicht.[66] Denn hier weist Montesquieu unmißverständlich auf die Gebote der Menschlichkeit und Nächstenliebe hin, deren Einhaltung unbedingt nötig ist, damit das *diesseitige* Glücksversprechen realisiert werden kann. Aber auch hier dominiert die funktionalistische Betrachtungsweise: Religionen sind von Gott installierte Gefäße der menschlichen Glücksmöglichkeit. Diese Religion *im Plural* erlaubt jedoch keine verbindliche Aussage über die Wahrheit. Das, was zählt, ist, »als ein guter Bürger in der Gesellschaft, in die Du mich gestellt hast, zu leben«.[67] Die *theologischen* Grundlagen des Blasphemiedelikts können dann kaum mehr mobilisiert werden. Bestenfalls dürfen die Religionen den Schutz beanspruchen, der Gott vor Ehrverletzung einst gewährt wurde, aber dies ist nur so lange möglich, wie solche Religionen *nachweislich* Moralkompetenz aufweisen.

Deren Bezug zur Moral und somit zu den Erhaltungsbedingungen der Gesellschaft wird nun ganz und gar *zufällig*. Religionen *können* die Moral hüten und infolgedessen die Gesellschaft stabilisieren, daß sie dieses tun, ist aber längst keine Selbstverständlichkeit. Bei Montesquieu bleibt ein Schwanken übrig: Einerseits ist die Strafandrohung als transzendent initiierte Disziplinierung der Moralkultur notwendig. Andererseits kann diese Drohung *theologisch* ganz und gar nicht mehr überzeugend, d. h. von innen heraus aus dem Wesen der Religion aufgezeigt werden, denn über eine solche Essenz kann kaum mehr etwas ausgesagt werden. Empirisch läßt sich zwar beobachten, daß Religionen Instanzen jeweiliger Durchproduktion zum Zwecke der Moral- und Gesellschaftsfähigkeit des Menschen bilden, aber der *epistemologische Nihilismus* in Sachen Religion, der seit Montesquieu keine widersinnige Feststellung mehr ist, erlaubt keine wirkliche religionsimmanente

66 *Perserbriefe*, 46. Brief, S. 79.
67 Ebenda, S. 81.

Begründung für diesen Sachverhalt mehr. Jetzt wird sogar der radikal häretische Gedanke denkbar, daß religiöse Wahrheit und moralische Richtigkeit *keinerlei* substantielle Beziehung zueinander pflegen.

Montesquieu geht jedenfalls ganz und gar zu der Wahrheitsfrage in Religionsangelegenheiten auf Abstand. Für ihn ist es ausgemachte Sache, »daß ein Dogma nicht so sehr durch seine Wahrheit oder Unwahrheit für die zivilisierte Menschheit nützlich oder schädlich wird, vielmehr durch den damit getriebenen Brauch oder Mißbrauch«. Es können demnach unwahre Dogmen eine gute Wirkung, wahre Dogmen eine ungute Wirkung haben. Das, was zählt, um hier entscheiden zu können, ist ihre Verträglichkeit mit den Erfordernissen, die sich aus dem gesellschaftlichen Dasein des Menschen ergeben. Denn »auch die wahrsten und heiligsten Dogmen können sehr schlechte Auswirkungen haben, sobald sie nicht mit den Prinzipien der Gesellschaft verknüpft werden. Umgekehrt vermögen die irrigsten Dogmen die erstaunlichsten Auswirkungen zu haben, wenn sie zu ebendiesen Prinzipien in den rechten Bezug gebracht werden.«[68]

Wenn Religion hinsichtlich ihres Gebrauchswertes überprüft werden muß, bekommt das ganze Vokabular der Gotteslästerung jedoch etwas Obsoletes. Ihre Doktrin, über Jahrhunderte entwickelt und angewandt, wird zu einem frühen, aber unreifen und letztlich gefährlichen Symbol für Erhaltungs- und Stabilisierungsprobleme menschlicher Gesellschaften. Der theologische Aufwand, der für ihre Begründung betrieben wurde, zeigt sich als ein zusätzlicher Risikofaktor, denn die Wahrheitsfrage erlaubt keine *politische* Übersetzung bzw. *sollte* eine solche Übersetzung nicht erhalten. Dort, wo dies dennoch geschieht, führt man einen Spaltpilz in das ohnehin prekäre Gefüge der Gesellschaft ein. Politisch ist die Religionsfunktion höchst interessant, aber dies ist nur so lange der Fall, wie es für die moralpädagogischen Schrekken, die Religionen verbreiten, noch kein sinnvolles Äquivalent gibt.

68 *Vom Geist der Gesetze*, S. 370.

Religionszugehörigkeit kann deshalb nicht über das Strafgesetz erzwungen werden, falls reine Willkür vermieden werden soll, genauso wie auch politische, also weltliche Sanktionen bei der Gotteslästerung ›stricto sensu‹ über den generellen Religionsschutz hinaus nicht mehr legitimiert werden können. Montesquieu ist vielmehr vor den fanatisierenden Effekten auf der Hut, die solche Sanktionen hervorrufen können. »In Sachen der Religion müssen Strafgesetze vermieden werden. Sicherlich erregen sie Furcht, doch auch die Religion hat ihre Strafgesetze, die Furcht einflößen. Und somit verdrängt die eine Furcht die andere. Hin und her gerissen zwischen diesen beiden unterschiedlichen Arten von Furcht, bemächtigt sich brutale Gewalttätigkeit der Seelen.«

Es läßt sich kaum übersehen, daß im Grunde die Religionsfunktion – die Herstellung eines ›Moralknüppels hinter der Tür‹ – ihrerseits zutiefst zweideutig bleiben muß. Die transzendent gelagerte Gewalt, die zur Furchtproduktion erforderlich ist, bemächtigt sich allzuleicht der Instanzen und der Gläubigen, die der jeweiligen Religion anhängen. Offenbar ist es Montesquieu nicht ganz wohl bei der Aussicht, daß Religionen ein Gewaltpotential hüten müssen, damit sie ihre Strafandrohung wahr machen können, auch wenn dieses Potential genaugenommen auf das Jenseits der Gesellschaft ausgerichtet ist. Im Zusammenhang mit dem »Religionswechsel« und den damit möglicherweise einhergehenden politischen Unruhen spricht er Empfehlungen aus, die auch als Hinweise auf die Befriedung des Gewaltpotentials von Religionen *überhaupt* gelesen werden können. Diese Hinweise sind jedoch an eine externe Instanz gerichtet – an die Instanz des politischen Souveräns, der die Verantwortung dafür trägt, daß Religionen gesellschaftsverträglich zum Einsatz kommen.

»Abwendung von der Religion erreicht man gewiß nicht, wenn man die Seele mit diesem großen Gegenstand ganz erfüllt und sie dem Moment entgegenführt, in dem sie ihr von noch größerer Bedeutung werden muß. Viel sicherer geht man gegen eine Religion vor mit Gunstbeweisen, Annehmlichkeiten des Lebens, Aussichten auf Geld und Gut; nicht damit, daß man auf sie hinlenkt, sondern daß man sie vergessen läßt; nicht mit dem, was empört, sondern mit dem, was in Lauheit versinken läßt, wenn andere Leidenschaften unsere Seele bewegen und die von der Religion eingegebenen Leidenschaften in Schweigen verharren. Die allgemeine Regel lautet: in Sachen des Religionswechsels erreicht man mit Entgegenkommen mehr als mit Strafen.«[69]

Die Strafbarkeit der Blasphemie als eines Deliktes ›sui generis‹ sollte aber noch lange über die Aufklärung hinaus aufrechterhalten werden. Anders als zu Zeiten des Mittelalters und der Frühen Neuzeit entwickeln sich die beiden wichtigsten normativen Quellen hier nicht mehr im gleichen Zeitmaß: Während die Blasphemie philosophisch ganz und gar zu verblassen beginnt und ihre Begründungen offenbar nicht mehr erneuerungsfähig sind, läßt sich dies im Bereich der Rechtsabhandlungen und der juridischen Kodierung ganz und gar nicht feststellen. Genauso wie die Hexenverfolgung mancherorts die Aufklärung überdauert und in wenigen Fällen diese sogar beängstigend lange überleben konnte, hat das neue Zeitalter auch die Blasphemie nicht verschwinden lassen. Die Strafgesetzgebung von Sachsen-Altenburg aus dem Jahr 1841, die von Braunschweig aus 1840 und von Preußen aus 1851, das Strafgesetzbuch von Österreich aus dem Jahr 1852 und das des Königreichs Sachsen aus 1855 – sie alle fassen Gott noch als ein Rechtsobjekt auf, das Schutzvorkehrungen auf seiten der Staatsgewalt erforderlich macht.

Aber gegen solche Auffassungen regt sich immer mehr Widerstand. Die Gotteslästerung wird immer häufiger *enttheologisiert*: Sie gilt nicht mehr als Sünde, sondern als Attacke auf die Stützpfeiler der bürgerlichen Gesellschaft, vor allem auf deren Moralsubstanz, die in der Religion ihre vornehmste Quelle und Sicherung besitzt. Diese Enttheologisierung geht oft mit einer Pathologisierung und Medikalisierung der Blasphemie einher. Der Blasphemiker gilt als Geisteskranker, der zwar nicht strafrechtlich belangt werden kann, aber ins »Toll-

69 Ebenda, S. 381.

haus« (Kaiser Joseph II.) weggesperrt werden sollte, falls keine Aussicht auf Heilung besteht. Sogar die Zuständigkeit des Staates in diesen Angelegenheiten wird hin und wieder offen in Frage gestellt – so beispielsweise von Wilhelm von Humboldt in seinen *Ideen zu einem Versuch, die Grenzen der Wirksamkeit des Staates zu bestimmen.*

Exemplarisch für den Theologieschwund in der Begründung für die Strafbarkeit der Lästerung Gottes dürfte die Position des Strafrechtlers Paul Anselm von Feuerbach sein. In seinem *Lehrbuch des gemeinen in Deutschland gültigen peinlichen Rechts* wird in knappen und unmißverständlichen Sätzen dargelegt, weshalb Gott kein Träger von Rechten sein *könne*. Die Enttheologisierung des Delikts wird gewissermaßen resttheologisch vorangetrieben. »Dasz die Gottheit injuriert werde, ist unmöglich, dasz sie wegen Injurie sich an Menschen räche, ist undenkbar, dasz man sie durch Strafe ihrer Beleidiger versöhnen müsse, ist Torheit.«[70] Gott ist bereits zur »Gottheit« anonymisiert und seine Menschenförmigkeit, die in der Bereitschaft, sich zürnen zu lassen und Rache zu üben, vermutet wird, gilt als eine Art Kleinmachung des Höchsten. Solche Argumente sind jedoch in Wahrheit *schein*theologisch. Mit ihnen wird kein theologischer Hinweis auf ein adäquateres Gottesbild geliefert, sondern von einer Theologie der Blasphemie generell Abschied genommen. Diese hat fürderhin etwas zutiefst Anachronistisches – das Strafrecht traut jenen ehemals gültigen Begründungen nicht länger, die an der Vorstellung eines von menschlich-allzumenschlichen Affekten heimgesuchten Gottes hingen, der gleichsam zur Affektabfuhr seine Beleidiger mit Strafen peinigte, welche die Würde des Höchsten im Grunde unterminieren.

Gleichwohl verschwindet die Blasphemie auch bei von Feuerbach nicht ganz aus dem Strafrecht. Restbestände der Ehre-Moral sind noch erhalten, aber sie werden nun an die Adresse der Kirche als der gesellschaftlich-institutionellen Erscheinungsform der »Gottheit« gerichtet. »Aber die Kirche hat,

70 Zitiert nach Leutenbauer, S. 242.

als moralische Person, ein Recht auf Ehre. Wer ihren Zweck entwürdigt, entwürdigt die Gesellschaft; wer die Gegenstände religiöser Verehrung schmäht, die ihrer Vereinigung zum Grunde liegen, schmäht sie selbst. Hierdurch allein wird der rechtliche Begriff der Gotteslästerung (Blasphemie) bestimmt, als einer an der kirchlichen Gesellschaft begangenen Injurie, durch eine dem Gegenstand ihrer Verehrung äußerlich bewiesene positive Verachtung.«

Die Blasphemie wird demnach als eine Schmähung der Rechtsperson Kirche definiert, als eine Handlung, die an einer »kirchlichen Gesellschaft« vollzogen wird. Nicht Gott, sondern seiner Sozialgestalt gilt die Aufmerksamkeit des Strafrechts. Damit aber ist der Strafzweck radikal verweltlicht worden. Aus der Theologie ist hier nicht wie bei dem Philosophen Ludwig Feuerbach ›Anthropologie‹ geworden, sondern ›Soziologie‹. Wie jede moralische Rechtsperson hat auch die Kirche einen legitimen Anspruch auf Schutz vor Beleidigung. Wer ihre »Gegenstände« schmäht, schmäht – aus der Perspektive des Strafrechts mit seiner Sorge um den öffentlichen Frieden – nicht Gott bzw. die Gottheit, sondern eine gesellschaftliche Institution. Und Anselm von Feuerbach erwies sich bereits als Vorläufer moderner Theorien über »restaurative justice«, denn nicht der strafrechtliche Vergeltungsgedanke, sondern die Wiedergutmachung steht im Mittelpunkt des Nachdenkens über Sanktionen. Durch eine über den Täter verhängte »feierliche Kirchenbusze« sollte die Tat gesühnt werden. Zwar erklärt das Strafrecht hier noch nicht seine gänzliche Unzuständigkeit in blasphemischen Angelegenheiten, aber in der Tradition von Humboldts zieht sich der Staat so weit wie möglich aus jenen theologischen Gefilden zurück, die für ihn eher Untiefen als Argumentationshilfen darstellen. Dennoch wird die Blasphemie ein hartnäckiges nachtheologisches Nachleben an den Tag legen.

8
KLEINER RECHTSTHEORETISCHER VERGLEICH IN RELATIVIERENDER ABSICHT

Religionsdelikte sind in Deutschland in die Paragraphen 166-167 des StGB aufgenommen. Die Strafrechtsgeschichte *vor* dieser Regelung ist interessant und komplex, geht aber über Art der Fragestellung und Fokus dieser Studie weit hinaus. Ein kurzer Vergleich zwischen der jetzigen Fassung und der ihr vorangehenden Regelung jedoch wirft bereits ein aufschlußreiches Licht auf die moderne Entwicklung. Im Strafgesetzbuch für das Deutsche Reich aus dem Jahre 1871 unter dem Titel »Vergehen, welche sich auf die Religion beziehen«[1] finden wir folgende Formulierung: »Wer dadurch, daß er öffentlich in beschimpfenden Äußerungen Gott lästert, ein Ärgernis gibt, oder wer öffentlich eine der christlichen Kirchen oder eine andere mit Korporationsrechten innerhalb des Bundesgebietes bestehende Religionsgesellschaft oder ihre Einrichtungen oder Gebräuche beschimpft, ingleichen wer in einer Kirche oder in einem anderen zu religiösen Versammlungen bestimmten Orte beschimpfenden Unfug verübt, wird mit Gefängnis bis zu drei Jahren bestraft.«

Drei Religionsdelikte werden hier unter Strafe gestellt: das Delikt der Gotteslästerung (Satz 1); die öffentliche Beschimpfung von Religionsgemeinschaften (Satz 2) und die Störung von religiösen Verrichtungen an einem zu diesem Zweck ausgewählten Ort (Satz 3). Es lassen sich im Hintergrund dieser Regelung im Grunde verschiedene Motive ausmachen, die allesamt in den Formulierungen des Gesetzes einen Niederschlag finden müssen: der Schutz der Religion als wesentlicher Bestandteil des öffentlichen Lebens, der Schutz des

1 § 166.

religiösen Friedens und der Schutz religiöser Gefühle. Die inkriminierten Äußerungen müssen eben »öffentlich« geschehen und zu einer Störung des öffentlichen Friedens bzw. des öffentlichen Lebens führen. Sie müssen insofern eine »christliche Kirche« oder eine andere Religionsgemeinschaft betreffen, als deren Kulthandlungen oder Zusammenkünfte absichtlich gestört werden oder es muß ein Ärgernis zustande gekommen sein – eine Verletzung der Gefühle Dritter. Aber zusätzlich zu diesen ohnehin schon vielfältigen Motiven ist auch explizit von einer Lästerung *Gottes* die Rede. Nicht überall wurde bei der Reform des Strafrechts im 19. Jahrhundert eine solche Nennung Gottes noch angestrebt. In den Niederlanden entfiel sie – um später im 20. Jahrhundert wieder aufgenommen zu werden. In Deutschland erfolgte die Entwicklung in umgekehrter und, wie man sagen könnte, in folgerichtiger Reihenfolge. Auf den expliziten Verweis auf die Lästerung Gottes wurde bei der Reform des Paragraphen im Jahre 1969 nämlich verzichtet.

Im 20. Jahrhundert haben in Deutschland in den Jahren vor dieser Reform vor allem drei Prozesse (traurige) Berühmtheit erlangt: der »Tolstoij-Prozeß«, der »Prozeß gegen George Grosz« und der »Missa Profana Prozeß«. Tolstoij war bekanntlich im Jahre 1901 aus der Russisch-Orthodoxen Kirche exkommuniziert worden, weil er in einer Publikation mit dem Titel *Der Sinn des Lebens* die Wahrheit etlicher ihrer Dogmen geleugnet hatte. Einige Anschuldigungen hatte er zurückgewiesen, in einigen anderen Fällen aber seine eigenen Beschwerden gegen die Orthodoxie jedoch verteidigt. In Deutschland sollte alsbald eine Übersetzung im Leipziger Verlag Eugen Diederichs erscheinen. Das Landgericht Leipzig beschlagnahmte die Übersetzung, nachdem ein katholischer Richter Anzeige erstattet hatte. Diederichs und der Übersetzer und Tolstoij-Freund Löwenfeld wurden daraufhin angeklagt wegen Übertretung des § 166, Satz 2. Ihnen (und Tolstoij) wurde vorgeworfen, eine Religionsgemeinschaft »öffentlich beschimpft« zu haben bzw. beschimpfen zu wollen. Das Landgericht allerdings schloß sich der Meinung der Verteidigung an, daß sich der Autor eine solche Beschimpfung nicht hatte zuschulden kommen lassen. Tolstoijs Sprachgebrauch wurzle vielmehr in einer Jahrhunderte währenden Tradition, die auf die Religionskriege zurückgehe. Der Autor drücke *seine* heilige Überzeugung aus – eine Überzeugung, die – so wurde gesagt – auch im Urteil Adolph von Harnacks, des berühmten protestantischen Dogmenhistorikers, über die Russisch-Orthodoxe Kirche nur in etwas diplomatischeren Formulierungen zum Ausdruck komme.

Aber auch heute ist die folgende Begründung des Gerichts, weshalb es sich zu keiner Verurteilung entschlossen habe, überaus interessant. Dem Landgericht Leipzig zufolge ist es nämlich von großer Wichtigkeit, zwischen der Form der als Religionsbeschimpfung empfundenen Kränkung und deren Intention genauestens zu unterscheiden. Auch wenn die Form grob und herablassend oder kränkend ist – entscheidend bleibt die Frage, ob wir es mit einer sich aus niederen Beweggründen speisenden Intention zu tun haben, die also *ausschließlich* auf die Beschimpfung ausgerichtet war. Es kann nämlich die eigene, als heilig bzw. – in unserem Sprachgebrauch – als identitätsstiftend empfundene Überzeugung sein, die zu solchen scharfen Angriffen veranlaßt. Es reicht demzufolge nicht aus, daß jemand sich verletzt fühlt oder daß eine öffentliche Beschimpfung gleichsam von außen konstatiert wird. Das, was zählt, ist die von Fall zu Fall zu rekonstruierende *Absicht*. Das Leipziger Gericht meinte bei Tolstoij aufgrund eines offenen Briefes an die Heilige Synode eindeutig eine positive *›confessio dei‹* feststellen zu können, die den Verdacht eines niederen Beweggrundes zu zerstreuen vermochte. Heute müßte man diesen Grund wohl in die Semantik jener identitätsstiftenden und wertenden Überzeugungen übersetzen, die Menschen veranlassen können, die religiösen oder weltanschaulichen Auffassungen Dritter abzulehnen und anzugreifen.

Der zweite Prozeß, die Anklage gegen George Grosz, ist ebenfalls noch immer instruktiv. Grosz hatte in den dreißiger Jahren drei Bilder gemalt, die einen Zusammenhang zwischen

Justiz, Kirche und Krieg herstellten. Vor allem seine auch heute noch geläufige Darstellung des Gekreuzigten, der mit einer Gasmaske und Soldatenstiefeln bekleidet ist, und die Untertitelung »Maul halten und weiter dienen!« erregten damals aufs heftigste die Gemüter. Grosz wies in seiner Verteidigung darauf hin, daß die Lektüre eines Kriegsromans ihn zu dieser Darstellung inspiriert habe, in dem zwei Soldaten ihre Erfahrungen austauschen und den Krieg verwünschen. Einer der beiden sollte bei dieser Unterhaltung gesagt haben: »Ja, Maul halten und weiter machen.« Grosz stellte sich den auf die Erde zurückgekehrten Christus vor, wie er in den Gräben die Liebe predigt, aber statt dessen mit Gasmaske und Stiefeln zum Schweigen gebracht bzw. zur Beteiligung am Krieg gezwungen wird. Grosz verhehlte damals nicht, daß er weder Christ noch Pazifist sei. Alleinig das Mitleid mit der leidenden Menschheit habe ihn dazu bewogen, die Darstellung anzufertigen.

Erst am Ende eines überaus langwierigen Marsches durch die verschiedenen Instanzen wurde Grosz freigesprochen. Das Berliner Landgericht III beispielsweise war der Meinung, der Künstler habe lediglich auf die Diskrepanz zwischen der Lehre Jesu und der auch in Kirchenkreisen verbreiteten Kriegsbegeisterung hinweisen wollen – eine Absicht, die jedem klar Denkenden im Grunde offensichtlich vorkommen müsse. Diese »künstlerischen Absichten« würden eine Verurteilung gemäß § 166, Satz 2 im Grunde ausschließen. Das Reichsgericht dagegen sah zwar keine Gotteslästerung[2] vorliegen, war aber der Meinung, daß die genannten *künstlerischen* Absichten keinen Entschuldigungsgrund darstellten, sondern daß auch die einfachen Gefühle des religiös gesinnten, durchschnittlichen Gläubigen berücksichtigt werden sollten. Wenn man davon ausgehen könne, daß sich der Angeklagte der verletzenden Folgen seiner Handlung im Hinblick auf die Gefühle Dritter bewußt gewesen sei, dürfe eine Verurteilung sehr wohl erfolgen. Im Klartext: Nur die Naivität angesichts

2 § 166, Satz 1.

der Reaktionen, die seine Darstellung provozieren würden, hätte den Angeklagten Grosz vor einer solchen Verurteilung geschützt. Nicht bloß die künstlerische Absicht, die gleichsam als Teilintention gewertet wurde, sollte zählen, sondern die Inkaufnahme der Gefühlsverletzung als anderer Teil seiner Intention wurde als ausreichend betrachtet, um die Darstellung als strafrechtsrelevant einzustufen.

Der dritte Prozeß, der Missa Profana-Prozeß, betraf eine lyrische Montage von Texten der Heiligen Messe in einem Gedicht des Göttinger Studenten Reinhard Döhl, das in einer ›Prisma‹ genannten Zeitschrift, herausgegeben von Studenten jener Universität, im Juni 1959 veröffentlicht worden war. Das Gedicht ist übrigens auch heute noch lesenswert. Zwei Studenten der Technischen Hochschule Hannover und der Bischof-Koadjutor der Diözese Hildesheim erstatteten daraufhin Anzeige wegen Gotteslästerung, Beschimpfung der Römisch-Katholischen Kirche und Beleidigung. Damals angesehene Experten aus den Bereichen der Theologie und der Ästhetik, prominente Katholiken, waren der Meinung, daß eine solche Anzeige unbegründet sei und der Autor eine durchaus religiös inspirierte, poetische Aktualisierung der Vision des Untergangs von Sodom und Gomorra aufs Papier gebracht habe. Auch hier dominierte also die Auffassung, ästhetische Form und (moralische) Absicht seien entscheidend. Und diese ließen im vorliegenden Fall keinen Zweifel darüber aufkommen, daß Gotteslästerung und mit ihr auch die anderen Delikte nicht vorlägen. Der Schriftsteller Bernt von Heiseler dagegen war ganz anderer Ansicht. Er sah eine intellektuelle Mode am Werke, die dirigiert wurde durch Kräfte hinter dem Eisernen Vorhang.

[illegible] und dürfte heute (wie damals) nicht das Gedicht des Studenten, sondern die folgende, ausführlich zitierte Invektive des literarischen Vertreters der Anklage sein: »Ich bin rückständiger und barbarischer Weise der Meinung, daß man geistige, sittliche, religiöse Werte vor der Kanaille nur dadurch schützen kann, daß man Verletzungen dieser Werte streng bestraft. Meine Kenntnis der Geschichte und meine

Skepsis gegenüber den Anlagen des Menschengeschlechts läßt mich den Standpunkt Luthers als den einzig realistischen ansehen: daß die Obrigkeit eine Zuchtrute haben und auch anwenden soll. Will man die Straßen sauber halten, muß der Kot weggeräumt werden.«[3] Solche Äußerungen verurteilen natürlich sich selbst. Aber man kann in ihnen die überhitzte und giftige Atmosphäre spüren, in die eine Suche nach Delikten blasphemischer Natur leicht landen kann.

Im Laufe des Prozesses wurden achtzehn katholische Hausfrauen, Buchhalter und Beamte als Zeugen mobilisiert, denen das Studentenblatt durch Geistliche zugeschickt worden war und die – wie nicht anders zu erwarten – die Kränkung ihrer religiösen Gefühle allzu gern bestätigten. Das Landgericht Göttingen verurteilte den Studenten »anstelle einer an sich verwirkten Gefängnisstrafe zu 100 DM Geldstrafe«. Ihm wurde vor allem vorgeworfen, nicht vor der Publikation seines Gedichtes einen katholischen Geistlichen konsultiert zu haben. Das Urteil wurde später durch den Bundesgerichtshof in Karlsruhe aufgehoben. Die durch das Grundgesetz garantierte (aber nicht schrankenlose) Freiheit der Meinungsäußerung, worunter auch die Freiheit von Kunst und Wissenschaft subsumiert werden müssen, gab den Ausschlag.

Die Formulierung des im Jahre 1969 reformierten Paragraphen lautet:

> § 166: Beschimpfung von Bekenntnissen, Religionsgesellschaften und Weltanschauungsvereinigungen.
>
> Wer öffentlich oder durch Verbreiten von Schriften (§ 11 III) den Inhalt des religiösen oder weltanschaulichen Bekenntnisses anderer in einer Weise beschimpft, die geeignet ist, den öffentlichen Frieden zu stören, wird mit Freiheitsstrafe bis zu drei Jahren oder mit Geldstrafe bestraft. Ebenso wird bestraft, wer öffentlich oder durch Verbreiten von Schriften (§ 11 III) eine im Inland bestehende Kirche oder Weltanschauungsvereinigung, ihre Einrichtungen oder Gebräuche in einer Weise beschimpft, die geeignet ist, den öffentlichen Frieden zu stören.

3 Zitiert bei de Roo, S. 74.

(§ 11 III: Den Schriften stehen Ton- und Bildträger, Abbildungen und andere Darstellungen in denjenigen Schriften gleich, die auf diesen Absatz verweisen.)

Der Regelung ging eine heftige Debatte voraus, in deren Verlauf – im sogenannten »Alternativ-Entwurf« von 1968 – für einen völligen Wegfall des Straftatbestandes der Gotteslästerung plädiert wurde. Die Bedenken, die in diesem Zusammenhang vorgetragen wurden, sind auch heute noch diskussionswürdig. So wurde grundsätzlich die Möglichkeit in Frage gestellt, mittels des Strafrechts religiöse Gefühle zu schützen. Darüber hinaus wurden gravierende Probleme infolge der Nennung »Gottes« im Strafrecht konstatiert: Wie läßt sich nämlich überhaupt definieren, was eine Blasphemie darstellt, wenn das Schutzobjekt »Gott« keine präzise Bestimmung erlaubt? In der Diskussion wurde auch die Auffassung vertreten, gerade die staatliche Vergeltung der Blasphemie könnte religiöse Gefühle verletzen, weil eine solche Maßnahme die Größe Gottes herabsetze: Gott ist auf das Strafrecht nicht angewiesen. Ein weiteres semitheologisches Argument lautete: Wenn der Glaube ein existentielles Wagnis darstellt, könne es nicht im Interesse der Kirchen sein, einen Sonderschutz für ihr Bekenntnis und ihre Praktiken zu erhalten, der anderen religiösen oder weltanschaulichen Richtungen nicht gewährt wird. Deshalb könne man den besonderen Schutz weltanschaulicher oder religiöser Bekenntnisse überhaupt in Frage stellen. Darüber hinaus werde die Debatte über solche Themen durch staatlich sanktionierte Schutzmaßnahmen im Grunde beeinträchtigt.

In der Tat muß die Nennung Gottes als Schutzobjekt zu unüberwindlichen Schwierigkeiten führen. Metaphysische [illegible] lassen sich nicht strafrechtlich schützen, und zwar *unabhängig* von der Frage, ob sie eines Schutzes überhaupt bedürfen, denn dies ist erneut eine metaphysische Frage. Je nach Gottesbild bzw. abhängig von der metaphysischen Interpretation, die man dem Begriff angedeihen läßt, ändern sich die Gründe für einen solchen Schutz und somit auch die Anlässe und die Sanktionen. Purer Willkür und Beliebigkeit wären hier – zumal in einer religionspluralen *und* einer religionsabstinenten Gesellschaft – Tür und Tor geöffnet. Denn anders als bei der Diskussion um die Nennung Gottes, um die sogenannte *nominatio dei*, in der Präambel einer europäischen Verfassung, die einen symbolischen und keinen sanktionsrelevanten Status besitzt,[4] handelt es sich hier wohlgemerkt um das Strafrecht. Diesem kann man aber Metaphysik nicht zumuten. Die explizite Formulierung »Gotteslästerung« läßt sich in einer Gesellschaft, die durch erhebliche *Weltanschauungsdifferenzen* geprägt wird, nämlich kaum noch sinnvoll auf der Ebene des Strafgesetzes operationalisieren. Vor allem die grundsätzlichen Bedenken gegen einen separaten Schutz weltanschaulicher und religiöser Bekenntnisse werden uns noch beschäftigen, und zwar nicht so sehr, weil die Diskussionskultur durch solche Maßnahmen beeinträchtigt werde, sondern aus einem anderen Grund: Werden solche Bekenntnisse (und die sie verkörpernden Institutionen) nicht über Gebühr und deshalb privilegiert geschützt angesichts des Grundrechts auf freie Meinungsäußerung? Aber dazu später.

Die Umstellung des Titels »Vergehen, welche sich auf Religion beziehen« (1871) auf »Beschimpfung von Bekenntnissen, Religionsgesellschaften und Weltanschauungsvereinigungen« (1969) macht noch auf eine weitere Komplikation aufmerksam. Religionsdelikte werden nun erweitert zu Delikten gegen ein Dreifaches – gegen »Bekenntnisse«, »Religionsgesellschaften« und »Weltanschauungsvereinigungen«. Der Wegfall der Gotteslästerung ›expressis verbis‹ hat solchermaßen nicht zu einer Präzisierung, sondern eher zu einer diffusen Erweiterung des Adressatenkreises geführt. Schutzobjekt bleibt auch hier der »öffentliche Friede«, aber dessen Gefährdung durch »Beschimpfung« wird nun in diversen gesellschaftlichen Ausprägungen vermutet. Eine genauere Umschreibung der Bedeutung der drei relevanten Begriffe (»Bekenntnisse«, »Religion«, »Weltanschauung«) bzw. die Angabe ihrer Unterschiede dürfte nicht leicht sein. Denn was unterscheidet eine »Re-

4 G. Essen 2004.

ligion« von einer »Weltanschauung«? Und wie läßt sich eine Weltanschauung charakterisieren? Ist der Marxismus-Leninismus eine Weltanschauung oder eine ›bloße‹ Ideologie? Aber was unterscheidet Weltanschauungen von Ideologien? Die drei Kategorien befinden sich aber nicht auf der gleichen ›ontologischen‹ Stufe: Bekenntnisse brauchen nicht ›per se‹ Teil einer Institution zu sein, während Religionsgesellschaften und Weltanschauungsvereinigungen Institutionen *sind.* Müssen die Bekenntnisse eine institutionelle Umgebung erhalten haben, bevor sie schutzwürdig werden?

Während in der Fassung des Paragraphen aus dem Jahr 1871 noch das »Ärgernis« genannt wurde, das hervorgerufen werden muß, wird dieses Gefühl in der Neufassung gewissermaßen abstrakt: Die »Beschimpfung« bzw. die unflätige Herabsetzung ruft Gefühle der Empörung und der Wut hervor – wie eine jede Beleidigung –, so daß der »öffentliche Friede« in Gefahr geraten kann. Die »Gefühle« werden jedoch als solche nicht genannt bzw. das Wort wird tunlichst vermieden. Die Kränkung religiöser »Gefühle« würde die Türen für Klagen weit öffnen. Auch deshalb ist wohl von »Bekenntnissen«, »Gesellschaften« und »Vereinigungen« die Rede. Dennoch bleibt die Frage offen, ob der »öffentliche Friede« bereits in Gefahr gerät, wenn ein Einzelner sich beschimpft fühlt oder ob dieser ein Kollektiv bzw. eine Institution oder eine Gruppe *repräsentieren* muß, weil man sich die Gefährdung des »öffentlichen Friedens« durch die Beleidigung des Gefühls eines einzelnen schwerlich vorstellen kann. Das Rechtsgut, das hier geschützt wird, ist nämlich letztlich *nicht* das religiöse oder weltanschauliche Gefühl einzelner, sondern eben der »öffentliche Friede«. Das unterscheidet den § 166 StGB von sonstigen Beleidigungsklagen. Der »öffentliche Friede« ist aber kein geringes Gut, obwohl man nicht immer leicht angeben kann, was er umfaßt. Eine *befriedete Öffentlichkeit* läßt sich in diesem Zusammenhang wohl am ehesten als ein *zivilgesellschaftlicher Raum* definieren, *in dem Bürger ohne Furcht und Angst vor unflätigen Angriffen ihre Überzeugungen artikulieren können.* Der Paragraph § 166 unterstellt demnach ein Bedrohungsdelikt, welches das Potential zur Störung dieses Friedens enthält. Die Bedrohung muß demnach eine gewisse Permanenz aufweisen. Zu denken wäre hier beispielsweise an Äußerungen, die einen systematischen Religionshaß vermuten lassen und Kollektive bzw. ihre Repräsentanten ins Visier nehmen und diese eventuell zu intoleranten Reaktionen provozieren wollen.

In Belgien existiert das Delikt der Gotteslästerung nicht. Unter dem Einfluß der französischen Code Pénal kam im Jahr 1867, nahezu vier Jahrzehnte nach der Unabhängigkeit von den Niederlanden, ein Strafgesetzbuch zustande, das ebenso wie sein berühmtes Vorbild *kein* solches Delikt kennt. Wohl werden Beeinträchtigungen oder Fehlverhalten angesichts des Rechts auf freie Religionsausübung sanktioniert – also Religionsdelikte –, aber die Gotteslästerung gehört nicht dazu. In den Artikeln 142-146 des »Code Pénale Belge« wird beispielsweise der Versuch, mittels Gewalt oder Gewaltandrohung religiöse Verrichtungen zu verhindern, unter Strafe gestellt, aber ebenso der Versuch, mit solchen Mitteln die Teilnahme an diesen Handlungen zu erzwingen. Wer durch gezielte Aktionen religiöse Praktiken zu stören oder zu unterbrechen versucht, kann ebenso bestraft werden, wie jener, der einen Geistlichen bei der Ausübung seines Amtes spottet oder gar mißhandelt. (Art. 145-146) Zentral ist wohl der Artikel 144, der das Beschimpfen (»outrager«) religiöser Objekte (»les objets d'une culte«) unter Strafe stellt. Eine solche Beschimpfung muß als intentionale Handlung in Taten, Worten oder Gesten verstanden werden, welche die Würde oder den Respekt der Religion *in Relation mit* diesen Objekten antastet. Nicht die Kultgegenstände als solche werden also geschützt, sondern ihr – wenn man so will – religiöser Bedeutungsraum oder die Werte, die für den Bekenner mit diesen Gegenständen, wozu auch der Gottesdienst selbst gehört, verbunden sind. Obwohl die Gotteslästerung keinen Straftatbestand darstellt, heißt dies nicht, daß mit ihr assoziierte Delikte wie die Verhöhnung Gottes in ästhetischen Produkten nicht verfolgt werden können. Dies geschieht dann auf dem Umweg über den Artikel 144. Aber solche Strafverfolgung geschieht extrem selten.

Auch in Belgien blieben zum Zeitpunkt der Abfassung des Strafgesetzartikels Diskussionen nicht aus. So stellte man die Frage, wie eine Religion von einer bloßen Sekte unterschieden werden könne, damit man wisse, ob *tatsächlich* ein Geistlicher an der Ausübung seines Amtes gehindert werde und nicht ein Scharlatan. Man kann dieser Frage im Zusammenhang mit der Mißhandlung eines religiösen Amtsinhabers eine gewisse Skurrilität nicht absprechen, aber hinter ihr verbirgt sich erneut das Problem der *Identifikation* von Religionen und ihrer Unterscheidung von Nicht-Religionen. Daß der belgische Gesetzgeber darauf vertraute, daß der Richter fallbezogen beurteilen könne, ob der Betreffende zu einer ›seriösen‹ Religionsgemeinschaft gehöre, macht das Dilemma erst recht mit aller Deutlichkeit sichtbar. Denn die Frage, was ein *seriöses* Bekenntnis oder ein ernster Glaube darstellt, ist wohl nur äußerst schwer zu beantworten. Was die Seriosität von Handlungen kultischer und ritueller Natur ausmacht, läßt sich dagegen leichter entscheiden. Es reicht, wenn man hier *moralische* Maßstäbe anlegt. Solche Handlungen dürfen die Würde der an ihnen beteiligten Personen nicht verletzen. Ihre körperliche und psychische Integrität darf bei Kulthandlungen und rituellen Expressionen nicht gefährdet sein. Solche Maßstäbe versagen jedoch bei den Bekenntnissen. Ob der Glaube, daß Menschen nach ihrem Tod einem göttlichen Gericht zugeführt werden, das ihre Sünden gegebenenfalls mit ewigen Höllenqualen bestraft, einem *seriösen* Bekenntnis oder einer neurotischen Phantasie entstammt, ist moralisch dagegen nicht zu entscheiden.

Die Gotteslästerung ›intentio recta‹ spielte also in der modernen belgischen Strafgerichtspraxis so gut wie keine Rolle. Im Jahr 2003 hat das Parlament ein ›Antidiskriminierungsgesetz‹ verabschiedet, in dem »Glaube und Weltanschauung« als Diskriminierungsgrund unter Strafe gestellt werden. Damit hat sich der Fokus aber erneut verschoben: Nicht die Blasphemie als Kränkung der Ehre Gottes, aber auch nicht der

Schutz von Religion und Weltanschauung zum Zwecke der Sicherung des »öffentlichen Friedens« bilden die ›ratio‹ der Gesetzgebung, sondern die *Gleichstellung* von Personen, die in ungerechtfertigter Art und Weise in Abrede gestellt wird. Das moderne Moralparadigma der egalitären Menschenwürde hat sich abermals durchgesetzt. Schwierigkeiten müssen dagegen entstehen, sobald man sich in einem Konfliktkasus des Blasphemie-Vorwurfs bedient, um auf eine Ungleichbehandlung aufmerksam zu machen. Spätestens dann haben wir es mit einer *Paradigmenkonfusion* zu tun. Das Paradigma der Gotteslästerung wird dann instrumentalisiert, um Gleichheitsprobleme zu indizieren und zu radikalisieren.

Im Vereinigten Königreich weicht die Entwicklung in hohem Maße von der westeuropäischen ab. Das dort dominierende »Common Law«- System – das traditionelle, ungeschriebene Recht, das in den konkreten Gerichtsurteilen zum Ausdruck kommt und als Leitlinie für die nachfolgenden Urteile gilt – führt dazu, daß konstitutionelle Grundrechte wie beispielsweise das Recht auf freie Meinungsäußerung als *explizit* genanntes Grundrecht nicht existieren. Die Rechtsprechung ist also in einem hohen Maße an Präzedenzfällen orientiert und sowohl was die Meinungsfreiheit im allgemeinen als auch die Blasphemie im besonderen betrifft, ergibt sich die Gesetzeslage auf der Basis einer Ansammlung früherer Urteile. Historisch betrachtet hat das Kanonische Recht wie überhaupt die kirchliche Rechtsprechung einen großen Einfluß auf das englische Rechtssystem ausgeübt. Die Gotteslästerung und die mit ihr oft zusammen abgehandelte Häresie lagen traditionell in der ausschließlichen Kompetenz kirchlicher Gerichte. Die Vollstreckung der Strafen oblag dagegen der weltlichen Behörde.

Wie man der komparativen Studie von de Roo[5] entnehmen kann, spielt der Sachverhalt, daß die »Church of England« seit dem 16. Jahrhundert in England Staatskirche war, eine wichtige Rolle. Blasphemie konnte leicht als Aufforderung

5 Roo 1970.

zur Rebellion oder Verschwörung (»conspiracy«) gegen die Staatsmacht verstanden werden. Noch heute ist das Delikt der Gotteslästerung, obzwar sehr selten verfolgt, Bestandteil des »Common Law«. Seit 1959 wird dieses Delikt als Bestandteil der »Obscene Publications Act« geführt. Verboten ist die öffentliche, durch unflätigen oder groben Sprachgebrauch erfolgte Leugnung der Existenz Gottes, der Wahrheit des christlichen Glaubens, aber auch die beleidigende Infragestellung des Inhalts der Bibel. Wohlgemerkt – es ist nicht verboten, die Existenz Gottes zu leugnen, wohl aber, dies in einer kränkenden und provozierenden Weise zu tun, die dazu angetan ist, die Grundlagen der Gesellschaft zu erschüttern. Zu diesen Erhaltungsbedingungen der Gesellschaft werden auch die religiösen Gefühle der Menschen gezählt. Die ›ratio‹ der Rechtsprechung ist erneut der öffentliche Friede bzw. die Aufrechterhaltung der öffentlichen Ordnung.

Rechtsprechung erfolgt in diesen Angelegenheiten allerdings äußerst selten, aber ist nicht ganz abwesend. Allgemein wird die Blasphemie als ein *archaisches* Delikt empfunden. In dem Kasus »Whitehous versus Gay News Ltd. and Lemon«[6] aus dem Jahre 1979 ging es um eine als blasphemisch empfundene Veröffentlichung in einer Schwulenzeitschrift. Das Merkmal der Blasphemie wird hier exakt in den Kategorien beschrieben, die der traditionellen Umschreibung des Delikts entsprechen: »A publication is blasphemous if it is couched in indecent of offensive terms likely to shock and outrage the feelings of the general body of Christian believers in the community.« Eine eigens ins Leben gerufene Dachorganisation – das »Committee Against Blasphemy Law« – organisierte eine öffentlichkeitswirksame Kampagne gegen die Verhandlung.

Im Zusammenhang mit dem Vorwurf der Gotteslästerung an die Adresse von Salman Rushdie nach der Publikation der »Satanic Verses« wurde im Jahr 1991 in dem Kasus »Chief Metropolitan Stipendiary Magistrate, ex p. Choudhury« die Frage verhandelt, ob das britische Justizministerium sich zu

6 Vgl. Smith, S. 734.

Recht geweigert hatte, Rushdie wegen Gotteslästerung anzuklagen. Hier ging es also um die Frage, ob Gotteslästerung nur einen Strafgrund im Hinblick auf den christlichen Glauben darstellt oder ob auch andere Religionen einen vergleichbaren Schutz in Anspruch nehmen können. Der Richter hielt sich in diesem Fall zurück: Das Gesetz sei wohl auf das Christentum gerichtet und wahrscheinlich sogar nur auf die Anglikanische Staatskirche. Aber wohlweislich schob der Richter dem Gesetzgeber die Aufgabe zu, in einer solch komplexen Angelegenheit für mehr Klarheit zu sorgen.

Im Grunde, so könnte man sagen, zeigt diese Angelegenheit, daß das Delikt der Lästerung *Gottes* in einer Situation multireligiösen Zuschnitts kaum noch sinnvoll indiziert werden kann. Die Merkmale einer solchen Lästerung beruhen immer – so hat die kurze Historiographie der Blasphemie immerhin gezeigt – auf einem *theologisch* ausgeleuchteten Gottes*begriff*, über den in der gegenwärtigen und wohl erst recht künftigen Lage von Gesellschaften kulturell und deshalb auch religiös pluralisierter Signatur kaum noch ein Konsens hergestellt werden kann. Wenn aber sogar die theologische Kriteriologie wankend und mehrdeutig ausfällt und auch in ihrem damaligen Kontext die Unterscheidung von Blasphemie und Häresie immer eine Gratwanderung geblieben ist, wird es komplett unwahrscheinlich, daß über die unübersichtlichen Bekenntnisdifferenzen (und Bekenntnis*in*differenzen) hinaus, die unsere heutige Situation prägen, noch eine umfassende Definition der Gotteslästerung möglich sein wird. Im Vereinigten Königreich empfahl deshalb im Jahre 1985 eine hochkarätig besetzte ›Law Commission‹ mehrheitlich, das Delikt der Gotteslästerung zu streichen. Das britische Strafrecht, vor allem der »Public Order Act«, sei hinreichend gerüstet, Provokateuren und Unruhestiftern, die die Religion anderer beleidigen und in den Dreck ziehen, angemessen zu begegnen. Eine Minderheit dieser Kommission war der Meinung, das Religionsdelikt der Blasphemie sollte durch eine neue Bestimmung ersetzt werden, welche die Publikation grob verletzender und beleidigender Schriften, die religiöse Gefühle

Dritter zu kränken beabsichtigen, unter Strafe stellt. Seitdem sind mehrere Initiativen zustande gekommen, um neue Regelungen zu finden: Der »Anti-Terrorism, Crime & Security Act 2001« nimmt Delikte wie religiös motivierte Provokationen, Äußerungen religiösen Hasses und religiös motivierte Feindschaft auf Korn.

Einige dieser Vorschläge wurden aufgrund der anschließenden Diskussion im House of Lords zurückgenommen. Im Januar 2002 wurde von Lord Avebury ein Gesetzesvorschlag eingereicht, die »Religions Offences Bill«, die für die Abschaffung des Blasphemiedelikts plädiert und statt dessen die »Anstiftung zu religiösem Haß« als neues Delikt einführen will. Auch hier erfolgten langwierige Diskussionen, die im Juni des Jahres 2005 zum »Radical and Religious Hatred Bill«, eingereicht von der Regierung, führten. Im darauffolgenden Jahr wurde dieses Gesetzesvorhaben im House of Commons zunächst gestoppt. Aber bereits aus dem Rapport des »Select Committee on Religious Offences« aus dem Jahr 2003 war deutlich geworden, daß sich die Mitglieder nahezu bei keinem der behandelten Gesichtspunkte einigen konnten. Den nahezu ausschließlich auf die »Church of England« gerichteten Schutz gegen Gotteslästerung empfand man mehrheitlich als veraltet und überholt. Gleichzeitig lehnte man die Vorstellung, das Vereinigte Königreich sei *kein* säkularer Staat, ab. Und die Antwort auf die Frage, ob man das Gesetz belassen, abschaffen oder durch eine neue schriftliche Bestimmung ersetzen sollte, die auf *alle* Religionsgemeinschaften angewandt werden kann, fand ebensowenig eine erforderliche Mehrheit. Der Innenminister ließ deutlich erkennen, kein Befürworter einer solchen Erweiterung zu sein. Nicht nur er, sondern zahlreiche Abgeordnete waren der Meinung, daß eine solche Ausdehnung mehr Schaden als Nutzen anrichten würde.

Sogar die Muslimorganisationen im Vereinigten Königreich waren bei dieser Frage geteilter Meinung. Während einige eine solche Erweiterung auf andere Religionen ausdrücklich begrüßten, äußerten andere die Ansicht, nun bestünde die Gefahr, daß sich religiöse Organisationen *gegenseitig* der Gotteslästerung bezichtigen könnten. Der vermeintliche Schutz gegen anti-religiös inspirierte Verunglimpfung könnte solchermaßen in interreligiösen Grabenkämpfen enden, denn über Art, Umfang und Folgen der Gotteslästerung in einer religions- und weltanschauungspluralen Gesellschaft könne ohnehin kein Konsens erzielt werden. Vom Regen käme man also in die Traufe. Statt einen Beitrag zum öffentlichen Frieden zu leisten, würden eine Verschärfung des Blasphemiedelikts und seine Ausdehnung auf alle Religionen ungewollt die bereits vorhandene Radikalisierung in und zwischen den Religionen verstärken. Nicht Pazifikation, sondern Konfliktverschärfung wäre die Folge.

In der Tat kann man eine solche Befürchtung schwerlich widerlegen. Die ganze Zweischneidigkeit der modernen Blasphemiebestimmungen wird hier auf einmal sichtbar. Obwohl als Religionsschutz konzipiert, kann der Blasphemievorwurf leicht zu einem Kampfmittel gegen jenen säkularen Staat werden, der diesen Schutz gewährt. Und im Hinblick auf das interreligiöse Verhältnis muß man davon ausgehen, daß die Revitalisierung des Blasphemieparagraphen nicht zu einer Pazifizierung, sondern zu einer Verschärfung der Konflikte Anlaß geben wird. Zum Zweck einer solchen Revitalisierung wäre allerdings auch eine Retheologisierung nötig, die in unseren Augen wahrscheinlich eher geringe Erfolgsaussichten hat. Aber darf man von jenen, die am Vorwurf der Gotteslästerung interessiert sind, etwas anderes als eine solche Retheologisierung erwarten? Kann man ihnen Theologieabstinenz überhaupt zumuten? Die Neutralität in religiösen Angelegenheiten über den *allgemeinen* Schutz der Religion hinaus wird von Blasphemieinteressierten ohnehin schnell als heimliche Gottlosigkeit des Staates ausgelegt, weshalb die Revitalisierung der Blasphemie den Staat selbst in das Visier religiös motivierter Angriffe geraten läßt. Der Gotteslästerungsvorwurf richtet sich dann auf jenen Staat, der angeblich zu wenig für seine erfolgreiche Durchsetzung leistet. Ebenso leichtfertig können sich Religionskonkurrenten auf dem Markt der spirituellen Möglichkeiten mit diesem Drohmittel gegenseitig in die Schranken weisen bzw. Gewalt provozieren wollen. Es hat den Anschein, daß die Semantik der Gotteslästerung im strikten Sinne ein Unheilspotential in sich birgt, das – historisch außerordentlich gut belegt – zur wirksamen Befriedung konfliktanfälliger Gesellschaften kaum einen sinnvollen Beitrag leisten kann. Ob die Ausbannung dieser Semantik aus dem Strafgesetz nicht kurzfristig zu einer Steigerung der Spannungen vor allem auf seiten jener Religionen, die sich bisher wenig oder nicht geschützt vorkommen, führen könnte, ist schwer zu beantworten. Utilistische Überlegungen, die aus diesem Grund für die vorläufige Beibehaltung des strafgesetzlichen ›Status quo‹ plädieren, sind nicht ganz von der Hand zu weisen. Sie überzeugen jedoch nicht.

Womöglich existieren wirksamere Mittel, Schutz zu gewähren, als auf der Basis des Blasphemieparagraphen. Der Vorwurf der »Gotteslästerung« hat nämlich oft eine *symbolische* Funktion.

9
DIE »RATIO« DES STRAFRECHTS – EINE IDENTITÄTSPRAKTISCHE? AUF DEM WEG ZUM MORPHOLOGISCHEN FELD DER KULTURELLEN PSYCHOLOGIE

Religionsdelikte sind Bestandteil nahezu aller Strafgesetze weltweit. Diesbezügliche Regelungen besitzen jedoch einen sehr unterschiedlichen Charakter. Die »Gotteslästerung« *expressis verbis* wird längst nicht mehr überall, wie wir gesehen haben, unter der Rubrik der »Religionsdelikte« aufgeführt. Entsprechend vielfältig und teils verwirrend gestaltet sich die Auskunft, die man angesichts der Frage erhält, was nun eigentlich die *ratio* hinter den jeweiligen Gesetzesbestimmungen sei. Was sind die *Gründe*, Religionsdelikte überhaupt als eine separate Sparte von Delikten zu führen? Es lassen sich im wesentlichen fünf Motive unterscheiden: a) der Schutz der Ehre oder der Person Gottes; b) die Kränkung der religiösen Gefühle (Gefühlsschutztheorie); c) der Schutz der Religion als Kulturgut (Religionsschutztheorie); d) der Schutz der öffentlichen Ordnung (Friedensschutztheorie); e) der Schutz der Freiheit als Rechtsgut. Längst nicht alle Gründe müssen in einer strafrechtlichen Regelung berücksichtigt werden. Deren *ratio* kann sich demnach auf nur einen einzigen oder auf nur einige der genannten Gründe beziehen. Darüber hinaus fällt die Abgrenzung der einzelnen Gründe nicht immer leicht: Friedensschutz und Religionsschutz können aus der Gefühlsschutztheorie gegebenenfalls abgeleitet werden. Der Blasphemievorwurf muß darüber hinaus nicht unbedingt mit dem direkten Hinweis auf die »Ehre Gottes« untermauert werden. Unter einer gewissen Abstraktion von den konkreten Gesetzesvarianten sei an dieser Stelle auf generelle Schwierigkeiten der einzelnen *rationes* hingewiesen.[1]

Den *klassischen* Grund der rechtlichen Sanktionierung stellt natürlich der Schutz der Ehre Gottes dar. In der Vergangenheit richtete sich dieser Schutz ›intentio recta‹ auf Gott (als Person) und zumindest auch ›intentio obliqua‹ auf die Verhinderung der Folgen Seiner Rache und Strafe für die Gemeinschaft. Bereits in der Aufklärung sind die Bedenken gegen diese Begründung, die ein gehöriges Maß an Willkür und Beliebigkeit enthält, forciert vorgetragen worden. Ein quasitheologisches Argument lautet in diesem Zusammenhang, daß der Höchste eines solchen Schutzes nicht bedarf. Wer Gott eine solch leicht entflammbare Kränkungsbereitschaft zuschreibt, kränkt im Grunde seinerseits dessen Überlegenheit. Aber das gültige Argument in funktional ausdifferenzierten Gesellschaften, zumal in Gesellschaften liberal-politischer Natur, die eine Trennung religiöser von politischen oder rechtstaatlichen Argumentationen beherzigen, muß hier lauten, daß theologische und metaphysische Annahmen kein *unmittelbarer* Gegenstand strafrechtlicher Sanktionen sein können und dürfen. Selbstverständlich kann man Menschen, die an Gott glauben, durch Äußerungen, Gesten und künstlerische Hervorbringungen beleidigen. Beleidigungen werden zu Recht durch das Strafrecht verfolgt. Aber die Annahme, es sei Gott höchstpersönlich, der in solchen Beleidigungen angegriffen werde, kann nicht Gegenstand eines Rechtssystems sein, das weltanschaulich ungebunden ist.

Überall dort, wo die Blasphemie als Gottesbeleidigung im *strikten* Sinne Gegenstand strafrechtlicher Sanktionen ist, wird nicht nur ein Gottesglaube, sondern mit ihm auch ein beleidigungsfähiger Gott vorausgesetzt, der in einem modernen Strafrechtssystem nichts zu suchen hat. Paragraphen über Gottesbeleidigung sollten deshalb aus dem Strafrecht entfernt werden. Fungiert die Blasphemie nur als historisch bedingter Restant, gleichsam als Symbolbegriff für die Beleidigung von

1 Vgl. ausführlich: de Roo, S. 23-44.

Menschen auf dem Hintergrund ihrer religiösen oder weltanschaulichen Überzeugungen, sollte sie aus dem Strafrecht erst recht entfernt werden. Symbolbegriffe sind strafrechtlich gesehen Nonsens-Begriffe, die durch *eigentliche* Kategorien – in unserem Fall eben durch den Begriff der Beleidigung – ersetzt werden müssen. Niemand kann darüber hinaus gezwungen werden, *überhaupt an einen Gott* zu glauben und dieses Recht – Religionsfreiheit im Sinne der Freiheit *von* jeglicher Religion – impliziert logischerweise, daß man den Vorwurf einer Beleidigung Gottes in rechtsstaatlicher Perspektive niemandem zumuten kann, der an keinen Gott glaubt. Ungläubige können Gott nicht beleidigen. Die Bereitschaft, dies anzuerkennen, unterscheidet ein modernes von einem vormodernen Rechtssystem. Zur Religion verhält sich der Staat – und nicht nur das nach-metaphysische Denken – »agnostisch«.[2] Dies bedeutet nicht, daß man generell ein »Prinzip der säkularen Rechtfertigung« (Robert Audi) im liberalen Verfassungsstaat postulieren muß, das darauf aus ist, religiöse Argumentationen zu neutralisieren oder von vornherein in die Ecke des Irrationalen abzuschieben. Es hat sehr wohl zur Folge, daß theologische Semantik im weltanschauungsneutralen Bereich des Rechtsstaats nicht mit einer strafrechtlichen Sanktionierung orthodoxer Überzeugungen rechnen darf. Dies hat aber – wie inzwischen mehrfach betont – nicht zur Folge, daß die Menschen, die solche Überzeugungen hegen, nicht vor Beleidigung geschützt werden können. Das Gegenteil ist der Fall.

Wenn also vom nach-metaphysischen Denken gilt, daß es »auf der Differenz zwischen Glaubenswissen und öffentlich kritisierbaren Geltungsansprüchen [besteht]« und sich »der rationalistischen Annahme [enthält], selber zu entscheiden, was in den religiösen Lehren vernünftig und was unvernünftig ist«[3], dann gilt auch für den demokratischen Verfassungsstaat liberal-politischer Signatur, daß er das »Glaubenswis-

2 Habermas, S. 149.

3 Ebenda.

sen« – und mit ihm auch Bedingung der Möglichkeit der Gotteslästerung ›strictu sensu‹ – nicht als eine Thematik betrachtet, die zu seinem Zuständigkeitsbereich gehört. Wenn sich die *theologischen* Argumente für oder gegen die Gotteslästerung nicht auf der Wagschale politischer Diskurse austarieren und gewichten lassen, läßt sich auch eine strafrechtlich relevante Entscheidungsfindung im Falle der *Gottes*lästerung genauso wenig bewerkstelligen. In unserem Fall muß man also davon ausgehen, daß die Gotteslästerung im theologischen Sinne für den demokratischen und liberalen Rechtsstaat *undenkbar* geworden ist. Angesichts *normativer* Gottesbilder, die eine theologische Argumentation zwangsläufig bezweckt, wenn sie sich als *theologische* Begründung ernst nimmt, üben der Staat und mit ihm das Strafrecht gänzliche Abstinenz. Strafrechtliche Enthaltsamkeit in theologischen Angelegenheiten darf sowohl für das Recht als auch für die Theologie als Gewinn betrachtet werden.

Die Undenkbarkeit der *Gottes*lästerung ergibt sich aber auch noch aus anderen Gründen. Die Normativität eines *jeglichen* Gottesbildes in politischer Hinsicht kann – zumal unter den Bedingungen religiös pluralisierter Gesellschaften modernen, westlichen Zuschnitts – kaum verteidigt werden. Das, was nicht einmal *innerhalb* einer Religionsgemeinschaft – es sei denn mit doktrinärer oder körperlicher Gewalt – hergestellt werden kann, nämlich der Konsens über das eigene Gottesbild, wird im *inter*-religiösen Feld vollends zu einer hoffnungslosen, aber auch brandgefährlichen Aufgabe. In solchen Gesellschaften (wie der unseren) würde die Verfolgung der Gotteslästerung ›strictu sensu‹ zu einer risikoreichen Aufladung des interreligiösen Konfliktpotentials führen. Wer mit dem Gedanken spielt, sie wieder einzuführen, würde nicht nur die Entwicklung der Theologie- und Rechtsgeschichte der letzten Jahrhunderte seit der frühen Moderne widerrufen, sondern, indem er das tut, ein Spiel mit dem religiösen Feuer anfangen. Vor diesem Hintergrund müßte die Wiedereinführung oder Handhabung der Gotteslästerung im strikten Wortsinn auf die *Entscheidung* zugunsten eines normativen Gottesbildes hinauslaufen. Eine solche Entscheidung beruht dann auf einer zwangsläufig partikulären Argumentation und leistet solchermaßen einen Beitrag zur handfesten Diskriminierung anderer, für zu leicht befundener Gottesbilder, es sei denn, die Begründung für ein solches Gottesbild und damit für ein *jegliches* Gottesbild bliebe leer. In beiden Fällen hätte sich das Vorhaben *ad absurdum* geführt. Letztlich jedoch profitieren *alle* Religionen davon, daß die Gotteslästerung kein Religionsdelikt ist.

Aber auch die zweite ›ratio‹, die Kränkung religiöser Gefühle, stellt uns vor nicht geringe Probleme. Die »Gefühlsschutztheorie« gibt vor, die religiösen Gefühle einzelner vor Beleidigungen und unflätigen Angriffen zu bewahren. Wie bereits erwähnt, lassen sich der Religionsschutz und der Friedensschutz jeweils als Erweiterungen der Implikationen dieser Theorie betrachten. Aber richten wir zunächst das Augenmerk auf das unmittelbare Objekt dieser Theorie, also auf die *religiösen* Gefühle, deren Schutz hier doch gemeint ist. Bei der Sanktionierung religiöser *Gefühle* droht jedoch ein Abgleiten in den puren Subjektivismus. Kränkungsbereitschaft und Empfindlichkeiten sind sowohl individuell als auch religionsspezifisch höchst unterschiedlich verteilt. Emotionale Robustheit und Erregungsfreudigkeit lassen sich äußerst schwer dosieren. Aber wodurch werden Gefühle zu *religiösen* Gefühlen? Sie werden es durch eine religiöse Qualifikation, denn abseits von Gefühlen wie Ehrfurcht, Zorn, Verehrung, Scham oder Hingabe, die mit einem zusätzlichen religiösen Prädikat ausgestattet werden, existiert kein gesondertes *Religionsgefühl*. Auch Friedrich Schleiermachers berühmte Rede von einem »Gefühl des Unendlichen« als einem »schlechthin abhängige(n) Endlichkeitsbewußtsein« wird nur dadurch zu einem *religiösen* Gefühl, daß das Prädikat »*schlechthin* abhängig« als eine solche Qualifikation eingeführt wird.

An dieser Stelle lassen sich erneut Bedenken formulieren, die den gegen den ersten Strafgrund bereits vorgebrachten Vorbehalten gleichen. Denn je nach religiöser Überzeugung, also abhängig von den jeweiligen kognitiven Kontexten, die eine Äußerung als überhaupt religionsrelevant zu identifizieren erlauben, ändert sich nämlich dasjenige, was man ein *religiöses* Gefühl nennt. Subjektive Verletzbarkeit bzw. Verletztheit als solche kann kaum ein hinreichender Grund für Strafverfolgung sein. Gründe, sich religiös verletzt zu fühlen, kann es beliebige geben. Auch durch eine astrophysikalische Aussage, daß das Universum keine Spuren von Transzendenz enthält, können religiöse Gefühle zutiefst bedrängt und die Glaubensmaximen einzelner verletzt werden. Aber niemand würde ernsthaft in einer solchen Aussage ein Religionsdelikt vermuten. Im übrigen dürften nicht wenige Menschen, deren sexuelle Orientierung sie einigen Religionen gemäß geradewegs in die ewige Verdammnis führt, sich in ihren Gefühlen *religionsbedingt* erheblich gekränkt vorkommen.

Die Gefühlsschutztheorie ist demnach auf mindestens drei weitere Bedingungen angewiesen – auf den Öffentlichkeitscharakter der Kränkung, auf die Unflätigkeit der gemachten Äußerungen und auf die Absicht, den Gefühlshaushalt des anderen ›in rebus religionis‹ auch wirklich zu treffen. Damit befänden wir uns allerdings bereits weit auf dem Terrain der Friedensschutztheorie. Der Schutz religiöser Gefühle allein ist jedenfalls eine viel zu schmale Basis für die Indikation »Religionsdelikt«.

Aber wenden wir uns zunächst dem dritten Grund, Religionsdelikte zu statuieren, zu – dem Schutz der Religion als Kulturgut, dem »Religionsschutz«. Wie wir gesehen haben, ändert sich bereits im Lauf der Aufklärung das Motiv, Blasphemie unter Strafe zu stellen: Nicht Gott ist auf unseren strafrechtlich durchdeklinierten Schutz angewiesen, sondern die Religion. Diese kann einen Anspruch auf einen *gesonderten* Schutz erheben, weil sie eine Moral garantierende Instanz darstellt, wodurch eine die Gemeinschaft stabilisierende Wirkung entfaltetet wird. Zumindest wird die pädagogische und disziplinierende Wirkung der Religion auf die Moral des Zusammenlebens nur selten in Frage gestellt. In der »Kriminalgesetzgebung« weiß man zu schätzen, was es heißt, in ihr »eine unsichtbare Führerin zur Tugend und zum ordentlichen

Leben« zu besitzen.[4] Der österreichische Strafrechtler Sonnenfels formulierte hier unmißverständlich: Religion sei »der Leitriemen, an dem der Staat seine Untertanen gängelt«[5] und meinte dies selbstverständlich nicht religionskritisch. Die Konsistenz von Kultur und Moral konnte noch fraglos mit Religion in Verbindung gebracht werden. Religionsdelikte wurden deshalb nicht selten zu Delikten gegen das Kulturinteresse religiöser Gesinnung und Gesittung stilisiert.

Noch bis weit in das letzte Jahrhundert wurde der affirmative Einfluß von Religion auf Staat und Kultur als wichtigstes Motiv, ihr eine besondere Protektion zu gewähren, allerorts hervorgehoben. Eine berüchtigte Formulierung, die bereits alle Kennzeichen völkisch-nationaler Glossolalie aufweist, findet sich in Wilhelm Kahls bekannter Abhandlung über »Religionsvergehen«: Religion sei »eine mit dem Volkinnersten geschichtlich verwachsene Kulturmacht, als sittliche Volkskraft, als Quelle staatserhaltender Tugenden, als ideelles Gleichgewicht im erbarmungslosen Vernichtungskampf um die materiellen Interessen«.[6] Wenn man die entgleisende Rhetorik aus diesen Sätzen entfernt, bleibt jedoch eine Sichtweise der Religion übrig, die bis in die Debatten über die Nennung Gottes in der Verfassung Europas immer noch hartnäckig überlebt – die Meinung, Religion sei gewissermaßen *naturgemäß* eine die Kohärenz des Zusammenlebens steigernde Instanz. Auf diese utilistische Annahme, auf die Zweckdienlichkeit von Religion hinsichtlich des gesellschaftlichen Zusammenhalts geht der »Religionsschutz« letztlich zurück. Hier wird die generell affirmative, Kultur stiftende und Kultur erhaltende Kraft der Religion differenzierungslos unterstellt. Aber der Blick in die Geschichte zeigt ebenso wie eine kurze Umschau in den politischen Gefilden heutiger Religionsaktivitäten, daß diese *generelle* Unterstellung auf einer gewaltigen Simplifizierung der Religionsgeschichte und auf einer naiven

4 E. H. von Globig/J. G. Huster 1783, zitiert bei de Roo, S. 36.
5 Zitiert bei de Roo, ebenda.
6 Kahl, S. 164.

Sicht der Rolle von Religionen in den Großkonflikten der Gegenwart beruht.[7]

Überlebt hat in solchen Auffassungen das im Hinblick auf die Vergangenheit triftige religionssoziologische Schema, demzufolge in der hierarchischen Schichtungsstruktur alteuropäischer Gesellschaften Religionen an oberster Stelle jener Instanzen standen, die Legitimationspotentiale für das gesamte Gesellschaftsgefüge bereithielten. Aus dieser Position heraus konnten religiöse Semantiken ihre bindenden Energien in verschiedenen gesellschaftlichen Bereichen entfalten. Sie durchdrangen das Zusammenleben nachhaltig und anhaltend. Weil zwischen Kultur und Religion über Jahrhunderte kaum sinnvoll unterschieden werden konnte, schien die spätere These, Religion hätte einen ebenso konstituierenden wie auch konservierenden Einfluß auf die Kultur auf einer Selbstverständlichkeit zu beruhen. Diese Zeiten sind jedoch längst vorbei und damit auch die nur scheinbare Evidenz, Religion sei die Membran, die alle Kulturleistungen umgibt.

Die Formel »Religion als Kulturgut« enthält jedoch eine Ambivalenz. Der besondere Schutz, den Religion genießt, speist sich einerseits aus der gerade umrissenen und differenzierten Affirmationsthese. Im Kern lautet diese These: Religion ist Kulturgut, weil sie gut für die Kultur ist. Staat und Kultur profitieren in einem Höchstmaß von Religion, weil diese eine affirmative und die Kohärenz fördernde Wirkung entfaltet. Anderseits enthält der Begriff »Kulturgut« jedoch einen unüberhörbar musealen Klang. Kulturgüter genießen eine Art Existenzschutz, der sie vor dem Verschwinden bewahrt, vor ihrer Degradierung zu historischen Relikten. Wer Religion zu einem Kulturgut umdefiniert, muß sich ernsthaft fragen, ob er ihr damit einen Gefallen tut. Die wichtigste Konsequenz *beider* Aspekte der Ambivalenz lautet in Frageform: Existieren hinreichend überzeugende Gründe, Religionen einen *besonderen*, nämlich strafrechtlich durchaus prominenten Schutz zu gewähren, indem sie als ein Kulturgut aufgefaßt werden?

7 Vgl. Victor und Victori Trimondi 2006.

Erneut tauchen Schwierigkeiten auf, die mit denen, die bei den beiden ersten Strafgründen geltend gemacht wurden, wiederum vergleichbar sind. Zwar wird in der Kulturguttheorie der Religion keine normative Aussage über letztere benötigt, aber eine immerhin deskriptive und analytisch hinreichend scharfe Begriffsbestimmung, was Religion von Nicht-Religion unterscheidet, damit wir wissen, worauf sich der *Religions*schutz bezieht, ist unumgänglich. Eine solche Frage hätte man in einem Zeitalter von einigermaßen übersichtlichen Religionsmonopolen noch als akademisch abtun können, aber sobald *Religion im Plural* das Alltagsprofil einer Gesellschaft prägt, kann man sie nicht mehr umsegeln. In einer solchen Lage den Versuch zu unternehmen, eine strafrechtlich relevante, *normative* Definition von Religion zu konstruieren, käme nicht nur einer gewaltigen intellektuellen Überforderung gleich, sondern ließe ein erhebliches interreligiöses Konfliktpotential entstehen. Man wird sich also höchstens auf eine *pragmatische* Definition verlassen müssen, die einige Merkmale enthält, auf deren Angemessenheit Religions*identifikationen* aufruhen müssen.

Aber damit wäre die Arbeit noch längst nicht getan. Denn die Kulturgut-These impliziert nicht nur eine solche Religionsidentifikation, sondern ebenso eine *Kultur*identifikation. Bereits im Hinblick auf die abendländischen Religionen müßte der *Kultur*aspekt von Religion erstmals mühsam rekonstruiert werden. Offenbar ist auf dieser Route – auf dem Weg des Religionsschutzes – unversehens die Kultur und nicht mehr die Religion zur dominanten Perspektive geworden. Die Rede von der »Kulturleistung der Religion« benötigt demnach nicht nur einen angemessenen Religionsbegriff, sondern zunächst, und zwar als *Oberbegriff*, einen gesicherten Kulturbegriff. Denn Religion kann schon längst nicht mehr als *privilegierte* Lieferantin und Hüterin von Kultur, sondern lediglich als eines ihrer vielen Kompartimente betrachtet werden. Deshalb kann der exponierte Schutz, der ihr zugebilligt wird, schwerlich begründet werden.

Zusätzliche Komplikationen entstehen auch an dieser Stelle

aus dem religionspluralen und multikulturellen Zuschnitt unserer Gesellschaft. Wenn sich die Kulturleistung von Religionen strafrechtlich auszahlt, entsteht in einer solchen Situation alsbald ein Wettbewerb, schlimmstenfalls ein »Kampf um Anerkennung« (G. W. F. Hegel) jener Leistungen. Die kulturellen Errungenschaften Europas, die auf den Islam zurückgehen, sind mehr als erheblich und dürften in diesem Wettbewerb für eine gute Positionierung sorgen. Oder sind nur die gegenwärtigen Leistungen oder gar nur die christlichen relevant? Aus einer historiographischen Perspektive läßt sich kulturelles Prestige noch verhältnismäßig konfliktfrei identifizieren, aber die Identifikation eines Kulturgutbeitrags *heute* führt in die völlige Beliebigkeit.

Kommen wir zum vierten Grund – zu der Friedensschutztheorie oder dem Schutz der öffentlichen Ordnung. Wir haben gesehen, daß die Motive dieser Theorie weit in die Vergangenheit zurückreichen. Neben dem Schutz der Gottesehre spielte die Furcht, die Rache Gottes könne vernichtende Konsequenzen haben, schon immer eine bedeutende Rolle bei der Verfolgung der Blasphemie. Der Welterhalter, so die Angst, könne sich seiner Erhaltungsfunktion enthalten, damit das Unrecht, das seiner Ehre zugefügt wurde, gerächt werde. Im Zeitalter der Aufklärung wurde diese Auffassung gleichsam säkularisiert – nicht Gott, sondern die Religion als Sozialgestalt seiner Verehrung galt es nun, vor Verunglimpfung in Schutz zu nehmen. Dieses Argument konnte mit einer geradezu selbstverständlichen Akzeptanz rechnen, solange man in der Tat der Meinung war, Religion sei die privilegierte und konkurrenzlose Lieferantin jener Legitimationen, die eine jede Gesellschaft zu ihrer Daseinserhaltung brauche. Aber bereits in der Aufklärung ließen sich die neuen vernunftrechtlichen Begründungen nicht mehr problemlos mit einer Theologie, die letztinstanzlich mit dem »Wesen« Gottes argumentieren muß, harmonisieren.

Daß eine Gesellschaft zu ihrer Erhaltung und zur Bereitstellung von Legitimationen für ihre Institutionen *notwendigerweise* auf Religion angewiesen ist, dürfte heute sowohl aus historisch-empirischen Gründen als auch aus prinzipiellen rechts- und staatsphilosophischen Erwägungen als widerlegt gelten. Dennoch ist Religion nach wie vor ein gesellschaftlich relevantes Phänomen. Religiöse Überzeugungen, so »weich« sie sich in einer modernen Umgebung, die auf die Dominanz von Wissenschaft, Technologie und Realpolitik angelegt ist, auch präsentieren mögen, enthalten ein Konfliktpotential, das mit dem Anspruch solcher Überzeugungen zusammenhängt, über »letzte Dinge« zu handeln, die letztlich keine Kompromisse zulassen. Angesichts der heutigen religionsinduzierten Spannungen, die vom Streit über das Kopftuch bis hin zu den religiös radikalisierten und fanatisierten weltpolitischen Großkonflikten reichen, läßt sich allerdings eine gewisse Umkehrbarkeit der Schutzfunktion des Strafrechts feststellen: Es ist nicht nur die Öffentlichkeit, die vor blasphemischen Angriffen auf die Religion in Schutz genommen werden muß, sondern in zunehmendem Maße die Öffentlichkeit *selbst*, die vor religiös inspirierten Attacken auf die verbrieften Grundrechte ihrer Bürger des Schutzes bedarf.

Trotz dieser erforderlichen Nuancierung sind die Gründe, die dafür sprechen, *mit* dem Religionsschutz auch die Ordnung des Zusammenlebens, den öffentlichen Frieden zu verteidigen, nicht von der Hand zu weisen. Religionen sind fragile und zugleich mächtige Sozialgebilde, deren anhaltende Provozierung schwerwiegende Folgen haben kann. Die interessante Frage lautet jedoch, *wie* ein solcher Schutz am wirksamsten und *in welchem Maße* bewerkstelligt werden kann. Im Hinblick auf die mancherorts hörbaren Stimmen, die auf eine Verschärfung des Strafgesetzes bzw. auf eine Wiedereinführung der Semantik der Gotteslästerung in die diesbezüglichen strafrechtlichen Bestimmungen setzen, sei erneut auf die Möglichkeit ungewollt negativer Auswirkungen einer solchen Initiative hingewiesen. Die »Gotteslästerung«, so läßt sich mit einer überwältigenden historischen Evidenz sagen, ist ein äußerst zweischneidiges Schwert. Die Behauptung, daß sie zur Pazifizierung der Kollektive beigetragen habe, in denen sie verfolgt wurde, läßt sich mit der Gegenbehauptung konterkarieren, daß sie immer *auch* mit elementarer Gewalt, mit Glaubensfanatismus und Grausamkeit einhergegangen ist. Eine Verschärfung des Strafrechts könnte heute, in den radikalisierungsbereiten religiösen Randzonen unserer Gesellschaft, geradezu als Aufruf verstanden werden, die »Gotteslästerung« zurück in den Mittelpunkt der politischen und kulturellen Debatten zu stellen. Es drohen die nicht intendierten Nebenfolgen, die die intendierten Wirkungen dann bei weitem übertreffen. Wer die »Gotteslästerung« strafrechtlich revitalisieren möchte – und die Bündnisse reichen von den Kirchen, über islamische Interessenverbände bis hin zum rechtskonservativen Spektrum der Politik –, riskiert, daß er Wind sät, aber Sturm ernten wird.

Darüber hinaus werden die notwendigen interreligiösen und interkulturellen Debatten, aber auch die Ansätze zu religiöser Selbstkritik und zur Rationalisierung religiöser Streitigkeiten mittels solcher Regelungen eher geschwächt als gestärkt. Wer das Strafrecht leicht zur Hilfe rufen kann, dem fehlt oftmals der Grund, nach Gründen zu suchen. Oder anders ausgedrückt: Wer die »Gotteslästerung« als Delikt rehabilitiert, erweist der Zivilgesellschaft einen schlechten Dienst. Wie gesagt, diese Argumente beziehen sich auf die Revitalisierung der *Gottes*lästerung. Damit ist nicht gesagt, daß religiöse Überzeugungen und Weltanschauungen keines Schutzes gegen Beleidigung und gehässige Provokation bedürfen. Wer letzteres bejaht, muß aber gleich hinzufügen, daß Religionen und Weltanschauungen, auch wenn sie im einzelnen manchmal schwer zu identifizieren sind, auf einen *gleichermaßen* ausgeteilten Schutz einen Anspruch haben. Auch hier ist Gerechtigkeit im Sinne der Gleichbehandlung erforderlich. Christliche Privilegien sollten hier nicht existieren.

Die einfache Formel »Schutz der Öffentlichkeit« verbirgt jedoch in einem gewissen Maße, daß wir es im Zusammenhang mit der Blasphemie mit einem Bündel von Grundrechten und Verfassungsprinzipien zu tun haben, die in bestimmten Situationen in Konflikt geraten können. Das Recht auf freie Religionsausübung, das Recht auf freie Meinungsäußerung, das Recht, gegen Diskriminierung und Beleidigung in Schutz genommen zu werden, und nicht zuletzt die weltanschauliche Neutralität des liberalen Verfassungsstaates als Vorbedingungen einer religions- und weltanschauungspluralen Gesellschaft sind nur einige der involvierten Grundrechte und Verfassungsprinzipien. In unserem Zusammenhang sollte vor allem auf eine grundlegende Interpretationsregel hingewiesen werden, die in Konfliktsituationen herangezogen werden muß: die hermeneutische Grundregel, daß sich die genannten Grundrechte *horizontal* zueinander verhalten. Die Kollision von Grundrechten ist nur denkbar, wenn es zwischen ihnen keine Hierarchisierung gibt und wenn sie keine uneingeschränkte Geltung besitzen. Die freie Meinungsäußerung kann nicht *zwanglos* und *generell* auf eine Stufe unterhalb des Schutzes gegen Diskriminierung oder des Rechtes auf freie Religionsausübung gestellt werden. Genauso hat die freie Meinungsäußerung nicht in allen Fällen das – buchstäblich – letzte Wort. In einer Zivilgesellschaft und in ihren demokratischen Institutionen muß das Verhältnis dieser Grundrechte von Fall zu Fall immer wieder justiert und korrigiert werden. Und auch hier gilt, daß diese horizontale Anordnung von Grundrechten für *alle* gleichermaßen gilt. Manchmal kann man den Eindruck haben, daß Religion bzw. religiöse Überzeugungen einen besonderen Schutz meinen genießen zu können. Wer die »Gotteslästerung« als Delikt neu auf die Tagesordnung stellen möchte, sendet hier ein falsches Signal aus. Die erforderliche Unparteilichkeit des Gesetzgebers käme hier ernsthaft in Gefahr. Daß gleiche Fälle gleich behandelt werden müssen, gehört nämlich zu den essentiellen Hintergrundannahmen, die hinter allen Grundrechten stehen.

Der Schutz der Öffentlichkeit als Strafgrund ist demnach in hohem Maße interpretationsbedürftig, obwohl er – bei Lichte besehen – den überzeugendsten Grund dafür darstellt, das religiöse Bekenntnis vor unflätigen, provozierenden und aufrührerischen Angriffen, die den öffentlichen Frieden *tatsächlich* stören können, in Schutz zu nehmen. Allerdings haben solche Fälle eher Seltenheitswert.

Der fünfte und letzte Grund betrifft die Religionsfreiheit bzw. das Recht, seine Religion zu bekennen und sie in ihren praktischen und rituellen Äußerungen ausüben zu dürfen. Wir haben diesen Grund soeben im Zusammenhang mit dem Schutz des öffentlichen Friedens bereits erwähnt. Hier sollte auf eine bestimmte Variante der Inanspruchnahme dieses Rechts hingewiesen werden, auf seine *identitätspraktische* Inanspruchnahme und auf die damit verbundenen spezifischen Schwierigkeiten. Hier steckt der Teufel im Religionsdetail. Denn je nach Reichweite der unterschiedlichen Sachverhalte, die unter das Prädikat »Religion« subsumiert werden, unterscheidet sich auch die Extension dieses Grundrechts. Wenn wir die – moderne – Auffassung zugrunde legen, der zufolge sich Religion vor allem auf den Bereich sogenannter »letzter Fragen«, auf »rites de passage« im Zusammenhang mit biographischen Einschnitten und Lebenskrisen und auf die gottesdienstliche Expressionen dieser Überzeugungen bezieht, dürfte das Recht auf freie Religionsausübung wenig Anlaß zur Sorge geben. Aber bereits in diesen nicht-kontroversen Varianten der Religionsausübung gilt (zumindest prinzipiell), daß die Religionsausübung nicht gegen andere Grundrechte verstoßen darf. Wenn Religion jedoch als Klammer des gesamten Bereichs kultureller und politischer Aktivitäten des Menschen aufgefaßt wird, ändert sich das Bild. Das Recht auf freie Religionsausübung wird dann als Recht kultureller und politischer Andersheit gedeutet, als Recht auf Schutz der Identität ihrer Anhänger. Auch dieses Ansinnen mag in vielen Fällen verhältnismäßig unproblematisch ausfallen. Ganz anders jedoch sehen die Dinge aus, sobald das Recht auf freie Religionsausübung das Recht auf einen schwerwiegenden kulturellen oder politischen Dissens gleichsam abdecken muß. Das Grundrecht auf freie Religionsausübung wird dann unversehens zum *Grundrecht auf Grundrechte-Minimierung*.

In seiner Abhandlung über die »Religion in der Demokratie« hat Marcel Gauchet[8] bereits vor Jahren auf die Gefahr

8 Gauchet 1998.

der identitätspraktischen Verengung des politischen und religiösen Diskurses hingewiesen. Dieser Verengung liegt eine Denk- und Erlebnisart zugrunde, der zufolge die Politik vor allem die Privatrechte von Individuen zu schützen habe. Bürger fangen dann an, den Staat als eine Instanz zu betrachten, welche die Ausübung ihrer partikulären Interessen zu sichern hat – notfalls auch gegen die Allgemeinheit, deren Gewährsmann der Staat ebenfalls ist. Grundrechte und die damit einhergehenden Grundpflichten werden nun vor allem als Ausdruck von Belangen und Interessen, von Präferenzen und von Identitäten ausgelegt. Ein wichtiger Exponent dieser Entwicklung läßt sich Gauchet zufolge in der Transformation von religiösem Glauben und von Glaubensüberzeugungen in *Identitäten* feststellen. Die Sprache der Identität ist aber in einem hohen Maße die der Psychologie. Das, was nun zählt, ist die Stabilität der persönlichen Identität, besser – ihre Authentizität. Es triumphiert der Unterschied zwischen »Ich« und »Du«, zwischen »Wir« und »Sie«. Im Grunde ist dies eine außerordentlich moderne Inanspruchnahme von Religion, von Religion als identitätsverbürgendem System. *Psychologisch* wäre diese Inanspruchnahme zu nennen, weil sie primär (und manchmal auch sekundär) weder an der kognitiven Nachvollziehbarkeit der religiösen Gehalte noch an der Kompatibilität dieser Gehalte mit den Erfordernissen komplexer Gesellschaften, sondern an den therapeutischen und die Identität stabilisierenden Effekten der jeweiligen Religion interessiert ist. Es wäre jedoch ein Fehler, wollte man diese neue Morphologie ausschließlich als Ausdruck der *Individualisierung* von Religion deuten. Sie ist das auch. Die Umwandlung von Religion in transzendente Therapieanstalten im Lauf der letzten Jahrhunderthälfte ist allzu bekannt. Dort aber, wo der Vorwurf der Gotteslästerung neuerdings oft und gerne erhoben wird, ist er in aller Regel Ausdruck eines radikalen kulturellen, moralischen und politischen Dissenses mit den liberalen Demokratien des Westens.

Anders jedoch als in seiner ›klassischen‹ Morphologie, die vom (teils zum Scheitern verurteilten) Versuch einer theologisch-metaphysischen Eingrenzung geprägt war, und ebenfalls anders als in seiner »institutionellen Morphologie«, welche von der Sorge um die Ordnungsgestalt der jeweiligen Gesellschaft, also von einem »soziologischen« Interesse angetrieben war, hat dieser Vorwurf heute ein teils diffuses Profil angenommen. »Gottes Lästerung« ist nun zu einem Gefäß geworden, in das interkultureller und interreligiöser Haß, blinder politischer und religiöser Radikalismus, aber auch ohnmächtige Wut über erlittene Demütigung und anhaltende Verletzungen des kulturellen Selbstbildes zu einem gefährlichen Gebräu zusammengemischt werden. Der Blasphemie-Vorwurf wird zum Instrument einer »Politik des Performativen« (J. Butler). Diese Politik vermag es – wie wir in den letzten Jahren oftmals gesehen haben –, die Massen in den islamisch geprägten Ländern zu mobilisieren, nistet jedoch auch andernorts in vielen kulturpessimistischen, von Dekadenz-Szenarien okkupierten Köpfen religiöser Rechthaber. In Angelegenheiten der Blasphemie täte eine Strategie der De-Eskalierung gut.

LITERATURVERZEICHNIS

Larry Alexander, *Is there a Right of Freedom of Expression?*, Cambridge 2005.

Gerd Althoff, *Compositio*. Wiederherstellung verletzter Ehre im Rahmen gütlicher Konfliktbeendigung, in: K. Schreiner/G. Schwerhoff (Hg.), *Verletzte Ehre. Ehrkonflikte in Gesellschaften des Mittelalters und der Frühen Neuzeit*, Köln/Weimar/Wien 1995, S. 63-76.

Jan Assmann, *Das kulturelle Gedächtnis. Schrift, Erinnerung und politische Identität in frühen Hochkulturen*, München 1999.

Jan Assmann, *Die Mosaische Unterscheidung oder der Preis des Monotheismus*, München/Wien 2003.

Jan Assmann, *Thomas Mann und Ägypten. Mythos und Monotheismus in den Josephsromanen*, München 2006.

Walter Benjamin, *Über Sprache überhaupt und über die Sprache des Menschen*, in: Gesammelte Schriften Bd. II. 3, hg. v. R. Tiedemann und H. Schweppenhäuser, Frankfurt/Main 1977, S. 140-156.

Peter Berger, The Desecularization of the World: A Global Overview, in: P. Berger (Hg.), *The Desecularization of the World. Resurgent Religion and World Politics*, Washington 1999, S. 1-18.

Dieter Birnbacher, Menschenwürde – abwägbar oder unabwägbar?, in: *Medizin und Menschenwürde*, hg. v. M. Kettner, Frankfurt/Main 2004, S. 249-271.

Ernst Bloch, *Naturrecht und menschliche Würde*, Frankfurt/Main 1977.

Hans Blumenberg, *Die Lesbarkeit der Welt*, Frankfurt/Main 1986.

Hans Blumenberg, *Säkularisierung und Selbstbehauptung*, Frankfurt/Main 1974.

Peter Burke, Sprachen und Anti-Sprachen, in: P. Burke, *Städtische Kultur in Italien zwischen Hochrenaissance und Barock*, Frankfurt/Main 1996, S. 101-121.

Walter Burkert, *Kulte des Altertums. Biologische Grundlagen der Religion*, München 1998.

Walter Burkert, ›Vergeltung‹ zwischen Ethologie und Ethik, München 1994.

Dagmar Burkhart, *Eine Geschichte der Ehre*, Darmstadt 2006.

Judith Butler, *Haß spricht. Zur Politik des Performativen*. Frankfurt/Main 2006.

Alain Cabantous, *Geschichte der Blasphemie*, Weimar 1999.

Jean Delumeau, *Angst im Abendland. Die Geschichte kollektiver Ängste im Europa des 14. bis 18. Jahrhunderts*, Hamburg 1989.

Jacques Derrida, Grammatologie, Frankfurt/Main 1974.

Hermann Deuser, *Die Zehn Gebote. Kleine Einführung in die theologishe Ethik*, Stuttgart 2002.

Martin Dinges, Die Ehre als Thema der historischen Anthropologie. Bemerkungen zur Wissenschaftsgeschichte und zur Konzeptualisierung, in: K. Schreiner/G. Schwerhoff (Hg.), *Verletzte Ehre. Ehrkonflikte in Gesellschaften des Mittelalters und der Frühen Neuzeit*, Köln/Weimar/Wien 1995, S. 29-62.

Richard van Dülmen, *Kultur und Alltag in der Frühen Neuzeit. Bd. 2 Dorf und Stadt*, München 1992.

Richard van Dülmen, Wider die Ehre Gottes. Unglaube und Gotteslästerung in der Frühen Neuzeit, in: *Historische Anthropologie. Kultur. Gesellschaft. Alltag*, hg. v. A. Lüdtke und U. Luig, Jg. 2, Heft 1 (1994), Köln 1994, S. 20-38.

Norbert Elias, *Die höfische Gesellschaft. Untersuchungen zur Soziologie des Königtums und der höfischen Aristokratie*, Darmstadt/Neuwied 1977.

Hans Magnus Enzensberger, *Schreckens Männer. Versuch über den radikalen Verlierer*, Frankfurt/Main 2006.

Georg Essen, *Sinnstiftende Unruhe im System des Rechts. Religion im Beziehungsgeflecht von modernem Verfassungsstaat und säkularer Zivilgesellschaft*, Göttingen 2004.

Marcel Gauchet, *La religion dans la démocratie. Parcours de la laïcité*, Paris 1998.

Marcel Gauchet, *The Disenchantment of the World. A Political History of Religion*, Princeton 1997.

Werner Gericke, *Theologie und Kirche im Zeitalter der Aufklärung*, Berlin 1989.

René Girard, *Das Heilige und die Gewalt*, Frankfurt/Main 1992.

René Girard, *Die verkannte Stimme des Realen. Eine Theorie archaischer und moderner Mythen*, München/Wien [illegible]

Knut Görich, *Die Ehre Friedrich Barbarossas. Kommunikation, Konflikt und politisches Handeln im 12. Jahrhundert*, Darmstadt 2001.

Friedrich W. Graf, *Moses Vermächtnis. Über göttliche und menschliche Gesetze*, München 2006.

John G. Griffiths, *The Divine Verdict. A Study of Divine Judgement in the Ancient Religions*, Leiden 1990.

Valentin Groebner, Das Gesicht wahren: Abgeschnittene Nasen, abgeschnittene Ehre in der spätmittelalterlichen Stadt, in: K. Schreiner/G. Schwerhoff (Hg.), *Verletzte Ehre. Ehrkonflikte in Gesellschaften des Mittelalters und der Frühen Neuzeit*, Köln/Weimar/Wien 1995, S. 360-380.

Walter Gross, Das verborgene Gesicht Gottes – eine alttestamentliche Grunderfahrung und die heutige religiöse Krise, in: *Gott – ein Fremder in unserem Haus? Die Zukunft des Glaubens in Europa*, hg. v. P. Hünermann, Freiburg i. Breisgau 1996, S. 65-77.

Hans Ulrich Gumbrecht, *Diesseits der Hermeneutik. Die Produktion von Präsenz*, Frankfurt/Main 2004.

Jürgen Habermas, Religion in der Öffentlichkeit. Kognitive Voraussetzungen für den »öffentlichen Vernunftgebrauch« religiöser und säkularer Bürger, in: *Zwischen Naturalismus und Religion*, Frankfurt/Main 2005, S. 119-154.

Alexander von Hales, *Summa Theologica*, Bd. 3: Secunda Pars, Secundi Libri, Ad Claras Aquas (Quaracchi) 1930.

Georg Wilhelm Friedrich Hegel, *Phänomenologie des Geistes*, Werkausgabe 4, Frankfurt/Main 1970.

Georg Wilhelm Friedrich Hegel, *Vorlesungen über Ästhetik II*, Werkausgabe 14, Frankfurt/Main 1970.

André Holenstein, Seelenheil und Untertanenpflicht. Zur gesellschaftlichen Funktion und theoretischen Begründung des Eides in der ständischen Gesellschaft, in: P. Blickle (Hg.), *Der Fluch und der Eid. Die metaphysische Begründung gesellschaftlichen Zusammenlebens und politischer Ordnung in der ständischen Gesellschaft*, Zs. f. Historische Forschung, Beiheft 15, Berlin 1993, S. 11-63.

Axel Honneth, *Kampf um Anerkennung. Zur moralischen Grammatik sozialer Konflikte*, Frankfurt/Main 1992.

Jonathan I. Israel, *Radical Enlightenment. Philosophy and the Making of Modernity 1650-1750*, Oxford 2001.

Wilhelm Kahl, *Religionsvergehen*, in: Vergleichende Darstellung des Deutschen und Ausländischen Strafrechts, Bes. Teil, Bd. 3, Berlin 1906.

Navid Kermani, *Der Schrecken Gottes. Attar, Hiob und die metaphysische Revolte*, München 2005.

Heinz D. Kittsteiner, *Die Entstehung des modernen Gewissens*, Frankfurt/Main/Leipzig 1991.

Lucius C. F. Laktantius, *Vom Zorne Gottes*, in: BKV (Bibliothek der Kirchenväter), München 1919, 67-128.

David Lawton, *Blasphemy*, New York/London 1993.

Siegfried Leutenbauer, *Das Delikt der Gotteslästerung in der Bayerischen Gesetzgebung*, Köln/Wien 1984.

Francisca Loetz, *Mit Gott handeln. Von den Züricher Gotteslästerern der Frühen Neuzeit zu einer Kulturgeschichte des Religiösen*, Göttingen 2002.

Niklas Luhmann, *Gesellschaftsstruktur und Semantik. Studien zur Wissenssoziologie der modernen Gesellschaft*, Bd. 1, Frankfurt/Main 1980.

Niklas Luhmann, *Vertrauen. Ein Mechanismus der Reduktion sozialer Komplexität*, Stuttgart 1973.

Martin Luther, *Werke*. Kritische Gesamtausgabe (Weimarer Ausgabe), Weimar 1883 ff.

Winfried Menninghaus, *Walter Benjamins Theorie der Sprachmagie*, Frankfurt/Main 1980.

Ralf Miggelbrink, *Der zornige Gott. Die Bedeutung einer anstößigen biblischen Tradition*, Darmstadt 2002.

Michel de Montaigne, *Essais*, hg. v. Lüthy, Zürich 1953.

Charles-Louis Montesquieu, *Perserbriefe*, Frankfurt/Main 1988.

Charles-Louis Montesquieu, *Vom Geist der Gesetze*, hg. v. K. Weigand, Stuttgart 1965.

René Pahud de Mortanges, *Die Archetypik der Gotteslästerung als Beispiel für das Wirken archetypischer Vorstellungen im Rechtsdenken*, Fribourg i. Ue. 1987.

Gijs van Oenen, Mondigheid: de pijnlijke waarheid, in: *Filosofie en Praktijk* 27 (2-3), S. 37-47.

Guilelmus Peraldus, *Summa de virtutibus et vitiis*, Basel 1497.

Jacobus Plooy, *Strafbare Godslastering*, Amsterdam 1986.

Ulrich K. Preuß, *Krieg, Verbrechen, Blasphemie. Gedanken aus dem alten Europa*, Berlin 2003.

Samuel von Pufendorf, *Über die Pflicht des Menschen und des Bürgers nach dem Gesetz der Natur*, hg. v. K. Luig, Frankfurt/Main/Leipzig 1994.

Clara und Paul Reinsdorf, *Zensur im Namen des Herrn. Zur Anatomie des Gotteslästerungsparagraphen*, Aschaffenburg 1991.

Egon J. de Roo, *Godslastering. Rechtsvergelijkende studie over blasfemie en andere religiedelicten*, Deventer 1970.

Heinrich R. Schmidt, Die Ächtung des Fluchens durch reformierte Sittengerichte, in: P. Blickle (Hg.), *Der Fluch und der Eid. Die metaphysische Begründung gesellschaftlichen Zusammenlebens und politischer Ordnung in der ständischen Gesellschaft*, Zs. f. Historische Forschung, Beiheft 15, Berlin 1993, S. 65-119.

Gershom Scholem, *Die jüdische Mystik in ihren Grundströmungen*, Frankfurt/Main 1976.

Günther Scholz, Bedeutsamkeit. Zur Entstehung eines Grundbegriffs der hermeneutischen Philosophie, in: Günther Scholz, *Zwischen Wissenschaftsanspruch und Orientierungsfunktion. Zur Grundlage und Wandel der Geisteswissenschaften*, Frankfurt/Main 1991, S. 254-268.

Lothar Schröder, *Moralischer Nihilismus. Typen radikaler Moralkritik von den Sophisten bis Nietzsche*, Stuttgart-Bad Cannstatt 2002.

Gerd Schwerhoff, Blasphemare, dehonestare et maledicere Deum. Über die Verletzung der göttlichen Ehre im Spätmittelalter, in: K. Schreiner/G. Schwerhoff, *Verletzte Ehre. Ehrkonflikte in Gesellschaften des Mittelalters und der Frühen Neuzeit*, Köln/Weimar/Wien 1995, S. 252-278.

Gerd Schwerhoff, *Zunge wie Schwerter. Blasphemie in alteuropäischen Gesellschaften 1200-1650*, Konstanz 2005.

L. Annaeus Seneca, *Über den Zorn (De ira)*, in: Philosophische Schriften Bd. I, hg. v. M. Rosenbach, Darmstadt 1980, S. 95-312.

Georg Simmel, *Soziologie. Untersuchungen über die Formen der Vergesellschaftung* (Gesammelte Werke Bd. 2), Berlin ^{6}1983.

Peter Sloterdijk, *Zorn und Zeit. Politisch-psychologischer Versuch*, Frankfurt/Main 2006.

Bruno Snell, *Die Entdeckung des Geistes. Studien zur Entstehung des europäischen Denkens bei den Griechen*, Göttingen ^{8}2000.

John C. Smith, *Criminal Law*, London 2002.

Robert Spaemann, Funktionale Religionsbegründung und Religion, in: P. Koslowski (Hg.), *Die religiöse Dimension der Gesellschaft*, Tübingen 1985, S. 9-23.

Baruch de Spinoza, *Die Ethik nach geometrischer Methode dargestellt*, Hamburg 1976.

Baruch de Spinoza, *Kurze Abhandlung von Gott, dem Menschen und seinem Glück*, Hamburg 1965.

Baruch de Spinoza, *Theologisch-Politischer Traktat*, Hamburg 1976.

Bas van Stokkom, Henny Sackers, Jean-Pierre Wils, Godslastering, discriminerende uitingen wegens godsdienst en haatuitingen. Een inventariserende studie (Ministerie van Justitie 2006), Nijmegen 2006.

Leo Strauss, *Naturrecht und Geschichte* (1956), Frankfurt/Main 1977.

Victor und Victoria Trimondi, *Krieg der Weltreligionen. Politik, Glaube und Terror im Zeichen der Apokalypse*, München 2006.

Christoph Türcke, *Vom Kainszeichen zum genetischen Code. Kritische Theorie der Schrift*, München 2005.

Max Weber, *Wirtschaft und Gesellschaft*, Tübingen 1980.

Thomas Weller, *Theatrum Praecedentiae. Zeremonieller Rang und gesell-*

schaftliche Ordnung in der frühneuzeitlichen Stadt: Leipzig 1500-1800, Darmstadt 2006.

Jean-Pierre Wils, *Nachsicht. Studien zu einer ethisch-hermeneutischen Basiskategorie*, Paderborn/München/Wien/Zürich 2006.

Die Publikationen des Verlags der Weltreligionen werden gefördert durch die

UDO KELLER STIFTUNG
FORUM HUMANUM

In einer Zeit des zunehmenden Zugriffs von Technik und Ökonomie auf das Humanum möchte die Stiftung an die Bedeutung des geistigen und religiösen Erbes der Weltkulturen erinnern. Sie geht davon aus, daß die weitere Entwicklung des Menschen entscheidend davon abhängen wird, ob und wie es gelingt, die reichhaltigen Potentiale dieser Traditionen für die Zukunft fruchtbar zu machen. In diesem Sinne versteht die Stiftung ihr Engagement im Verlag der Weltreligionen.

Die Publikationen des Verlags der Weltreligionen werden gefördert durch die

UDO KELLER STIFTUNG
FORUM HUMANUM

In einer Zeit des zunehmenden Zugriffs von Technik und Ökonomie auf das Humanum möchte die Stiftung an die Bedeutung des geistigen und religiösen Erbes der Weltkulturen erinnern. Sie geht davon aus, daß die weitere Entwicklung des Menschen entscheidend davon abhängen wird, ob und wie es gelingt, die reichhaltigen Potentiale dieser Traditionen für die Zukunft fruchtbar zu machen. In diesem Sinne versteht die Stiftung ihr Engagement im Verlag der Weltreligionen.